本书获得了“江苏省地理信息资源开发与利用协同创新中心（Jiangsu Center for Collaborative Innovation in Geographical Information Resource Development and Application）”和“江苏高校优势学科建设工程资助项目（PAPD）”的资助

旅游学论丛

The Theory and Practice of Leisure Agriculture in Nanjing

南京休闲农业理论与实践

方中友　审定/主编
陶卓民　张永青　编著

南京师范大学出版社
NANJING NORMAL UNIVERSITY PRESS

图书在版编目(CIP)数据

南京休闲农业理论与实践 / 陶卓民，张永青编著. —
南京：南京师范大学出版社，2015.5
(旅游学论丛)
ISBN 978-7-5651-2128-9

Ⅰ. ①南… Ⅱ. ①陶… ②张… Ⅲ. ①观光农业—研究—南京市 Ⅳ. ①F327.531

中国版本图书馆 CIP 数据核字(2015)第 089984 号

书　　名	南京休闲农业理论与实践
编　　著	陶卓民　张永青
责任编辑	崔　兰
出版发行	南京师范大学出版社
地　　址	江苏省南京市宁海路 122 号(邮编:210097)
电　　话	(025)83598919(总编办)　83598412(营销部) 83598297(邮购部)
网　　址	http://www.njnup.com
电子信箱	nspzbb@163.com
照　　排	南京理工大学印刷照排中心
印　　刷	镇江中山印刷有限公司
开　　本	660 毫米×970 毫米　1/16
印　　张	18.75
字　　数	269 千
版　　次	2015 年 5 月第 1 版　2015 年 5 月第 1 次印刷
书　　号	ISBN 978-7-5651-2128-9
定　　价	43.00 元

出 版 人　彭志斌

前言

近年来，随着人们对于休闲活动、接触大自然、回归俭朴生活需求的增长，休闲农业在全球范围内得到迅猛发展，已成为国内外农业发展的新趋势。休闲农业是以农业生产为基础，利用农村设备与空间、农业生产场地、农业产品、农业经营活动、农业生态环境、农村人文资源等，经过规划设计，吸引游客前来观赏、品尝、购物、体验、休闲、度假等的一种新型农业生产经营形态。休闲农业的发展，对于优化与调整农村产业结构、增加农民收入、提高农业综合效益、保护农村生态环境、促进农村经济社会发展都具有十分重要的作用和意义。

南京自 20 世纪末开始发展休闲农业，近年来休闲农业快速发展，休闲农业产业实现了从无到有、从小到大、从边缘产业到主导产业的转变，产值和接待人数逐年增加，产业规模不断扩大，休闲农业产业已成为提升南京农业的重要主导产业、农民增收的重要渠道和现代农业的重要组成部分。

为了进一步促进南京休闲农业的持续、健康发展，提升南京休闲农业的发展品位，总结近年来南京休闲农业的工作成绩和存在的问题，努力探索休闲农业发展与现代农业发展、美丽乡村建设紧密结合的新路子，我们对近年来南京休闲农业在理论研究、发展规划、支持政策、休闲农业景点建设与管理、市场推广及工作安排等方面，进行了认真的梳理和总结，正式编撰了《南京休闲农业理论与实践》一书，其内容主要分为三部分。

(一) 理论篇

该篇主要论述了南京休闲农业的发展意义、发展历程、发展定位和发展目标等内容，同时也对南京休闲农业的空间布局、产品类型、发展特色、产业体系、“全国休闲农业名城”的创建和创意农业的未来发展进行了探讨。

（二）管理篇

该篇主要收集整理了南京星级休闲农业景区（点）和南京市农家乐“文明经营户”评定方案、评定标准、评定办法以及近年来南京休闲农业工作计划和工作总结等内容。

（三）实践篇

该篇主要介绍了南京农家乐专业村、休闲农庄、主题农业园的建设发展状况以及南京休闲农业节庆活动、“四季之都”活动方案等，特别是对南京农业嘉年华策划方案进行了较为全面的说明。

本书收录的相关成果、策划方案、工作计划和工作安排，内容丰富、观点新颖、操作性强，具有较高的理论意义与实践价值，可供从事农村工作、农业生产、旅游开发、生态保护等有关部门的领导、专家、学者以及对休闲农业发展感兴趣的读者参考和借鉴。

本书在编写过程中，得到了南京市江宁区林业局、高淳区农业局、溧水区农业局、六合区农业局、浦口区农业局、栖霞区农业局、建邺区农办以及南京市农委农业服务业处大力支持，在此一并表示衷心的感谢。

陶卓民　张永青

2014.5.20

目 录

·第三部分　实践篇·

休闲农业是指利用农村田园景观、自然生态环境资源、农林牧渔的生产和经营，经过科学规划和开发设计，发挥农业与农村的休闲功能，为游客提供观光、度假、体验、推广、示范、娱乐、健身等多项休闲服务，以增进城市居民对农业及农村的体验、提高农民收益为目的的农业经营形态。从广义上看，休闲农业还包括休闲农业园区、休闲农庄、农家乐村、农业节庆，以及休闲林业、休闲渔业、休闲牧业等。因此，休闲农业是以农业为基础，以观光休闲为目的，以服务城市游客为目标，跨越一、二、三产业的新型业态，是社会经济发展进入新阶段的产物，是农业多功能的拓展和延伸，是现代农业的重要组成部分。

南京市自 2002 年开始，从南京农业实际出发，发展都市型现代农业，把休闲农业作为农业主导产业来抓，扎实工作，稳步推进，休闲农业快速起步，并保持了迅猛发展的良好态势。2012 年全市休闲农业接待游客量已超过 1 000 万人次，产值近 37 亿元，休闲农业人均收入达 694 元。目前，休闲农业已成为南京农业的重要产业，是农民增收的重要渠道和现代高效农业的重要组成部分。

南京市休闲农业的发展，大致可分为三个阶段。

一是产业萌芽期：以农家乐为主要形态的发展特征。20 世纪 90 年代，江心洲利用田园风光和大江风貌，推出的以“绿色江风、葡萄田园、民俗欣赏、回归自然”为主题的农家乐，吸引了许多市民，开创了我市休闲农业发展的先河。

二是产业发展期：以农家乐与休闲农庄并举的发展特征。大致在2001年至2005年期间，即以"全市休闲农业发展规划"的编制和"农业旅游各开发工程"的建设为标志，市农林主管部门把休闲农业（当时称休闲农业）作为全市农业的五大主导产业之一来抓，举全局之力推进产业发展，通过先后成立各区县休闲农业办公室，加强对产业的指导；通过编制发展规划，引导对全市农业特色资源的有序开发；通过推出六条休闲农业特色线路和举办十大农业节庆活动、建设农家乐村、主题农园等，营造了南京休闲农业的产业体系，推进了产业的大发展。

三是快速成长期：以休闲农庄为产业主体的发展特征。2005年至今，农庄异军突起，各地休闲农庄如雨后春笋般不断出现，农庄的规模在不断扩大、档次在不断提高、对外影响也在不断提升，休闲农庄逐步成为南京休闲农业的重要特色。在此时期，南京的休闲农业开始注重品牌的塑造与传播，以"农业嘉年华"的打造为标志，在每年的金秋时节，通过举办精彩纷呈的农事节庆活动，向市民集中推介休闲农业特色景区、特色产品，提高市民对南京休闲农业的认知；通过制作"农业嘉年华"画册等宣传材料，提高了南京休闲农业的整体形象，休闲农业借助这一平台，逐步地走出南京，走向全国。

通过十多年的努力，南京休闲农业的发展，呈现出以下特点：

一是规模效益持续扩大。2012年全市休闲农业年接待游客量达到1 000万人次，实现综合收入37亿元，分别比上年增长34%和32%。十一五期间，全市休闲农业累计实现综合收入超过130亿元。休闲农业的发展，给当地带来了旺盛的旅游消费需求，促进了餐饮、交通、购物、住宿、娱乐等各行业的发展，为郊县一、三产业经济发展注入了新的活力。

二是精品景点类型多样。依托郊县特有的自然和农业资源，扶持建设了一批上规模、高品质、景色美的休闲农业旅游景点。目前,全市具有一定规模和接待能力的休闲农业景点、景区 221 个,其中,国家级农业旅游示范景点(区)13 个,总投资超过 50 亿元,90%的投入来自社会资本。这些精品景点涵盖了节庆、观光、休闲、美食、参与体验等多个领域,类型多样,满足不同需求,丰富和完善了全市休闲农业产业体系。

三是节庆经济特色鲜明。依托各类农业特色资源,通过节庆活动为地方经济发展搭台唱戏,是我市休闲农业发展的一大特色。全年先后有梅花节、雨花茶节、葡萄节、蟹黄汤包节、苗木节、西瓜节、螃蟹节、芦蒿节等各种节庆 16 个,可以说是月月有节、区区县县有节,这些节庆活动年吸引游客 150 多万人次,经济总收入超过 9 亿元,占全市休闲农业总收入的 30%。南京休闲农业以"节庆为驱动",走"节庆+活动+线路"的道路,摸索形成了"国际慢城农家游模式""傅家边农业科技体验游模式""龙袍美食游模式""乌江十里农庄模式"等发展新模式。通过举办主题鲜明、内容丰富、互动性强的特色农业节庆活动,进一步挖掘休闲农业客源市场,既扩大了宣传、提高了知名度,又增强了吸引力、塑造了产业品牌,同时更达到了以节促经济、促发展的效果。

四是城乡互动成效明显。休闲农业,一头连着农村,一头连着城市,是促进城乡互动发展的有效载体。我市休闲农业发展紧紧依靠特大城市客源多、市场广阔的优势,通过类型多样、内容丰富、特色各异的休闲农业活动,每年吸引数百万人次的客流和十多亿的资金流进入农村,维系了城乡之间要素流动的动态平衡。

五是对外影响日益增强。以"农业嘉年华"为龙头,不断扩大休闲农业的外界影响。"农业嘉年华"是南京休闲农业发展的重要标志和品牌,累计吸引市民超过 150 万人次。农业嘉年华以"农民的节日、市民的盛会"为主题,集中向外界展示南京都市农业成果、推介休闲农业特色,为市民和农民搭建了一个交流、互动、欢庆的平台。“农业嘉年华”的举办，使南京休闲农业名气大增，市民对休闲农业的知晓度超过了94%，成为近年来我国休闲农业发展的几个成功模式之一。

六是农民增收势头强劲。休闲农业的蓬勃发展，有力地拓宽了农民就业渠道、带动了农民增收。全市休闲农业每年就带动农村12万从业人员，为农民人均收入贡献超过600元。浦口区2013年35家休闲农庄解决当地农民就业2 930人，从业农民年收入累计5 274万元；全年季节性用工达12.99万人次，帮助增收707万元；带动农户数5 597户，帮助带动当地农产品销售额1.2亿元以上。

第一部分 理论篇

一、中国休闲农业发展历程分析

休闲农业是在经济发达的条件下，为满足城市居民的休闲需求，利用农业景观资源和农业生产条件，发展观光、休闲、旅游的一种新型农业生产经营形态，它是以农业活动为基础，农业和旅游业相结合的一种新型的交叉型产业，也是以农业生产为依托，与现代旅游业相结合的一种高效农业。休闲农业对于深度开发农业资源潜力、调整农业结构、改善农业环境、增加农民收入具有十分重要的促进作用。中国休闲农业的发展过程，基本可以划分为三个阶段：

第一阶段为20世纪90年代以前：经过十多年的改革开放，农业生产结构发生了显著变化，农业生产力提高，农业新技术引进，邻近城市和景区的少数农村地区，根据当地农业生产和特有的旅游资源，自发地开展了形式多样的农业观光旅游。例如，通过举办荔枝节、桃花节、西瓜节等农业节庆活动，吸引城市游客前来旅游观光。此阶段的休闲农业以观光为主。

第二阶段为20世纪90年代以后至21世纪初：该阶段是计划经济向市场经济转变的十年，随着城市化进程和居民收入的提高，消费结构开始改变，人们在解决了温饱问题之后，有了观光、休闲、旅游的需求；同时，农村产业结构需要优化调整，农民就业、增收也需提到日程中来。在这种背景下，大、中城市郊区的一些农村和农户利用当地特有的农业资源环境和特色农产品，开展采摘、垂钓、种菜、野餐等多种旅游活动，使得休闲农业发展为观光与采摘相结合的体验农业。

第三阶段为21世纪初以来：人民生活由温饱型开始全面向小康型转变。人们的休闲旅游需求增强，而且呈现出多样化形式。休闲农业的功能由观光、采摘体验功能拓展为观光、采摘、休闲、娱乐、度假、体验、学习、健康等综合功能。休闲农业成为农业发展的重要组成部分。

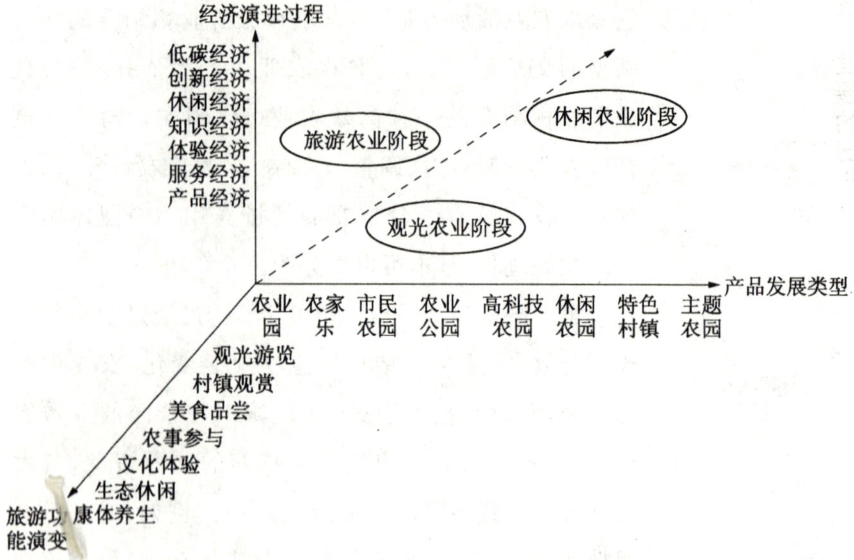

二、南京休闲（旅游）农业发展历程

南京休闲（旅游）农业是在市委、市政府的高度重视下，在市农林局的积极倡导和全市农林系统的共同努力下发展起来的，并已成为南京都市农业的一大亮点，得到了社会方方面面的认可。分析南京市休闲农业的发展轨迹，它大致可分为三个阶段：

第一阶段（2001—2002）——孕育引导阶段。该阶段主要是确立产业地位、明确发展思路。2001年，新的农林局组建后，根据市委、市政府关于整合农业资源、跳出农业抓农业的要求，把休闲农业作为全市农业的五大主导产业之一来抓，举全局之力推进产业的发展。全市农林系统先后成立休闲农业办公室，加强对产业的指导，整体推进产业的发展。2002年，组织农业、旅游方面的专家对全市休闲农业资源进行了全面调查，在国内大中型城市中率先编制形成《全市休闲农业发展规划》；同时引导区县以农业特色资源为载体，举办农业节庆活动，为产业开发造势预热。全市先后举办了江心洲葡萄节、高淳螃蟹节、溧水梅花节、江苏老山森林节、南京市雨花茶节、八卦洲芦蒿节、六合汤包节等十大节庆活动。

第二阶段(2003—2004)——示范推广阶段。该阶段主要是面上发动、产品细分和典型引路工作。市委、市政府对休闲农业工作给予了充分肯定和高度重视，2003 年市政府办公会对休闲农业进行了专题研究，2004 年初，市委、市政府在全市首次召开休闲农业工作会议，进一步统一思想、明确思路，有组织地实施休闲农业开发，把“布点连线”作为突破口来抓。“点”即 10 个农家乐专业村。择优培育高淳瑶宕等 10 个农家乐旅游专业村，共培育农家乐专业户 142 户，床位 856 张，餐位 4 310 个，转移、半转移劳动力 2 500 余人。“线”即 6 条特色农业旅游线路。以南京国旅为依托，通过市场化运作，策划推出“高淳水乡风情游”“浦口养生保健游”“宁丹路瓜果品尝游”“溧水赏梅采莓游”“江心洲民俗农趣游”和“六合农家美食游”等六条休闲农业特色线路，通过“休闲农业进社(校)区”“市民广场激情大放送”“服务面对面”“浪漫之旅青年交友”等一系列宣传促销活动，把休闲农业比较成功地推向了市场。

第三阶段(2005 年至今)——推进提升阶段。该阶段是提升整体水平和实施品牌推广。在组织休闲农业金秋展示会的基础上，举办了“农业嘉年华”活动，面向市民集中推介“休闲农业十二景”“十大名牌农产品”等，制作“农业嘉年华”画册，休闲农业给市民留下了一个清晰、强烈的整体印象。组织实施五个农家乐专业村的二期工程和五个主题农园开发，建设傅家边梅盆景园、江心洲江村酒坊、老山鸟语林等八个旅游项目，旅游环境和接待条件得到了明显的改善。会同有关部门拟订“农家乐旅游服务规范”，为实施农家乐标准化经营打下了较好的基础。

一、南京休闲农业发展的意义

第一，发展休闲农业，能够巩固农业的基础地位，增加农民收入，有利于壮大南京市农村地区的经济实力。

休闲农业的发展将给南京市带来直接和间接的经济效益，直接经济效益主要来自各休闲农业景点、饭店餐饮部门、旅游交通、娱乐购物等方面。2014 年南京休闲农业直接经济效益预达 46 亿元。间接经济效益是直接经济效益所产生的乘数效应。根据南京的产业结构和旅游业发展情况，其间接经济效益主要来源于交通、商贸、地方土特产加工业、邮电通讯、食品业等，随着南京休闲农业的发展，休闲农业将带动国民经济其他行业的发展。

第二，发展休闲农业，有利于在南京农村形成新的经济增长点，改善南京农业产业结构。

自 20 世纪 90 年代初以来，南京市一直在推行农业结构调整，发展休闲农业，因为这一方面可以在南京农村地区形成新的经济增长点，引导农民自发地进行投资方向、农作物种植种类以及农业生产方式等的调整；另一方面，通过对日益增加的外来游客的接待，促使目的地地区农民收入结构及农村农业产值结构也发生变化。这不仅有效地推进了南京全市农业结构调整的工作，还使得目的地地区的农民，从休闲农业的开发中真正得到了实惠，提高了他们进一步参与的积极性。

第三，发展休闲农业，能为南京市农村地区提供大量新的工作岗位，从而为解决农村剩余劳动力，缓解目的地地区人多地少的矛盾作出贡献。

随着农业生产力水平的提高与农村经济结构的调整，南京市农村地区剩余劳动力的数量近几年在不断增加，农村剩余劳动力的大量涌现，不仅涉及农村的稳定，也影响到城市的长治久安。而解决这一问题的最好办法就是就地解决、就地消化，让他们离土不离乡，而休闲农业不失为一条好路子。

休闲农业作为一种服务性劳动密集型产业，其发展不仅需要专门的管理人员、导游、服务人员，还需要住宿、餐饮、商业、交通、文化等行业的配合，这些都能吸纳大量的劳动力。例如，浦口区龙王山森林公园自1999年开发至今，不仅原有林场职工的就业问题解决了，而且还在当地招收了十余名员工，为消化农村剩余劳动力作出了贡献。

第四，发展休闲农业，尤其是举办相关的节庆活动，能提高有关乡镇的知名度，进而形成良性循环，推动当地经济的发展。

在南京市休闲农业的发展过程中，少数敢于做"第一个吃螃蟹"的乡镇成为休闲农业开发的受益者。它们的努力不仅为当地的农民增加了收入，而且还为本乡镇做了免费的活广告，使本乡镇的知名度大增。例如，江心洲自1997年开始搞休闲农业以来，不仅取得了巨大的经济效益，还使自己在南京市市民中的知名度大增，根据本课题组在市区内进行的问卷调查所获得的数据显示，在所有411名被访游客中，知道江心洲是一个休闲农业景点的占56.45%。而知名度的提高，反过来又有利于今后当地的对外合作与宣传、招商引资及洽谈项目等工作的进行，这最终将促使当地的经济进入一个良性循环的轨道。

第五，发展休闲农业，有利于加强南京城乡居民之间的交流，增进相互之间的了解，并为最终消除城乡差别打下基础。

大量城市居民涌向周边农村旅游，为加强城乡居民的交流创造了条件，当城市中的三口之家在周末或节假日去农村旅游，就既能充分了解农村中人们的日常生活和风俗习惯，又能通过交流互相学习、取长补短、共同提高，甚至可能就此结下深厚的友谊（尤其在同龄的儿童之间）。在整个相互交流的过程中，不仅能让城市居民（尤其是独生子女）接受一次勤俭节约和艰苦朴素的教育，让他们了解“农村大天地”的真正含义，同时也能让农村居民比以前在更近的距离上接触城市居民，了解其日常生活及言行举止中的一些方面，如卫生习惯、生活方式等，从而有利于他们更好地接触新事物、了解新事物乃至最终接受新事物。这样一种能增进了解的相互交流，将为南京市最终消除城乡差别创造条件。

第六，发展休闲农业，有利于南京市生态农业的深入发展、自然资源和景观的保护，最终达到保护农村生态环境的目的。

生态农业是指从系统论的思想出发，运用现代的科学技术成果和现代的管理手段以及传统农业的有效经验，并按照生态学、经济学和生态经济学的原理，建立起来的以期获得较高的经济、生态和社会效益的现代化的农业发展模式。南京自 20 世纪末起就已十分重视生态农业的发展，并把它列为全市农业结构调整五大重点建设项目之一。但由于种种原因，南京市的生态农业建设还存在着一些问题。例如，在目前南京市的农村收入结构中，可能会对当地的环境造成巨大影响的乡镇工业企业生产所带来的收入占到了一个很大的比重（2000 年为 66.66%），而发展休闲农业则是解决这一不合理状况的一条有效途径。相比较而言，目的地地区发展休闲农业，要比发展乡镇企业对周围的环境产生更少的不利影响，但投入产出比却相差不大。其次，目的地地区在发展休闲农业之后，必然对本地的环境进行一番全面的整治，而那些可能会对环境产生严重影响的产业将被重新规划，这就客观上保护了目的地地区的生态环境。最后，具有特色的生态农业建设项目，本身也可以开发为休闲农业产品。这一切都说明了生态农业与休闲农业之间存在着一种相得益彰、互为依存、互相促进的关系。

二、南京休闲农业发展指导思想、定位与目标

（一）指导思想

南京休闲农业发展“以农业为依托，以市场为导向，以绿色为主题”，具体分析如下：

（1）以农业为依托：在农业生产发展的基础上，加大休闲农业的投入，逐步完善休闲农业基础设施和服务设施的建设，以效益为中心，转化优化农业资源，把休闲农业作为农业和旅游业新的增长点加以培育和发展。

（2）以市场为导向：南京休闲农业的发展必须以市场为导向，通过市场细分，抓住不同种类客源的需求特点，重点开拓南京及周边城市周末及节假日短途旅游市场。项目的内容选择和服务价格水平要按照目标市场的特色来确定，此外，休闲农业项目的开发与设计还要根据休闲农业市场的发展规律，开发符合世界发展潮流的休闲农业新产品。

（3）以绿色为主题：休闲农业的发展应突出不同景点的特色，因地制宜，合理分工，从“土”字上出发，在“新”字上下功夫，突出休闲农业项目的绿色主题。休闲农业产品的设计要别出心裁，要具有明显的文化内涵，注重游客的参与性和项目的知识性，产品设计应创造出娱乐和知识的氛围，寓教于乐，使游客在旅游休闲的过程中获得充实的知识和美好的享受。

（二）发展定位

休闲农业是南京农业产业结构调整的重要突破口，也是南京农业发展的新动力和新的经济增长点。南京休闲农业将重点发展农业生态旅游产品、瓜果采摘品尝旅游产品、花卉苗木观赏旅游产品、高科技农业观光教育旅游产品、渔业观赏旅游产品和民俗文化旅游产品，以参与、体验、采摘型休闲农业发展模式为主，建设有一定影响的农业旅游项目和景区，把

南京建成生态环境优良、经济持续发展、社会文明进步的现代农业旅游区。

（三）发展目标

南京各区在2008、2009、2010、2012、2015年接待人次、综合收入情况如下表：

区	接待人次（万人）						综合收入（亿元）					
	2008	2009	2010	2011	2012	2015	2008	2009	2010	2011	2012	2015
江宁区	56.3	67.2	79.3	92.6	115.6	198.2	2.2	2.4	3.3	4.5	5.4	8.0
溧水区	62.1	71.3	84.1	98.5	123.9	215.4	2.5	2.7	3.6	4.8	5.9	8.9
高淳区	49.3	58.5	71.5	83.4	96.7	165.7	1.9	2.3	3.0	3.5	4.4	7.0
六合区	44.5	49.3	54.2	60.3	74.3	124.8	1.6	1.7	1.9	2.2	2.7	4.0
浦口区	51.6	63.2	75.3	89.2	109.2	187.4	2.1	2.4	3.2	4.3	5.2	7.9
栖霞区	25.3	30.4	33.6	39.5	46.8	71.3	0.7	0.8	0.9	1.1	1.4	2.1
雨花区	30.7	36.5	41.3	49.2	53.2	88.7	0.8	0.9	1.0	1.3	1.6	2.3
建邺区	47.2	53.6	60.7	67.3	80.3	148.5	1.7	1.8	2.1	2.3	3.4	4.8

一、发展空间布局

根据南京市休闲农业资源的现状条件及未来旅游业发展的要求，南京休闲农业发展的规划布局可以划分为一圈三带四区，即“134”空间发展布局。

一圈：南京环城都市休闲农业圈

包括：江心洲都市生态休闲农业区

八卦洲都市生态休闲农业区

南郊森林生态休闲农业区

汤山森林生态休闲农业区

三带：宁丹路林果花卉休闲农业带

宁镇路花卉观赏与宗教文化休闲农业带

宁杭路观光牧业和特色农副产品休闲农业带

四区：溧水傅家边高科技休闲农业园区

浦口森林生态休闲农业区

六合金牛湖生态休闲农业区

高淳生态农业与观赏渔业休闲农业区

二、分区规划实施

（一）江心洲都市生态休闲农业区

1. 品牌形象

“江中绿岛、度假乐园”是该区的品牌形象。

2. 发展定位

江心洲休闲农业开发应实施旅游精品发展战略，提高休闲农业产品档次，形成集农业生产、农业观赏、林果品尝、农村民俗体验、现代农业展示于一体，以“参与、体验、采购”为特色的休闲农业开发模式，将江心洲建为省内领先、国内知名的现代都市近郊休闲农业区。

（二）八卦洲都市生态休闲农业区

1. 品牌形象

“都市里的村庄”“绿、水、野”是该区的品牌形象。

2. 发展定位

八卦洲休闲农业的发展，应突出都市农业、大江风貌、桥岛风情、体验农作、休闲度假、水上垂钓的休闲农业特色，建设成为以观光、休闲、度假为主的重要都市休闲农业区。与此同时，逐步提高森林覆盖率（目前森林覆盖率仅15%），改善生态环境，加快林业建设步伐，使之成为“绿色南京”的重要组成部分。

（三）南郊森林生态休闲农业区

1. 品牌形象

“牛首山踏青探春，将军山寻幽度假”是该区的品牌形象。

2. 发展定位

南郊森林休闲农业的开发应依托于南郊风景区（将军山、龙泉寺、天隆寺、静明寺）、牛首山风景区（牛首山、祖堂山、弘觉寺塔、岳飞抗金故垒、南唐二陵、勃泥国王墓、郑和墓）和菊花台等丰富的宗教与森林旅游资源进行，形成春牛首踏青探春、南郊森林休闲度假的休闲农业特色。

（四）汤山森林生态休闲农业区

1. 品牌形象

“温泉幽兰、疗养中心”是该区的品牌形象。

2. 发展定位

汤山森林休闲农业开发应依托于汤山风景区众多的旅游资源(阳山碑材、猿人洞)和温泉度假会议中心,形成兰花观赏、温泉度假、远古文化探秘和地质科考旅游的休闲农业特色。

(五)宁丹路林果花卉休闲农业带

1. 品牌形象

"金陵绿带、瓜果基地"是该带的品牌形象。

2. 发展定位

该地区的休闲农业开发应围绕丹阳花卉苗木、横溪特色瓜果、蔬菜种植、市林果良种苗木示范园、金陵绿谷果树科技园、白鹭湖、甘泉湖度假村、横山风景区等,开展花木观赏和农产品品尝等休闲农业活动。

(六)宁镇路花卉观赏与宗教文化休闲农业带

1. 品牌形象

"看栖霞红枫、赏栖霞秋菊"是该带的品牌形象。

2. 发展定位

该地区的休闲农业开发应依托于栖霞山风景区,围绕当地林业和山地资源、句容宝华山隆昌寺,进行资源整合和结构调整,形成菊花和枫叶观赏、民俗和宗教文化旅游相交叉的休闲农业特色。

(七)宁杭路观光牧业和特色农副产品休闲农业带

1. 品牌形象

"绿色奶业、板鸭之乡"是该带的品牌形象。

2. 发展定位

该地区的休闲农业发展应依托于上坊的奶牛养殖场、天云湖、双龙湖风景名胜区和文化之乡及农副产品集散地湖熟镇，形成观绿色奶业、尝湖熟板鸭、品雨花茶及购绿色农副产品的休闲农业特色。

（八）溧水傅家边高科技休闲农业园区

1. 品牌形象

“农业科技先锋、有机果品基地”是该区的品牌形象。

2. 发展定位

该地区的休闲农业发展应依托于溧水傅家边高科技农业园、天生桥、无想寺旅游区，开展农业旅游活动，形成“观竹海、赏梅花、品名茶、购有机林果”的休闲农业特色。重点发展农业高科技旅游、林果观赏旅游和森林度假旅游活动。

（九）浦口森林生态休闲农业区

1. 品牌形象

“苗木之乡、金陵后花园”是该区的品牌形象。

2. 发展定位

该地区的休闲农业发展应依托于珍珠泉旅游度假区、珍珠泉野生动物生态园、汤泉温泉疗养地、老山国家森林公园及苗木基地，开展苗木观赏、森林度假、温泉疗养等旅游活动，形成观赏花卉苗木生产、学习花卉蔬菜栽培技术、品尝购买各种新鲜蔬果的休闲农业特色。

（十）六合金牛湖生态休闲农业区

1. 品牌形象

“生态乐园、美食天地”是该区的品牌形象。

2. 发展定位

该地区的休闲农业发展应依托于桂子山和灵岩山风景区，开展农业生态旅游、观光园艺与休闲度假旅游和地质科考旅游，形成种植业观光、生态度假、园艺生态观赏、火山石柱林科学考察、采雨花石、看农民画的休闲农业特色。

（十一）高淳生态农业与观赏渔业休闲农业区

1. 品牌形象

“古镇老街、鱼米之乡”是该区的品牌形象。

2. 发展定位

高淳作为南京的主要水产基地，近年来休闲农业发展迅速，休闲农业的发展应依托于淳溪明清老街、游子山宗教旅游区和永胜圩迎湖桃园水产养殖基地，开展农业旅游活动，体现“住水边、吃水鲜、购水产品、体验渔家风情”的休闲农业特色。重点发展渔业观光旅游和民俗文化旅游。

一、南京市休闲农业主要产品类型

(一) 田园农业旅游模式

田园农业旅游模式以农村田园景观、农业生产活动和特色农产品为旅游吸引物，开发农业游、林果游、花卉游、渔业游、牧业游等不同特色的主题旅游活动，满足游客体验农业、回归自然的心理需求。其主要类型有：

(1) 田园农业游。以大田农业(如油菜花)为重点，开发欣赏田园风光、观看农业生产活动、品尝和购置绿色食品、学习农业技术知识等旅游活动，以达到使游客了解和体验农业的目的。如高淳桠溪油菜花游、溧水傅家边梅园等。

(2) 园林观光游。以果林和园林为重点，开发采摘、观景、赏花、踏青、购置果品等旅游活动，让游客观看绿色景观，亲近美好自然。如六合竹镇陀子山桃园、江心洲葡萄观光园等。

(3) 农业科技游。以现代农业科技园区为重点，开发观看园区高新农业技术和品种、温室大棚内设施农业和生态农业，使游客增长现代农业知识。如南京蔬菜花卉科学研究所等。

(4) 参与体验游。通过参加农业生产活动，与农民同吃、同住、同劳动，让游客接触实际的农业生产、农耕文化和特殊的乡土气息。如“秋之都”鲜果采摘游等。

（二）科普教育旅游模式

科普教育旅游模式利用农业观光园、农业科技生态园、农业产品展览馆、农业博览园或博物馆，为游客提供了解农业历史、学习农业技术、增长农业知识的旅游活动。其主要类型有：

(1) 农业科技教育基地。在农业科研基地的基础上，利用科研设施作景点，以高新农业技术为教材，向农业工作者和中小学生进行农业技术教育，形成集农业生产、科技示范、科研教育为一体的新型科教农业园。如南京蔬菜花卉科学研究所、卫岗奶业生产加工基地等。

(2) 观光休闲教育农业园。利用当地农业园区的资源环境、现代农业设施、农业经营活动、农业生产过程、优质农产品等，开展农业观光、参与体验以及 DIY 教育活动。如溧水白马有机农业生产园区。

(3) 少儿教育农业基地。利用当地农业种植、畜牧、饲养、农耕文化、农业技术等，让中小学生参与休闲农业活动，接受农业技术知识的教育。

(4) 农业博览园。利用当地农业技术、农业生产过程、农业产品、农业文化进行展示，让游客参观。如江心洲农趣馆、南京农业大学农博馆等。

（三）农家乐旅游模式

农家乐旅游模式指农民利用自家庭院、自己生产的农产品及周围的田园风光、自然景点，以低廉的价格吸引游客前来吃、住、玩、游、娱、购等旅游活动。其主要类型有：

(1) 食宿接待农家乐。以舒适、卫生、安全的居住环境和可口的特色食品，吸引游客前来休闲旅游。如江宁前石塘村、高淳大山村等。

(2) 民居型农家乐。利用当地的古村落和民居住宅，吸引游客前来观光旅游。

(3) 民俗文化农家乐。利用当地的民俗文化，吸引游客前来观赏、娱乐、休闲。

(4) 农事参与农家乐。以农业生产活动和农业工艺技术,吸引游客前来休闲旅游。

(四) 民俗风情旅游模式

民俗风情旅游模式以农村风土人情、民俗文化为旅游吸引物,充分突出农耕文化、乡土文化和民俗文化特色,开发农耕展示、民间技艺、时令民俗、节庆活动、民间歌舞等旅游活动,增加乡村旅游的文化内涵。其主要类型有:

(1) 农耕文化游。利用农耕技艺、农耕用具、农耕节气、农产品加工活动等,开展农业文化旅游。

(2) 民俗文化游。利用居住民俗、服饰民俗、饮食民俗、礼仪民俗、节令民俗、游艺民俗等,开展民俗文化游。

(3) 乡土文化游。利用民俗歌舞、民间技艺、民间戏剧、民间表演等,开展乡土文化游。

(4) 民族文化游。利用民族风俗、民族习惯、民族村落、民族歌舞、民族节日、民族宗教等,开展民族文化游。

(五) 村落乡镇旅游模式

村落乡镇旅游模式以古村镇宅院建筑和新农村建设格局为旅游吸引物,开发观光旅游。其主要类型有:

(1) 古民居和古宅院游。大多数是利用明、清两代村镇建筑来发展观光旅游。

(2) 民族村寨游。利用民族特色的村寨发展观光旅游。

(3) 古镇建筑游。利用古镇房屋建筑、民居、街道、店铺、古寺庙、园林来发展观光旅游。

(4) 新村风貌游。利用现代农村建筑、民居庭院、街道格局、村庄绿化、工农企业来发展观光旅游。

（六）休闲度假旅游模式

休闲度假旅游模式依托于自然优美的乡野风景、舒适怡人的清新气候、独特的地热温泉、环保生态的绿色空间，结合周围的田园景观和民俗文化，兴建一些休闲、娱乐设施为游客提供休憩、度假、娱乐、餐饮、健身等服务。其主要类型有：

（1）休闲度假村。以山水、森林、温泉为依托，以齐全、高档的设施和优质服务为游客提供休闲、度假旅游。如浦口大吉度假村。

（2）休闲农庄。以优越的自然环境、独特的田园景观、丰富的农业产品、优惠的餐饮和住宿，为游客提供休闲、观光旅游。如南京农庄联盟成员等。

（3）乡村酒家。以餐饮、住宿为主，配合周围的自然景观和人文景观，为游客提供休闲旅游。

（4）休闲会所。以会议、聚会、集会、餐饮、住宿为主，配合农业生产、周围自然景观和人文景观，为游客提供会议、休闲旅游。

（七）回归自然旅游模式

回归自然旅游模式利用农村优美的自然景观、奇异的山水、绿色森林等资源，发展观山、赏景、登山、森林浴、滑雪、亲水等旅游活动，让游客感悟大自然、亲近大自然、回归大自然。其主要类型有水上乐园、露宿营地等。

二、南京市休闲农业主要线路

（一）高淳农家慢生活之旅

早晨从南京出发约 1.5 小时到达高淳，游览【桠溪国际慢城生态之旅】(2.5 小时)，感受慢生活，赏农村美景、农家特色宅院，采茶、采果，参与农事体验，品农家美食；饭后驱车 0.5 小时前往【武家嘴农业科技园】

(1.5 小时),参观武家嘴农展馆的热带雨林馆、水文化馆、高档花卉馆;之后驱车 0.5 小时前往【银林山庄】(3 小时),赏山庄竹林美景,参观农趣园、珍禽园等景点,品豆腐宴,欣赏《印象银林》表演;之后返回南京温馨的家(1.5小时)。

(二) 江宁农家风情游/江宁农家乐深度游

江宁农家风情游与江宁农家乐深度游的第一日线路相同,而后者有第二日的线路安排,前者无。

第一日　早晨从南京出发约 1 小时到达江宁,游览【牛首山风景区】(1.5小时),赏古金陵四十八景之牛首烟岚,看明代摩岩石刻佛像,览世界上最大的船——郑和宝船模型;之后驱车 0.2 小时到达【世凹桃源】(2 小时),赏农家景,吃农家饭,在农家宅院话家常,享受农村的舒适宜人;之后驱车 1 小时前往横溪【石塘竹海】(1 小时),赏"小九寨"美景,在竹林中小憩,挖竹笋,全身心投入到达自然的怀抱中;之后驱车 0.2 小时前往【前石塘村】,在徽派小村落找一个你喜欢的农家落脚,与农家主人一起到农田劳作,种地、摘菜,晚上品尝自己的劳动成果。夜幕降临,在农家院落欣赏着山村夜景,枕着蛙叫虫鸣入睡,远离城市的喧嚣,农家夜生活原来如此精彩。

第二日　被小鸟的叫声唤醒,漫步小山村,呼吸着新鲜的空气,清晨的山村又有着别样的风味。早餐后驱车 0.3 小时前往【江苏南京江宁台湾农民创业园横溪核心区】(2.5 小时),游览梅花鹿养殖基地、海棠花鸟园、高科技农业展示厅、台湾精品花卉观赏园、日本锦鲤樱花园、城市农场、台湾精品瓜果采摘园,感受现代高科技农业将给我们的生活带来的变化;之后驱车 0.3 小时前往【南京蔬菜科技园】(3 小时),在生态餐厅内与蓝天白云、绿树鲜花一起品尝农家菜,饭后参观科技园,选一些您喜欢的鲜花、蔬菜带回家,与亲友一同分享;之后驱车 0.5 小时前往【怪坡】(0.5 小时),去感受一下水往高处流、车往坡上走的怪象;之后驱车返回南京(1 小时)。

（三）江宁汤山温泉保健游

早晨从南京出发约 1 小时到达汤山，游览【阳山碑材】（1.5 小时），看看“世界最大的碑材”，听听当年千万工匠开山凿碑的铿锵声；之后前往【锁石村农家乐】（3 小时），感受淳朴民风，观农家景、吃农家饭、走农家路、摘农家菜，参与丰富多彩的农业旅游活动；之后驱车 0.3 小时前往【汤山“猿人洞”】（1 小时），探究古猿人的生活；然后前往【汤山镇】（3.5 小时），泡温泉，洗去一身的疲惫，全身心地放松。

图 1－4－1　锁石村

（四）江宁农家乐体验游

早晨从南京出发约 1 小时到达江宁，游览【牛首山风景区】（1.5 小时），赏古金陵四十八景之牛首烟岚，看明代摩岩石刻佛像，览世界上最大的船——郑和宝船模型；之后驱车 15 分钟到达【世凹桃源】（2 小时），赏农家景，吃农家饭，在农家宅院话家常，享受农村的舒适宜人；之后驱车 1 小时前往横溪【怪坡】（0.5 小时），去感受一下水往高处流、车往坡上走的怪象；之后驱车0.5小时前往【石塘竹海】(1小时)，赏“小九寨”美景，在竹林中小憩，挖竹笋，享受林间劳作；之后驱车15分钟前往【前石塘村】(0.5小时)，欣赏靠山面水的徽派村落，一派舒适宜人的田园风光，如果有兴致可以与农家人一起下地劳作，将劳动成果作为晚餐菜肴或带回家与亲友共享；之后驱车1小时返回南京。

（五）横溪农业科普教育游

早晨从南京出发约1小时到达【南京蔬菜科技园】(2小时)，游览高档花卉生产展示区、国外优质苗木观赏区、竹类品种观赏区、国内外名特优蔬菜品种展示区、以色列喷滴灌技术展示区、千余个菊花品种生产展示区；之后驱车0.5小时到达【石塘竹海】(2小时)，赏“小九寨”美景，探竹林深幽，品农家菜肴；之后驱车0.5小时到达【江苏南京江宁台湾农民创业园横溪核心区】(2.5小时)，游览梅花鹿养殖基地、海棠花鸟园、高科技农业展示厅、台湾精品花卉观赏园、日本锦鲤樱花园、城市农场、台湾精品瓜果采摘园，感受现代高科技农业将给我们的生活带来的变化；之后驱车1小时返回南京。

（六）浦口现代农庄休闲游

早晨从南京出发约1小时到达浦口【丽铭农庄】(3.5小时)，垂钓、观景，享受农家的怡适生活，傍晚品鱼宴、尝农家菜、购农家特产；饭后驱车0.5小时到达【雨发生态农业园】(1小时)，游览省级现代农业产业园区花卉及果品采摘基地；之后驱车0.5小时到达【龙泉山庄】(1小时)，游览生态农业和文化休闲有机结合的典范，参观孔府学堂、百步长廊，学习孔孟文化；之后驱车15分钟到达【林大生态园】(2小时)，游览集科研、科普教育、生产、试验示范、观光休闲等功能于一体的“都市农业生态园”，在生态餐厅与花草树木一起共进午餐，品尝绿色无公害农家餐；之后驱车1小时返回南京。

（七）浦口避暑纳凉怡情游

早晨从南京出发约 1 小时到达浦口【老山国家森林公园】(1.5 小时)，参观游览森林浴场、登山、入林、观竹、听泉、拜庙，在大自然的怀抱中释放心情；之后驱车 0.5 小时到达【五槐山庄】(0.5 小时)，参观游览清代靖逆侯张氏家族旧居，赏农家景，话农家常；之后驱车 15 分钟到达明清建筑典范【万成生态园】(2.5 小时)，品农家餐，体验磨豆腐、摸鱼、采摘的乐趣，如果有兴趣可以到市民农园认种一块属于自己的菜地；饭后驱车 15 分钟到省级茶文化基地【赭洛山茶文化园】(1.5 小时)，了解茶文化，亲手采摘鲜嫩的茶叶，观看茶叶制作，品有机绿茶；之后驱车 1 小时返回南京。

（八）溧水赏梅采莓体验游

早晨从南京出发约 1.5 小时到达溧水傅家边，游览【无想寺】、参观【雪松公司雨花茶基地】(1 小时)，到全国休闲农业与乡村旅游示范点【傅家边生态农业园】(2.5 小时)参观游览珍禽园，赏万亩梅海，访植物组培中心，在生态餐厅小憩，品农家菜肴；饭后驱车 0.5 小时到达【精品草莓园】(1 小时)，赏田园美景、采红艳草莓、体验劳作的乐趣；之后驱车 1 小时前往江苏省最大的国防教育基地【大金山风景区】(3.5 小时)，接受国防知识教育，体验真人 CS 实战，到漫山遍野的果园里体验农事的快乐，傍晚赏东屏湖西洋美景，在森林小木屋里尝青梅酒，品屏湖鱼宴；之后驱车 1 小时返回南京。

一、农家乐在“发展现代农业，建设美丽乡村”中的地位和作用越来越突出

近年来，南京农业坚持都市型现代农业的发展定位，把休闲农业作为农业主导产业来抓，在拓展和延伸农业功能的同时，进一步提高农业附加值，拓展农民创业、增收渠道，成为南京市都市型现代农业发展的重要产业。其中，农家乐的建设在“发展现代农业，建设美丽乡村”中的地位和作用更加突出。

（一）促进农民创业就业增收的作用更加突出

农家乐是村民以从事农家餐饮、民宿、手工艺制作、农产品销售，为游客提供“吃农家饭、住农家屋、游农家景、享农家乐”等内容的经营活动。南京市农家乐是以自然村为主体，超过10个农家乐经营户的为农家乐村。由于农家乐经营机制灵活、成本低，为农民开辟了一条在家门口创业就业增收的新路子。目前，全市已建成和在建的农家乐村58个，经营农户1 036户，直接从业人员近3 000人。20个已建成对外营业的农家乐村2013年营业总收入超过4 000万元，通过农家乐销售农产品1 200万元。六合竹镇大泉村，在2014年桃花盛开的季节，一个月时间接待游客达上万人次，经营较好的接待户每日最高营业额达到6 000元，还为近百个农民提供了就业岗位，通过服务帮扶、蔬菜订购、开心农场等方式直接带动周边农户200多户。

（二）促进美丽乡村建设的作用更加突出

农家乐的发展，促使农民群众更加注重保护和建设农村生态环境，积极实施绿化美化、立面改造、卫生改厕等项目，许多地方出现了农家乐发展与美丽乡村建设相互促进、共同提高的可喜局面。江宁区打造的“五朵金花”，不仅推动了当地休闲旅游产业的发展，还通过挖掘自然、产业、人文历史特色，造就了一批高标准、高质量的特色亮点村。同时，农家乐的发展，还能培养一大批有文化、懂经营、会管理的新型农民，从而整体带动农业生产水平、农民生活水平和乡风文明水平的提高，建成“农民生活富裕、农业生产先进、农村生态良好”的都市美丽乡村和农民幸福家园。

（三）促进农业转型升级的作用更加突出

农家乐把农业种养业、农产品加工和休闲旅游有效结合在一起，实现了一、二、三产业的交叉融合，形成了新的产业分工。这种产业分工不仅降低了种养环节的经营风险，而且独享了农产品生产和流通环节的利润，大大提高了农业效益。同时，由于消费者的现场监督，使农业种养户更加注重农产品品质、品牌，自觉应用标准化生产技术、新型农作制度，发展绿色、有机农产品生产，以满足消费者的绿色消费需求，从而促进了农业转型升级。

（四）促进城乡统筹发展的作用更加突出

城乡统筹发展的核心是“全域统筹、城乡一体”。农家乐以农业为依托、以农村为空间、以农民为主体、以城市居民为客源，直接对接城市需求和现代消费，实现“农”和“旅”的有机结合，能够有效满足城乡居民消费结构升级的需要，加快城乡经济文化融合和三次产业的联动发展，有助于加快缩小城乡差距，改变二元结构，形成城乡融合互动、经济社会一体化发展的新格局。

二、农家乐正面临着难得的发展机遇

早在2006年，胡锦涛总书记在上海考察时就指出："农家乐前途无量。"事实也是如此，随着经济社会的发展，新农村建设的深入推进，农家乐发展势头越来越好。在2014年市委、市政府召开的全市发展现代农业、建设美丽乡村动员大会上，打造"农民生活富裕、农业生产先进、农村生态良好"的都市美丽乡村、农民幸福家园，成为今后农业和农村工作的主线。这些都预示着，农家乐正面临着加速发展的重要机遇。

（一）各级政府重视，政策环境好

市委、市政府高度重视都市农业发展，把发展休闲农业作为都市农业发展的新引擎，市政府专门出台了《休闲农业与乡村旅游发展工程实施意见》（宁政发〔2012〕58号），对农家乐发展提出了明确要求。市委领导也十分重视农家乐发展，在大泉村驻点调研时充分肯定了农家乐的发展，指出农家乐要注重规划设计，坚持个性塑造和区域特色，"既不能太土，也不能太洋，更不能不土不洋，应人无我有、经济实惠、干干净净"。农业和旅游部门以及工商、交通、住建、卫生、金融、税务等部门按照《加快推进全域统筹，建设城乡一体化发展的新南京行动纲要》的要求，在农业发展、旅游规划、村庄环境整治、村庄绿化等方面积极支持，都把农家乐作为统筹城乡发展、增加农民收入、改善农村生态的一个重要工作载体来抓，整合资源、综合配套、协力推进。江宁区为打造"五朵金花"，专门出台了一系列专项文件和政策扶持措施，给予每村500万元的项目建设扶持资金，区各相关单位发挥部门职能，组团结对帮扶，使得全区农家乐建设面貌一新。

（二）城市休闲旅游消费面临转型，市场前景好

一方面城市居民休闲消费需求高涨。农村的农耕文明、乡村文化、民俗风情、自然环境是市民心目中的"市外桃源"，随着城镇人口比例和总量

的增加,市民生活压力的增大,消费转型趋势明显,城镇居民回归自然、怡情生活、休闲度假的需求高涨;另一方面,居民休闲消费能力增强、休闲消费时间增多。一个国家或地区人均国内生产总值(GDP)超过 3 000 美元时,人们的消费开始向享受型转变,休闲旅游消费的需求市场迅速膨胀。南京市人均 GDP 达到 3 000 美元,客观上具备了更高的休闲消费能力,再加上国民休闲纲要、带薪休假制度以及法定节假日的调整优化,居民休闲消费的时间增多,近距离休闲旅游,势必成为休闲消费的主阵地,农家乐休闲旅游市场前景广阔。

(三)新农村建设深入推进,基础条件好

近年来,随着城乡统筹、一体发展的推进,农村土地综合整治、新市镇新社区建设、农业 1115 工程、村庄环境整治、农村基础设施建设"五位一体"的跟进,农村基础设施条件明显改善,多数行政村通上了硬化公路,农村的供水、供电、广电和通信等方面都与城市联了网,村庄环境得到美化。随着现代农业园区的建设,农业基础设施条件进一步改善,特色精品农业加快发展。这些都为发展农家乐打下了良好的基础。

(四)支持参与农家乐经营的主体越来越多,发展氛围好

随着农家乐经营效益的显现,农家乐的功能作用已得到社会各界的广泛认可。许多外出务工经商的农村能人回乡经营农家乐,世凹村过去 90 多人在外打工,现在一半以上"凤还巢",搞起了农家乐。一批大中专毕业生也开始把农家乐作为自己创业就业的平台。同时也吸引了工商资本、金融资本、民间资本投资发展农家乐,像前石塘村,就是由科赛集团投资 2 000 多万元打造的一个农家乐村。

三、农家乐的发展和提升任务很重

虽然南京市休闲农业发展起步较早,休闲农庄、休闲农业园区和农业

节庆发展较快,但以农家乐为主的农家乐村发展相对滞后。一是“少”的问题。从总体上看,南京市农家乐村较少,现在已建和在建的仅有58个,全市有1 455个在主要交通干线沿线、城镇和重点园区(开发区)、市级以上风景名胜区等窗口地带和重要环境敏感区的周边村庄,这些村庄大部分具备发展农家乐的条件,还有很大发展空间。二是“同质化”的问题。目前,不少农家乐风格雷同、缺乏特色,项目单调、内涵不足,缺乏乡村特色、农家风味和农事体验项目,难以满足消费者的多样化需求。三是“瓶颈制约”问题。主要是宅基地、用地等问题,农民宅基地建房限高、休闲体验设施用地困难等。同时,现有法律法规中还没有专门针对农家乐的消防、治安等管理规范,影响农家乐投资经营者的信心。四是“产业链短”的问题。农家乐经营相关配套产业发展滞后,单打独斗,没有与农业、农民、农居等形成产业链,在“食、住、行、游、购、娱”旅游六要素中,后三项内容开发不足,仍停留在吃饭打牌的初级阶段,带动能力不强。

针对这些问题和当前面临的新形势、新情况,我们要以科学发展观为指导,以率先全面建成小康社会、率先基本实现现代化为目标,坚持走“创新驱动、内生增长、绿色发展”之路,深入实施“发展现代农业、建设美丽乡村”总体部署,坚持发展、规范、提升并举,加大政策引导力度,紧扣市场需求,突出特色主题,着力延伸产业链、提升价值链,努力形成不同档次、不同形式、能够有效满足不同消费需求的农家乐业态。2012年重点建设10个农家乐示范村,发展200个农家乐示范经营户,带动全市500户农户创业,为农民提供5 000个就业机会,户均增收5万元。通过示范村建设推进48个农家乐村建设,把农家乐村建设成“园林型的村庄、花园型的农户、创业型的农民”的“美丽乡村”代表。

(一) 突出资源禀赋,做好科学规划布局

南京市自然资源丰富、交通便捷、市场潜力巨大,发展农家乐具有很大空间。市里制定了《南京市“十二五”休闲农业发展规划》,对“十二五”期间农家乐建设提出了明确的要求,各区县也要抓紧制定农家乐发展规

划，要结合村庄环境整治和新农村建设，充分考虑农家乐休闲旅游业的特点，与土地利用总体规划、村庄建设规划和旅游发展规划等统筹考虑、一并谋划、全域规划，特别要与“城乡统筹、一体发展”有关建设要求相配套。根据农村自然资源、人文资源和产业实际，突出区域特色，明确市场定位，划出重点区域，为农家乐留出足够的发展空间。

（二）注重示范带动，提升整体发展水平

按照农家乐发展的内在要求，各区县所有涉农镇街和现代农业主导型镇街都要建设一批农家乐示范村。重点选择自然生态环境优美、具有丰富历史文化底蕴、建筑风貌和民俗风情突出、区位条件优越以及基础设施和公共服务设施较好的村庄进行打造。农家乐示范村按“五有”村建设，一是有规范的管理。农家乐经营户有一定规模，建有农家乐经营户管理档案，规范管理制度和服务内容上墙。建有专门的管理机构，有条件的建立农家乐协会，实行自我管理和规范经营。二是有优美的环境。建有农家乐村显著标志。农家乐经营户经营屋舍整治出新，特色鲜明，风格统一。村庄道路整洁，村庄绿化达标。建有公共停车场、厕所和垃圾处理设施。三是有游客接待服务中心。设立咨询和投诉电话，提供农家乐导游、宣传品；设立农产品销售区，销售本地及周边地区农产品。农产品实行创意包装，开发农产品休闲产品和纪念品。四是有休闲体验项目。开发游客休闲吸引物，挖掘农业和民俗文化，拉长游客逗留时间，提供钓鱼休闲、赏花摘果等休闲体验活动项目。五是有带动农业的产业。按照农家乐经营需求安排农业生产，发展优质安全的农产品，通过农家乐发展带动农业生产和农民就业创业。通过示范村的建设，建设一批省级“美丽休闲乡村”“农家乐示范村”和创建全国“最具魅力休闲乡村”，推进农家乐集群发展。

（三）创新发展机制，提升多元化发展水平

发展农家乐，既要坚持农民主体、农民受益的原则，又要引导各方力量参与，促进多元化发展，增强发展活力。一是充分发挥农民的积极性。要重点支持以农户家庭为主体，依托于自然景观、文化遗存和特色产业发展的农家乐，以及以农业生产为依托，通过延伸农业产业链，挖掘农业休闲、观光、农事体验等功能的农家乐，使农家乐切实成为增加农民收入的一大新兴产业。二是充分发挥村级组织的协调和带动作用。要充分发挥村级组织的协调作用，利用村里闲置的学校、会堂、仓库等房产资源和集体建设用地，建设农民没有能力建设的项目，与农户形成分工协作的良好关系，并承担统一协调、统一服务、统一管理、统一营销等职能，帮助农民开办农家乐。三是引导社会力量参与。要在有利于农民增收的前提下，引导社会各界参与兴办一家一户农民办不了、一村一社办不起的乡村休闲旅游项目和配套产业，鼓励社会投资者与村级组织合作建设农家乐休闲旅游特色村公共服务设施、核心接待设施及必要的景观和游乐项目，共同丰富农家乐的游乐和体验活动内容，完善不同消费需求的服务设施，实现错位发展、共享客源、共同繁荣。

（四）改善监管方式，提升规范发展水平

要从实际出发，尊重农民群众的创造，不能简单、教条地实施监督和管理，不能管死，而是要看是不是符合发展规律，是不是符合广大农民群众的根本利益。要根据农家乐的特点，改善监管方式，完善相关行业标准和运行规则，从经营场地、接待设施、安全管理、食品卫生、环境保护等各个方面，加强和改善对农家乐的管理，推进农家乐标准化、规范化建设，特别是要抓紧制定符合农家乐实际的消防验收标准和治安管理措施，并在证照办理、费用收取等方面给予必要的支持。要积极培育发展农家乐行业协会、专业合作社、旅游服务中心等组织，制定会规民约，营造公平环境，规范竞争行为，充分发挥自我服务、自我管理、自我约束的作用，促进农家乐休闲旅游业的良性发展。

（五）强化政策引导和公共服务，提升整体发展水平

目前，农家乐经营主体和受益主体主要是农民，要进一步加强政策支

持和公共服务。一是加大公共财政支持力度。市财政 2014 年安排 1 000 万元农家乐专项资金，用于农家乐示范村建设，各级财政要建立农家乐发展专项资金，并根据产业发展需要增加投入，注重整合，提高资金的使用效率。各区县要确定一批示范村建设点和建设要求，有条件的要落实好将符合条件的规范化的农家乐示范村列入政府会议采购的要求，优先将公务接待、小型会议等安排在农家乐示范村。二是优化培训服务。要将农家乐从业人员纳入"农村两创人才培训工程"，开展多层次、全方位的培训。省里主要组织省、市级农家乐特色村点经营业主和高级管理人员研修培训；市县一级重点开展一般管理技术人员的食品卫生控制、市场营销、成本管理、安全生产等业务培训和从业人员的烹饪技术、餐饮住宿服务、接待礼仪等培训。三是加强宣传推广。四是加强指导和服务。推广高淳、江宁等地的经验，建立县区领导和部门联系帮扶村户制度，及时帮助解决农家乐发展中的困难和问题。开展从规划选址、策划设计、建设管理、经营服务到宣传促销的全程服务模式，指导农民办好、经营好农家乐。

中国休闲农业的发展主要开始于20世纪80—90年代，1998年国家旅游局以“华夏城乡游”作为主题旅游年，使“吃农家饭、住农家屋、作农家活、看农家景”成了农村一景，2006年国家旅游局确定旅游宣传主题为“中国乡村游”、宣传口号为“新农村、新旅游、新体验、新风尚”，更推动了中国休闲农业的发展。目前中国休闲农业项目比较成功的主要分布在经济发达的大都市郊区，成都的农家乐与北京的民俗村是中国休闲农业发展的代表，其休闲农业的发展已形成自己的特色。近年来南京的休闲农业发展也十分迅猛，其休闲农业发展也初步形成了自己的特点，研究分析南京休闲农业的发展现状，对于进一步提高南京休闲农业的发展水平，指导中国其他地区休闲农业的发展，具有一定的理论价值和现实意义。

一、南京休闲农业发展历程回顾

南京休闲农业肇始于20世纪90年代，它的发展基本上可分为两个阶段：

（一）自我发展阶段(1999—2002)

地处南京长江中央的江心洲盛产葡萄，但由于交通不便，知名度低，葡萄销售不畅。1999年当地政府为了扩大葡萄销售，策划举办了“江心洲葡萄节”，以此招徕南京城区居民前来观赏购买江心洲葡萄，活动取得了良好的成效。与此同时农民们开始发展葡萄采摘、做农家饭等农家乐旅游活动，自此南京走上了休闲农业发展的历程。后在“葡萄节”的启示下，江心洲为了减缓淡旺季差异，又举办了“江鲜美食节”，通过开辟农家美食一条街、农家民俗一条街，举办各类农村民俗旅游活动，进一步带动了江心洲乃至整个南京休闲农业的发展。

（二）规范发展阶段(2002—2005)

2002年以南京休闲农业发展规划的编制为标志，南京休闲农业开始走上规范发展的道路，通过对全市休闲农业资源的调查，明确了休闲农业发展的指导思想和发展布局，确立了休闲农业在全市都市农业发展战略中的重要地位。2003年以“休闲农业开发工程”项目为依托，开发包装了6条休闲农业线路，推出了10个休闲农业示范点，组织和招徕了8万以上城市居民和外地游客前往参观游览，并与有关区县联合，承办或合办6个农业节庆活动和休闲农业促销活动，树立了南京休闲农业的品牌形象，扩大了南京休闲农业的市场知名度。2004年以农家乐旅游专业村的建设为基础，制定出台了休闲农业的建设标准和奖励办法，加强了对休闲农业的引导和管理，使之纳入规范有序发展的轨道。2005年根据地理位置、生态环境、乡土民风、主题特色等因素，打造了10个农家乐旅游专业村和5个休闲农业主题公园，同时，加大了南京休闲农业的宣传促销力度，组织举办了南京都市圈休闲农业促销活动，进行了首届“农业嘉年华”的广场旅游促销活动，使全市休闲农业走上了快速、规范发展的道路。

总之，经过近几年的发展，南京的休闲农业已具有一定的规模，几乎遍布城郊区县的各个县市，南京休闲农业已成为南京农业产业的特色，成为南京旅游业发展新的亮点和新的增长点。

二、南京休闲农业的发展效应分析

（一）南京休闲农业产业体系

休闲农业产值和接待人数逐年增加，产业发展不断增大，已基本建立建成具有一定规模的休闲农业产业体系。

近几年南京休闲农业是从无到有、从小到大、从边缘产业到主导产业，全市目前已培育形成了10个农业节庆、10个农家乐专业村、6条休闲农业线路和近80个观光体验型、农业科普型、地质科考型、农家美食型、民俗农趣型等不同风格的休闲农业景点，产业体系越来越完善。2005年全市休闲农业接待人次预计突破250万人次，产业突破7亿元，两项指标分别是2002年的4.6倍、4.8倍；2012年至2014年休闲农业为全市农民人均增收贡献达到293元，转移、半转移农村剩余劳动力16 938人。休闲农业正成为提升南京农业的一个重要主导产业、农民增收的重要渠道和现代都市农业的重要组成部分。

（二）南京休闲农业发展布局

休闲农业景点不断增加，休闲农业线路日益丰富，已初步构建成富有特色的休闲农业产品体系和"一圈、三带、四区"的发展布局。

近几年景点数量不断增加，开发水平不断提高，目前全市休闲农业景点数量已由2002年的21处增加到现在的89处，其中发展层次和提高层次的景点合计达到45处，是2002年21处的2倍多，截至2005年底，已有江心洲、傅家边、帅旗农庄、迎湖桃源和宁丹路（横溪、陶吴）等5个景点（区）被评为国家级休闲农业示范点。目前全市推出了"高淳水乡风情游""浦口养生保健游""宁丹路瓜果品尝游""溧水赏梅采莓游""江心洲民俗农趣游"和"六合农家美食游"等六条休闲农业特色线路。经过近几年有组织的开发，已初步形成了"一圈、三带、四区"的发展布局："一圈"即由江心洲、八卦洲、南郊和汤山组成的环城农业旅游圈；"三带"即宁丹路林果花卉休闲农业带，宁镇路花卉观赏、宗教文化休闲农业带，宁杭路观光牧业休闲农业带；"四区"即溧水傅家边林果观赏休闲农业区、浦口森林生态休闲农业区、六合金牛湖生态休闲农业区、高淳休闲渔业休闲农业区。

（三）南京休闲农业发展目标

对外影响不断扩大，知名度不断提高，已基本达到省内知名、长三角有一定影响的发展目标。

南京在省内率先把休闲农业提升为农业主导产业的做法，得到了江苏省委、省政府领导的充分肯定，省农林厅提出了“休闲农业看南京”，并在南京召开了全省休闲农业工作座谈会。中央电视台等媒体也对南京市的一些创新工作进行了多次报道，如坚持以规划为先导的理性开发、点线面统筹考虑的系统开发、农林部门为主体的自主开发等。南京休闲农业在促销宣传上也很有创意，2004 年在组织休闲农业金秋展示会的基础上，举办了“农业嘉年华”活动，并注册了“农业嘉年华”商标，通过面向市民集中推介“休闲农业十二景”“十大名牌农产品”等，大大提高了南京休闲农业在旅游市场上的影响。目前南京休闲农业对外影响不断扩大，知名度不断提高，已基本达到省内知名、长三角有一定影响的发展目标。

（四）南京休闲农业发展趋势

农户、社会资本及各级地方政府参与休闲农业的热情逐年高涨，已逐渐达成休闲农业开发投资多元化的发展趋势。

近年来，经过广泛深入的动员和实践检验，南京发展休闲农业，已经达成了共识，农户、社会资本及各级地方政府参与休闲农业的热情逐年高涨，据统计，目前全市休闲农业景点共吸引了“三资”8.31 亿元，其中已到位资金 4.78 亿元，形成了江宁千盛农业生态园、雨花台大石湖等一批龙头型项目，社会资本成为休闲农业开发的主体，并形成了休闲农业开发投资多元化的发展趋势。

（五）南京休闲农业发展效果

南京休闲农业带动了农业其他产业的发展，促进了农业产业升级，已初步成为发展绿色农业、特色农业、品牌农业和外向农业的重要依托和手段。

休闲农业渗透到农业各大主导产业中，带动了农业其他产业的发展，通过开发休闲农业，保护和改善了生态环境，促进了绿色农业的发展；通过开发休闲农业，增强了旅游吸引力，加快了特色农业开发，如傅家边景观大道和中华梅文化主题公园的建设，深化了以梅为主的农业特色；“十大农业节庆”和“农业嘉年华”活动，提升了“固淳湖”螃蟹、“江心洲”葡萄、“奇水”青虾等农产品的品牌效应，扩大了市场知名度；通过开发休闲农业，加速了农业的对外开发和城乡一体化进程，促进了城乡居民的互动与交流，增强了农民的市场意识。总之，南京休闲农业的发展，拓展了农业的功能，促进了农业产业升级，并已成为南京农业发展的重要依托和手段。

三、南京休闲农业发展的特色评价

纵观南京休闲农业的发展，南京休闲农业的发展基本形成了以下特色：

一是明确了政府在休闲农业发展中的主导地位和作用，确立了“政府引导型”的发展战略。

发达国家休闲农业发展的经验表明，政府的多方支持对休闲农业的发展至关重要。成都、北京通过对“农家乐”实行“三证”管理和实行统一的收费标准，指导农民增设旅游项目并对其进行培训，通过营造良好的旅游环境，逐步树立休闲农业的形象，政府的扶持和规制取得了较好的效果。

南京虽然地处经济发达的长江三角洲地区，但南京郊县的经济发展水平相对较低，项目开发能力相对较弱，农业资源特色相对较差，因此“政府引导型”发展战略在南京休闲农业的开发具有一定的现实意义，南京把休闲农业作为全市农业的五大主导产业（即特色农业、绿色农业、外向农业、休闲农业和品牌农业）之一来抓，休闲农业的地位大大提升，举全局之力推进产业的发展，政府通过普查全市休闲农业资源，编制全市休闲农业发展规划，成立休闲农业办公室，举办各类农业节庆活动，建设农家乐旅游专业村，制定农家乐旅游服务规范，制作“农业嘉年华”画册等工作，有组织地、有步骤地推动了南京休闲农业的发展。

二是以各类节庆活动为依托，形成了“节庆驱动型”的休闲农业发展新模式。

面对中国旅游进入营销主导时期的新形势，营销技术运用的程度正在成为地方旅游业发展的关键因素，大型的节庆促销活动，对于展示旅游目的地的形象，提高旅游目的地知名度，起到十分重要的作用。南京市及各区县自 1999 年起，以农业特色资源为载体，先后举办了江心洲葡萄节、六合蟹黄汤包节、傅家边梅花节、八卦洲芦蒿节、横溪西瓜节等十大农业节庆活动。这些具有整体互动性和强烈震撼力的节庆活动，通过主题鲜明、参与性和娱乐性强、内容丰富的特色活动和旅游线路，拓展和挖掘了休闲农业客源市场，促进了南京休闲农业产业快速发展。目前，南京休闲农业的发展以“节庆驱动”为动力，初步形成了“江心洲民俗游模式”“傅家边科技园模式”“龙袍美食游模式”和“乌江十里农庄模式”等休闲农业发展新模式。

表 1-6-1　南京“节庆驱动型”休闲农业发展模式

模式 项目	“江心洲民俗游”模式	“傅家边科技园”模式	“龙袍美食游”模式	“乌江十里农庄”模式
起步时间	早 (20 世纪 90 年代)	较早 (20 世纪 90 年代末)	较晚 (21 世纪初)	较晚 (21 世纪初)
发展主体	集体经济	政府科技项目	农民自发	农庄开发
参与者	街道集体和农民	科技人员和农民	农民	公司
依托节庆	江心洲葡萄节	傅家边梅花节	龙袍汤包节	浦口苗木节
旅游线路	江心洲民俗农趣游	溧水赏梅采莓游	六合农家美食游	浦口苗木观赏游

三是开创了旅游企业推进，“政府＋旅行社＋景点＋农户”合作发展休闲农业的新形式。

休闲农业以其参与形式的多样性、参与主体的广泛性、旅游效益的综合性而受到各地政府的欢迎，多方参与是休闲农业成功的关键。旅游企业特别是旅行社，对于休闲农业的发展意义重大。旅行社是开拓旅游市场的主要企业。它一方面为其他旅游企业的业务发展提供全面信息，另一方面又为旅游消费者的出游决策提供信息服务。它将旅游目的地的旅游产品与旅游客源地紧密地联系起来，让各种利益相关者结合在一起。

南京休闲农业的发展充分考虑了旅行社的作用，为尽快启动南京休闲农业市场，南京在休闲农业发展的初期，通过市场化运作，以南京国旅为依托，策划了六条休闲农业特色线路，通过"休闲农业进社区""市民广场大放送""服务面对面""浪漫之旅青年交友"等一系列宣传促销活动，把休闲农业比较成功地推向了市场，开创了旅游企业推进，"政府＋旅行社＋景点＋农户"合作发展休闲农业的新形式。

四是培育了"农业嘉年华"的特色品牌，搭建了农业产业和城市旅游互动发展的新舞台。

品牌是产品和服务与消费者各种关系的总和，在现代营销理念中品牌可以说是营销的核心和灵魂，品牌塑造已成为旅游景区占领市场制高点的关键。南京农林部门独具匠心，在全国率先注册了"农业嘉年华"的品牌，在休闲农业的品牌建设中抢占了先机。南京农林部门借助于"农业嘉年华"这个大平台，充分宣传、展示、推介了南京休闲农业，激发了当地潜在的旅游需求，推进了农村与城市两地旅游企业特别是景点与旅行社的对接，达到了"轰动南京、影响华东、辐射全国、促进江苏"的宣传效果，扩大了对外吸引力。南京休闲农业通过培育"农业嘉年华"的特色品牌，搭建了农业产业和城市旅游互动发展的新舞台。

总之，南京休闲农业的发展，已初步形成"政府引导，节庆驱动，企业、景点、农户多方参与和特色品牌培育"的休闲农业发展特色。

四、南京休闲农业发展的未来思考

南京休闲农业经过近几年的发展，虽然取得了令人瞩目的成绩，但休闲农业的未来发展还存在着很多与成都、北京等地共同的问题，即休闲农业发展呈现出“大规模扩张，低水平发展”的状态、缺乏特色、淡旺季差异明显、服务水平较低等问题。为了进一步加快南京休闲农业的发展，提出如下对策：

第一，在政府规制与管理方面，实现“政府引导”向“政府治理”的过渡。

在休闲农业发展的前期，政府往往把休闲农业作为扶贫与促进农村发展的手段来发展，在资金投入、宣传促销、基础设施建设、人员培训方面采取扶持政策，然后制定服务规范，采取标准管理逐步规制。随着休闲农业市场化程度的提高，休闲农业要在“主题、地格、氛围”等方面突出差异与特色，体现地方的风俗民情与建筑风格，倡导地方居民友好、热情、淳朴与真实的态度，强化休闲农业的发展特色化、规范化，防止标准化、商业化与城市化对乡村性的侵蚀。政府管理应逐步向“市场治理”过渡，在宏观方面进行调控，如在建筑风格、公共厕所、垃圾处理、清洁能源、停车场等方面提供支持，在信息披露、数据统计等方面进行管理。

第二，改变农业节庆活动的运作形式，实行农业节庆活动的市场化运作。

事实证明“节庆驱动型”的休闲农业发展模式是一种成功的发展模式，它对于促进南京休闲农业的发展，具有明显的作用。因此今后休闲农业的发展，应继续遵循“节庆＋活动＋线路”的道路，但在农业节庆活动的策划和构思上，应当注重对节庆内涵的挖掘，体现出农业文化的价值，并充分考虑到公众的真实需求。节庆活动的魅力在于特色和创新，要在设计、策划、组织、运作、人力、物力、财力等方面，赢得民间资源特别是民间人才和民间资金的积极投入和聚集，通过市场化的运作，提高节庆活动的经济效益和社会效益，“政府办节、公司经营、社会参与”应当成为今后南京农业节庆活动的主要形式。

第三，继续坚持多方参与的休闲农业发展方式，进一步推动政府与企业的良性互动。

“政府＋旅行社＋景点＋农户”的合作发展形式，有利于发挥旅游产业链中各环节的优势。目前政府负责休闲农业的规划和基础设施建设，优化发展环境；旅行社负责开拓市场，组织客源；景点负责经营管理和组织村民参与地方戏的表演、导游、工艺品的制作、提供住宿餐饮等，并负责维护和修缮各自的传统民居。今后还可成立“农民旅游协会”，负责协调景点与农民的利益。多方参与的休闲农业发展方式，进一步推动政府与企业的良性互动，各方通过合理分享利益，避免休闲农业开发过度商业化，它保护了本土文化，增强了当地居民的自豪感，从而为休闲农业可持续发展奠定了基础。

第四，进一步提升南京“农业嘉年华”的品牌水平，强化休闲农业的品牌塑造。

随着休闲农业的深入发展，必然会形成一批专业化的休闲农业经营者和特色休闲农业产品，而建立品牌是提高企业竞争力的有效方式，当前越来越多的领域已经从产品竞争发展到了品牌竞争。在成都，由于农家乐主要由农民经营，经营者数量众多又是个松散的组织，缺乏商标保护意识，“农家乐”作为商标已被一些企业抢注。因此要注意提高南京休闲农业经营者的品牌意识，强化休闲农业的品牌塑造，要通过对品牌的管理、品牌的推广、品牌的经营等，导入企业识别系统（Corporate Identity System，CIS），即形象识别现南京休闲农业的系统，进一步提升南京“农业嘉年华”的品牌水平，壮大品牌市场优势，以实现可持续发展。

一、解析休闲

在先秦汉语中，没有“休闲”一词，现代汉语中的“休闲”在当时是两个词：“休”和“闲”。按照《说文解字》的解释：“休，息止也，从人依木。”可见，休是一个会意字，它的本义是休息。古代有许多诗歌体现了休闲的休息之义，如《诗经·周南·汉广》有“南有乔木，不可休思”；《晏子春秋·内篇谏下》写道：“景公猎，休，坐地而食。”因此，从“休”的词源结构来看，“休”字的产生反映了人向自然回归、人与自然相和谐的观念。人来自大自然，而人们在从事劳作耕种、追名逐利、建功立业等活动中，将主要精力放在了外部世界，容易遗忘自己的本根，“休”恰恰就是人们找回自己、发现自己的活动。人倚木而休，树木是大自然的化身，人成为大自然的一部分，大自然因参与了人的生命活动也成为人的一部分，人与自然和谐无间，融为一体。另外“休”还有“美好”“美善”“吉庆”“喜悦”“欢乐”“福禄”的涵义。在《诗经·豳风·破斧》中有“亦孔之休”，此处的“休”即为美好。可见，“休”意味着人们是在追求真、善、美，意味着人们是在追求有价值、有意义的活动，或者说，“休”不仅具有以休息为目的的静态一面，而且具有以美、善为目的的动态一面，积极有为的一面。

“休闲”中的“闲”字，《说文解字》解释为：“闲，阑也，从门中有木”，在门的外面竖上栅栏，以之为边界。由此可见，“闲”首先是一个表示范围的概念。后来“闲”字又发展出伦理道德的涵义，如《周礼·瘦人》中有“掌十有二闲之政教”。同时,“闲”还引申出了限制、约束之涵义。可见,“闲”在先秦汉语中主要是关于行为规范的概念,教导人们如何过一种符合标准、符合规范的生活。如果将“休”和“闲”联系起来构成“休闲”,那么“休闲”意指美好的生活应当是遵循规范、有美德的生活,“休闲”既是求美的过程,也是求善的过程,是在追求事物自身目的的同时达到事物与事物之间的和谐和有机统一。

在古希腊语中,表达“休闲”的词语是 schole。许多学者认为 schole 的意义并不一致,主要有两种理解,一是智慧地使用空闲时间;二是不是在不得不做的压力下从事的严肃的活动。这两种理解首先肯定了休闲不等同于空闲,不是无所事事和打发时光。其次,在空闲时间中,或者在可以自由支配的时间里,“休闲”是需要引起重视、认真对待的,即“休闲”本身是需要学习才能做到的。由以上可以看出,希腊人的休闲不是等而下之的庸俗活动,而是具有一定规范性和创造性的学习活动。Schole 一词中几乎没有休息和消遣的成分,它主要是指发挥自身能动性进行学习,积极有为并创造社会价值的活动。可见,在希腊人的观念中,休闲是一种以丰富和创造生命活动,完善自我为目的的闲暇活动。

因此,可以说休闲的本意不管从汉语还是西方语言的词源来看,都不是简单的休息和消遣之意,而具有更为深刻的内涵。休闲从古至今都是人们生活中不可缺少的一部分,休闲方式也随着文化、观念的演变而变化。从表 1 中可以看出以前人们所追求的一种休闲方式更多地是体现一种喜庆、欢乐、消遣,以人与人之间的交流为主,这种休闲方式在某种程度上违背了休闲一词的本意。直至 20 世纪末,生态休闲的流行,即“回归大自然”,这才体现了休闲的求美、求善,达到人与自然和谐及有机统一的过程。生态休闲是人们劳作之后实现与自然和谐相处、融入自然、返璞归真的理性思考和感悟及自觉选择。它既是对传统休闲的提升,更是人与自然统一的一种全新形式。从生态休闲的方式来看,目前休闲农业已经成为生态休闲的主导方式,可以说休闲农业是顺应人们的生活需要而产生的,是一种真正意义上的休闲方式。

表 1-7-1 休闲方式的演变历程

<table>
<tr><td colspan="2">年代</td><td colspan="3">休闲方式的演变</td></tr>
<tr><td colspan="2" rowspan="6">古代</td><td>歌舞性休闲</td><td colspan="2">野舞、秧歌、高跷、舞狮等</td></tr>
<tr><td rowspan="3">运动性休闲</td><td>武艺竞技类</td><td>射箭、水上与冰上以及武艺等</td></tr>
<tr><td>娱乐性竞技</td><td>摔跤、蹴鞠、马球、弹棋、围棋等</td></tr>
<tr><td>民俗游乐</td><td>风筝、舞龙、投壶、游山、荡秋千、踏青、观灯、鞭陀螺等</td></tr>
<tr><td>欣赏性休闲</td><td colspan="2">戏曲、乐舞表演等</td></tr>
<tr><td>其他</td><td colspan="2">吟诗结社、琴棋书画等</td></tr>
<tr><td rowspan="2">近代</td><td>晚清时期</td><td colspan="3">赌博、彩票、轮盘赌、泡茶馆、体育运动、旅游、逛公园</td></tr>
<tr><td>民国时期</td><td colspan="3">电影、集邮</td></tr>
<tr><td rowspan="4">现代</td><td>1949—1966 年</td><td colspan="3">体育运动、跳交谊舞、集邮、看电影、戏剧、逛公园等。当时广播操、乒乓球、游泳十分流行</td></tr>
<tr><td>改革开放年代</td><td colspan="3">娱乐休闲、电视、健身房健身</td></tr>
<tr><td>20 世纪 90 年代</td><td colspan="3">集邮衍生成包罗万象的收藏,包括钱币、粮票、钟表等</td></tr>
<tr><td>20 世纪末</td><td>生态休闲</td><td colspan="2">休闲农业、生态旅游等</td></tr>
</table>

二、解析休闲农业

(一)休闲与农业的结合点

休闲农业是随着城市居民休闲需求的增加而产生,是一种农业与休闲业相结合的新型农业经营方式,主要是指城市居民“下乡”体验与休闲。实际上,休闲农业不仅仅表现在城市居民下到农村,感受和体验农业生产、农村生活、农村景观、农村文化,而且还表现在农村和农业中的休闲产品进入城市,让城市居民在城市甚至自己家中就能感受和体验到农业休闲。因此,根据农业和农村特点,可以将农业与休闲业的结合点分为观光、体验、教育、度假、展销、农业与农村衍生物等,见表 2。

表 1-7-2 农业休闲业结合点分析

结合点	结合方式
观光	自然景观,如日出、雪松、山川等;观光果园、菜园、花圃、茶园、桑园、采菇园等;植物园及森林区
体验	农作;采摘;家畜家禽饲养;农宿;市民农园
教育	农林文化、历史文物展示;儿童乐园
度假	垂钓;住宿
餐饮	农家乐;民俗食品(烤红薯、烤白果);土菜馆
农业与农村衍生物	屋顶农业;阳台农业;家庭农业;农村手工艺术纪念品
展销	名、特、优、新农副产品和加工品展销;农村集市

(二)休闲农业定义

休闲农业在中国首先兴起于台湾地区,台湾休闲农业起步较早,发展较为成熟。2000 年台湾在休闲农业辅导办法中是这样定义休闲农业的:休闲农业是指利用田园景观、自然生态及环境资源,结合农林渔牧生产、农业经营活动、农村文化及农家生活,提供国民休闲,增进国民对农业及农村之体验为目的的农业经营。由此可以看出,台湾休闲农业强调的是在农村范围内的体验活动。

目前大陆关于休闲农业的定义并不统一,大陆将之又称为休闲农业、观光农业,但较为公认的定义认为:休闲农业是利用农村设备与空间、农业生产场地、农业产品、农业经营活动、自然生态、农业自然环境、农村人文资源等,经过规划设计,以发挥农业与农村休闲旅游功能,增进民众对农村与农业的体验,提升旅游品质,并提高农民收益,促进农村发展的一种新型农业。大陆对于休闲农业的定义强调的是农业的旅游功能。

在对农业与休闲业之结合点分析的基础上,我们认为:休闲农业是指利用农业和农村资源,经过策划设计成为休闲产品,提供给城市居民,以增进民众对自然的体验,对农业与农村的了解,并提高农业效率,促进农业和农村发展的一种新型的农业生产经营形式。这里的农业和农村资源不仅仅包括农业和农村范围内固有的活动、环境、产品等资源，还包括农业和农村的衍生物，如屋顶农业等，其活动范围并不局限于吸引城市居民下到农村和城郊进行休闲活动，还包括将农业休闲产品引入城市。

三、南京市休闲农业产业体系分析

休闲农业并不是将单纯的生产性农业向附加值较高的二、三产业方向转移，而是在农业生产和农村生活的基础上拓展集农业生产、加工、游览、休闲、科普、农技推广、农产品展示、销售、特色餐饮、景色观光、宠物饲养及其附属用品供应等多种功能为一体的特色农业。随着人们生活水平的提高，南京市民逐渐地接纳并喜爱“回归自然”的休闲方式，并对休闲农业提出了更高的要求。面对巨大潜力的市场和发展限制，休闲农业产业化发展无疑是解决这些问题的重要出路。休闲农业产业化即将休闲农业作为一大产业来经营，按照市场运作方式，将区域休闲资源、休闲环境、休闲区位、休闲文化、休闲人才、休闲管理等优势转化为休闲产业优势，形成产业竞争力。休闲农业产业化是传统农业向现代农业跨越的重要举措，是提升区域农业竞争力的重要途径。

将休闲农业作为一个产业来经营，必须建立休闲农业产业体系。从南京市休闲农业的特点来看，我们可以将南京市休闲农业产业体系从产前、产中、产后三个环节进行划分，产前主要是产业规划和策划体系，产中主要是经营和产品体系，产后则主要包括休闲农业景点的营销、保障、监督等。

（一）产前规划和策划体系

发展规划是休闲农业良好健康发展的前提，休闲农业发展主要包括两个层面的规划：

1. 休闲农业产业层面的规划

休闲农业产业规划是休闲农业发展的纲领，产业发展，规划先行，

2002年南京市组织编写了《南京市休闲农业发展规划》，对南京市休闲农业资源进行了全面的摸底和梳理，提出了“一圈三带四区”的发展格局，为全市休闲农业发展提供了纲领性的文件。并提出2002年重点抓了十大节展，2003年实施旅游线路的开发，2004年突出农家乐旅游专业村建设，2005年开发休闲农庄，2006年重点抓了示范景区功能的拓展，2007年对休闲农业进行提档升级的发展重点。根据总体规划的指导，各区县针对自身特点也制订了相应的休闲农业景点规划和设计方案。经过几年的发展，南京市休闲农业取得了较快的发展，发展条件和资源条件也发生了较大的变化，新一轮的发展规划势在必行。从目前南京市休闲农业的发展情况来看，南京市休闲农业产业的规划应当遵循以下原则：一是政府引导与市场运作相结合，政府在休闲农业产业发展中起导向作用，同时按照市场规律进行运行；二是统一规划与资源共享，休闲农业产业的发展导向和基础设施建设统一，同时要加强各景点资源整合，促进资源共享；三是全面发展和重点推进相结合，全面推进南京市休闲农业产业的发展，从客观需要出发，有步骤有重点地推进；四是立足本身资源和坚持创新相结合，以本地文化资源、农业资源为基础，坚持创新，做出南京市休闲农业产业的特色。

2. 休闲农业景点层面规划

景点规划是景点能否持续发展，并创造经济效益的保证，从休闲农业景点长远发展来看，休闲农业景点的规划应当从以下几个方面入手：首先是开发条件的分析和评价。这一步骤主要包括客源市场分析、区位分析和选择、自然条件分析、社会经济条件分析、农业基础条件分析、休闲发展基础分析，通过一系列的分析才能知道项目开发的可行性，提高项目开发的成功率。接着就是规划内容的确定，休闲农业规划，要完成两个层次上和两个功能上的规划，即宏观层次上，休闲农业作为整个生态旅游的大背景，改善生态环境，维护和美化农业与农村自然景观风貌，吸引招徕游客，主要包括确立规划区性质与开发方向、总体布局，分区与开发导向、功能分区、市场开发等;在微观层次上,即在合适的地点,具体设计相适应的项目,让游客具体参与一些活动,建立一系列休闲农业旅游度假基地。微观层次上的规划即休闲农业景观和活动的策划,微观层次上的策划重点是要突出特色,培育亮点,因此休闲农业景观和活动的策划要依托田园和生态景观、重视休憩和体验设计、挖掘民俗和农耕文化、突出特色和主题策划,这样才能达到吸引游客、持续发展的目的。目前南京市休闲农业景点规划层面还有待进一步提升,尤其是微观层面的策划,缺少创新,各景点之间存在大同小异的现象,不利于景点的持续发展和扩大规模。

(二)产中经营和产品体系

南京市休闲农业经过近几年的发展,已经呈现出多元化的发展趋势,经营形式和经营项目逐渐地丰富起来。现已初步形成观光系列、休闲系列、美食系列、参与体验系列等类型多样、满足市场多样化需求的休闲农业产业经营体系。立足于南京休闲农业的发展条件和发展现状,我们可以将南京市休闲农业分为观光农业、体验农业、度假农业和农业节庆四种类型。

观光农业是指以农业产业为依托,以农业效益和旅游效益相结合,生产与观光功能兼容,提供见识农业生产的机会和欣赏田园风光的开放性农业。主要包括森林公园、观光农园、植物园等类型。例如,位于浦口的赭洛山茶文化园依托于开放式的茶园,游客既可以欣赏美丽的茶园,还可以在这里体验和观看茶叶的生产工艺和加工过程,这就是典型的观光农业景点。

体验农业是指以农业资源为基础,以向顾客提供农事体验、农业文化教育、农村生活体验等为内容,旨在让游客在体验中达到放松和休闲目的的农业。主要包括体验农园、市民家园、市民农园、农业文化教育等形式。例如,位于江宁区的鑫农庄 2014 年打造的百果园就属于典型的体验农园,游客可以在这里亲手采摘果实、认知果树、认养果树等。

度假农业是指与乡村旅游度假相结合的休闲景点,并利用农家庭院、民俗风情、农家生活和乡村文化，开展以“吃农家饭、住农家屋、干农家活、享农家乐”为主题的休闲、娱乐、体验活动。主要包括农家乐、度假休闲农庄、农业游艺园等。例如，位于浦口的丽铭农庄就是一个度假休闲农庄，游客可以在这里品尝农家菜、垂钓、住农家小院等。

农业节庆是指在农业生产中开发出来的节庆。南京市农业节庆发展比较快，从2002年到2008年共开发了16个农业节庆，每个节庆都是以当地规模农产品和特有的农业资源为载体，旅游搭台，经济唱戏。例如，“农业嘉年华”是南京最大的休闲农业节庆，每年十月在白马广场举行，已经成为南京市重要的农业节庆品牌，并闻名全国，备受国内许多学者的关注。

（三）产后营销、保障、监督体系

产后营销、保障和监督体系是休闲农业能否持续发展的重要保证，它直接关系到休闲农业产业的健康发展。南京市休闲农业的产后营销、保障和监督体系还处于初步的探索阶段，结合南京市休闲农业的发展特点，产后营销、保障和监督体系建设重点应当放在以下几个方面：

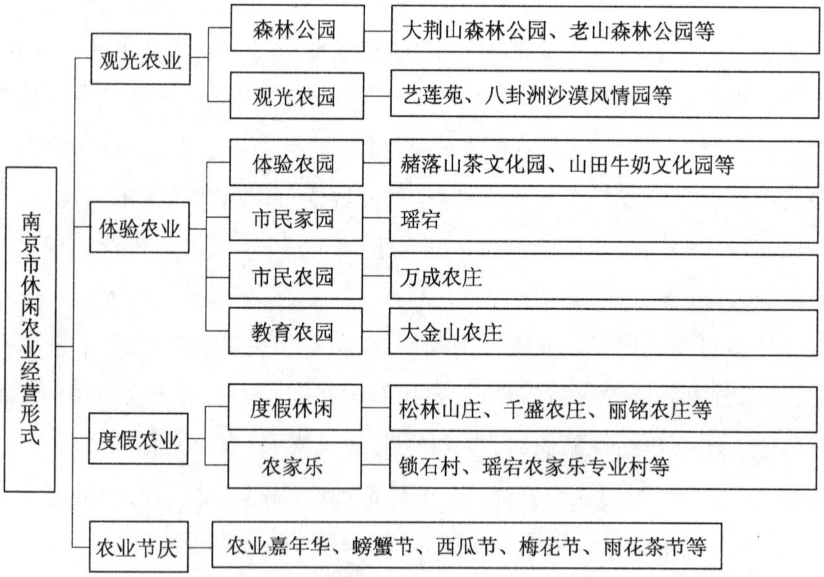

图1-7-1　南京市休闲农业经营形式分类

1. 以金陵农庄联盟为载体,加强休闲农业景点的宣传和资源整合

金陵农庄联盟是以南京市各区县较有规模的经营性农庄为成员的非赢利性民间组织,目前包含十个会员单位。从前期金陵农庄联盟的成立到运转来看,金陵农庄联盟成员抱成一团,以一个整体对外宣传,起到了一定的作用,尤其是2009年金陵农庄联盟联合推出十大创意项目,在社会各界引起了较大的影响。以金陵农庄联盟为载体,加强休闲农业景点的宣传和资源整合,有利于提升农庄的运行品质,促进农庄之间的交流和合作,塑造并推广休闲农业品牌,推进南京市休闲农业的良性健康发展。

2. 以星级景点评定为依托,强化休闲农业景点的监督和管理

从2007年起南京市开始对休闲农业景点实施星级评定,截至2014年评出"休闲农业四十八景"。星级景点的授予是对景点的肯定,同时也是监督,授予星级的景点一方面要接受社会的监督,同时也要接受星级景点评审的监督,这样有利于促进休闲农业景点的健康发展,可以说星级景点的评定是对南京市休闲农业景点进行监督和管理的重要契机。

3. 以南京市休闲农业协会为平台,加强对休闲农业景点的指导

2007年5月借鉴国内兄弟城市经验,南京市成立休闲农业协会,协会的成立,目的是要协助政府管理,实行行业自律,推动南京市休闲农业产业更快地发展。从近两年的发展来看,南京市休闲农业协会在发挥其作用上还有很大的发展空间。协会应充分利用其优势,加强对休闲农业景点的指导,促进休闲农业景点上规模上档次;发挥协调功能,引导各景点走向资源共享;发挥服务功能,对区内景点"打包"宣传等。

4. 以"农业嘉年华"为桥梁,打响南京市休闲农业景点品牌

"农业嘉年华"已经办了四届,其在国内的影响逐步地扩大,随着"农业嘉年华"知名度的提升,它已经逐渐成为南京市休闲农业的代名词。目前“农业嘉年华”成功注册商标，这对宣传南京市休闲农业，促进南京市休闲农业发展具有十分重要的意义。“农业嘉年华”让南京市休闲农业走上全国舞台，我们应当利用这个契机向社会、向全国推介南京市休闲农业景点，打响南京市休闲农业景点的品牌。

四、对策分析

（一）统一布局，科学规划

要做好休闲农业的发展规划，规划起点要高，功能要多，内涵要深。南京市休闲农业发展要重视区域定位、功能定位、形态定位，要体现南京市的农业特色，突出农村生活风貌和丰富的乡土文化内涵，挖掘农民的创造才智，引导农民积极参与，切忌建造过多的人工景观，使环境和设施过于人工化、商业化。休闲农业的产品既要体现南京市特色农业产业，又要注重游客的参与；既要做好休闲农业的开发，又要参与农业产业化经营，以带动休闲农业的发展。休闲农业既不是纯粹的农业开发，也不是传统的旅游开发，它的发展必须兼顾农业和旅游的发展规律。

（二）打造嘉年华产业园，做大节庆品牌

“农业嘉年华”仅仅作为农业节庆品牌而出名，要以“农业嘉年华”为桥梁，做大节庆品牌，以嘉年华带动整个南京市休闲农业的发展。目前嘉年华产业园包括生态园、休闲园、产业园和科普园四大园区，今后应将具有发展潜力的休闲农业景点逐步纳入嘉年华产业园的范畴，充分发挥“农业嘉年华”品牌的作用，树立南京市休闲农业景点品牌。

（三）加大政策扶持力度，加强规范管理

休闲农业的发展离不开政府的扶持和规范管理，政府在休闲发展中具有不可替代的作用。目前南京市对休闲农业发展的政策扶持力度偏小，为了加快休闲观光农业的发展，政府应出台相应的扶持政策，比如税

收、融资、土地等方面的优惠政策，为休闲农业发展提供良好的政策环境。规范休闲农业发展，避免出现管理职责不明，管理规范程度不高等现象，要按照发展与规范同步进行的原则，妥善处理各种关系，协调各种矛盾，为休闲农业发展创造良好的投资环境。

(四) 整合休闲农业资源，形成集聚效应，打造“一镇一品”

休闲农业要做大做强就必须整合休闲农业资源，形成集聚效应，就必须与发展“一镇一品”、培育主导产业发展结合起来，有计划地引导建设休闲农业“一镇(街道)一品”。最有基础的如：高淳桠溪生态之旅、溧水洪蓝傅家边农业科技游、江宁横溪设施农业游、浦口乌江农庄游、六合竹镇现代农业游和雨花板桥踏青游、建邺江心洲农家游等，今后要重点发展，加强休闲农业规划、景点建设和软件建设，形成休闲农业的集聚效应。

(五) 突出休闲农业特色，做品牌，加大市场推介力度

在休闲农业景点的打造上也应当像嘉年华一样做出品牌。做品牌就要增强休闲农业的吸引力，必须突出休闲农业的特色，结合农业特点开发特色项目，使其区别于其他休闲项目，能给人新的感受，带来新的效果。2009 年南京市金陵农庄联盟成员推出十大创意活动，以创意活动带动特色的发展，向特色之路迈进了一步，这是一次新的尝试。同时休闲农业的发展还要与市场推介结合起来，切实加强休闲农业的宣传和营销力度，利用互联网、报纸、电视、广播等各种媒介，树立品牌，将休闲农业项目推向市场。目前南京市“农业嘉年华”在宣传推广上取得了显著的成效，应将这些推广经验广泛地借鉴到休闲农业项目的推广上来。

一、"全国休闲农业名城"的概念与内涵

（一）休闲农业的概念与发展概况

休闲农业或称观光农业，指的是以农事活动为基础，以农业生产经营为特色，把农业和旅游业结合在一起，利用农业景观和农村自然环境，结合农牧业生产、农业经营活动、农村文化生活等内容，吸引游客前来观赏、品尝、购物、习作、体验、休闲、度假的一种新型农业生产经营形态。早在19世纪30年代，休闲农业就在西方发达国家开始发展起来，欧洲的阿尔卑斯山区、美国和加拿大的落基山区是世界上最早的休闲农业区。20世纪70年代以后，随着经济的不断发展，人们生活水平的不断提高，城市化的不断扩大，闲暇时间的逐渐增多，生活节奏的不断加快以及竞争的日益激烈，人们对于休闲活动、接触大自然、回归俭朴生活的需求快速增长，人们渴望多样化的旅游，尤其希望能在典型的农村环境中放松自己，追求更多观光旅游景点，于是，农业与旅游业边缘交叉的新型产业——休闲农业应运而生。休闲农业拓展了农业发展的新空间，开辟了旅游业发展的新领域，并且由于兼具经济、社会、教育、环保、游憩保健和文化传承等多种功能，休闲农业在全球范围内得到迅猛发展，目前，在德国、奥地利、英国、法国、西班牙、日本、中国台湾等国家和地区，休闲农业已具有相当规模，并形成了传统休闲农业、都市型休闲农业、科技型休闲农业、奇异型休闲农业等多种休闲农业经营模式，走上了规范化发展的轨道，休闲农业已成为国内外农业发展的新趋势。

（二）中国大陆休闲农业发展的实践

在大陆，休闲农业主要开始于20世纪80—90年代，20世纪80年代后期，改革开放较早的深圳首先举办了荔枝节，主要目的是为了招商引资，随后又开办了采摘园，取得了较好的经济、社会和生态效益。于是，各地纷纷效仿，开办了各具特色的旅游观光农业项目。如浙江金华石门农场的花木公园、自摘自炒茶园，厦门的华夏神农大观园，福建建阳黄坨乡的蛇园、东山县的“海上新村”“鲍鱼观尝村”，云南西双版纳的热带雨林，傣族的民舍，广西柳州水乡的观光农业区，安徽黄山休宁县的凤凰山森林公园，山东枣庄的石榴园，吉林净月坛的人工林场，四川三台新鲁的橄榄林公园，海南的亚珠庄园，上海浦东的“孙桥现代农业开发区”，四川成都市郊的“小农庄度假村”等。

进入90年代以来，世界各国休闲农业发展的成功经验，引发了中国休闲农业的迅速发展，1998年国家旅游局以“华夏城乡游”作为主题旅游年，使“吃农家饭、住农家屋、作农家活、看农家景”成为休闲农业活动的主要内容。2006年国家旅游局确定旅游宣传主题为“中国乡村游”、宣传口号为“新农村、新旅游、新体验、新风尚”，更推动了中国休闲农业的发展。目前中国休闲农业项目比较成功的主要分布在北京、上海、广州、南京等大城市的近郊，成都的农家乐与北京的民俗村是中国休闲农业发展的代表，其休闲农业的发展已形成自己的特色，这些地区项目主题独特，发展条件优越，既可观光旅游，又可度假，还有许多农业节事活动相辅助，正在逐步形成具有中国特色的休闲农业基地。

（三）“全国休闲农业名城”的概念及内涵

随着经济全球化、信息网络化和空间市场化的发展以及技术的进步，大大改变了城市竞争与发展的条件。城市体系正在经历根本性的变化，以前有竞争力的城市在未来可能会面临高风险和不确定的发展道路。目前许多知名城市都在以自身的独特资源、产业为中轴，个性文化为支撑，来塑造城市特色(如金融中心、软件之都、展览之都、钟表之都等),使之成为或保持在城市网络体系中的主要节点或枢纽。

近年来南京也不断依托城市中某些自然的、人文的独特资源,或区位、政策等优势,积极营造鲜明的城市特色,提出了建设文化南京、绿色南京、打造软件名城等口号,目的是通过长期有意识地培育和塑造,同时,以产业为基础,来增加城市的知名度和美誉度,从而提升城市的竞争优势。南京"全国休闲农业名城"的创建,也正是为了进一步培育和塑造南京的城市特色,提升南京城市竞争力的重要举措。

"全国休闲农业名城"指的就是该城市休闲农业的发展处于基本成熟阶段,走在了全国前列,在休闲农业产值、接待人数、休闲农业产品(线路)设计、休闲农业示范点建设等方面都取得了明显的成绩,并在休闲农业资源开发、经营管理、市场促销、政策法规等方面,形成了自己的特色或特有的发展模式,在全国具有典型的示范意义。

"全国休闲农业名城"的具体内涵,应包括以下几个方面:

(1) 休闲农业经济发展水平较高,具有较强的盈利能力和较高的管理水平。产业近3年连续盈利,整体财务状况良好,旅游收入和接待人数呈稳定上升势头,整体发展水平在全国或同类城市行业中居于领先地位,并积极参与国家或行业产品技术标准的制定工作。

(2) 休闲农业发展机制较为健全。建立了比较完善的管理体制和政策保证体系,具有明确的产业发展定位与发展主导机制,有固定的财政经费投入和专项政策支持等。

(3) 已具有产业带动性和独特的发展模式或品牌。注重自有品牌的管理和创新,通过竞争发展,形成了城市独特的发展模式或品牌,并在市场中享有相当的知名度,在未来的产业发展中具有较强的带动性或带动潜力。

(4) 具有产业创新发展战略和文化。重视休闲农业产业发展战略创新,努力营造产业的创新文化,把管理创新和自主品牌创新作为产业发展战略的重要内容。

(5) 休闲农业发展环境优美。休闲农业资源丰富,休闲农业发展的生态环境适宜，人文环境和谐，多方参与休闲农业项目的开发。

二、"全国休闲农业名城"评价指标体系构建

目前，中国对"名城""中心"等名称并没有制定统一明确的判定标准，为了更好地明晰"全国休闲农业名城"的涵义，本书参照国内外有关方面的研究，制定了"全国休闲农业名城"评价指标体系。

全国休闲农业名城评价指标体系，共分为 4 大类、12 项指标，每个大类包括 3 项指标，总评分为 100 分。从发展历程和发展水平来说，分为起始阶段(0～40 分)、兴旺阶段(40～70 分)、基本成熟阶段(70～100 分)等三个阶段(见表 1)。

表 8－1 "全国休闲农业名城"评价指标体系表

指标名称	单位	标准	权重分值	起始阶段	发展阶段	基本成熟阶段	2006 年南京实际值	实际值评价(分)
			100	0～40	40～70	70～100		41.29
一、产业发展水平			30					11.01
乡村人均接待游客次数	次/人	8	10	2	2～5	5～8	1.45	1.81
城市居民年人均农业旅游(本地)次数	次/人	3.0	10	1.0	2.0	3.0	0.68	2.26
人均农业旅游(本地)消费额	元/人次	500	10	100	300	500	347.5	6.94
二、产业发展能力			30					13.17
万人拥有休闲农业景点(景区)	个/万人	1.0	10	0.3	0.6	1.0	0.15	1.50
休闲农业景点中国家级、省级景区的比例	%	30	10	10	20	30	27	9.00

（续表）

指标名称	单位	标准	权重分值	起始阶段	发展阶段	基本成熟阶段	2006年南京实际值	实际值评价（分）
政府对休闲农业方面的财政投入占农业总投入的比例	%	15	10	5	10	15	4	2.67
三、产业优质服务能力			15					6.50
拥有服务业相关证书的比重	%	100	5	60	80	100	40	2.00
全市休闲农业景点参加协会的比例	%	100	5	0～50	50～80	80～100	40	2.00
休闲农业投诉、处理体系健全率	%	100	5	0～50	50～80	80～100	50	2.50
四、产业贡献率			25					10.61
休闲农业经营总收入占农业总产值的比重	%	10	8	0～6	6～8	8～10	5.94	4.75
从事休闲农业经营的从业人员占农村劳动力的比重	%	8	8	0～3	3～5	5～8	2.0	2.00
农民收入增长贡献率	%	10	9	0～6	6～8	8～10	4.29	3.86

第一类主要是反映产业发展水平，评分权重30。其中，指标包括："1. 乡村人均接待游客次数；2. 城市居民年人均农业旅游（本地）次数；3. 人均农业旅游（本地）消费额"。

第二类主要是反映产业发展能力，评分权重30。其中，指标包括："4. 万人拥有休闲农业景点（景区）；5. 休闲农业景点中国家级、省级景区的比例；6. 政府对休闲农业方面的财政投入占农业总投入的比例”。

第三类主要是反映产业优质服务能力，评分权重15。其中，指标包括：“7. 拥有服务业相关证书的比重；8. 全市休闲农业景点参加协会的比例；9. 休闲农业投诉、处理体系健全率”。

第四类主要是反映产业贡献率，评分权重25。其中，指标包括：“10. 休闲农业经营总收入占农业总产值的比重；11. 从事休闲农业经营的从业人员占农村劳动力的比重；12. 农民收入增长贡献率”。

以上指标对于休闲农业名城的评价是非常重要的，但由于这些指标中的大部分并未进入国家统计序列，实际数据的收集比较困难，有些指标只能通过对全国其他城市的比较而得，并不完全正确，尽管如此，作为研究探索，本书对南京2006年休闲农业名城的大致实际值进行了测算，其评价总分值为41.29分，已进入休闲农业兴旺阶段。

总之，通过制定全国休闲农业名城的框架性评价指标体系，能更好地来评判各城市休闲农业的发展现状，并寻找差距，从而为“全国休闲农业名城”的创建提供理论依据。

三、南京“全国休闲农业名城”的创建基础

（一）南京休闲农业近年来发展迅速，已形成一定的产业规模

近几年来南京市休闲农业是从无到有、从小到大、从边缘产业到主导产业，产值和接待人数逐年增加，产业规模不断扩大，2006年全市休闲农业接待人次已达250万人次，产值7亿元，休闲农业人均收入达437.5元，休闲农业已成为南京农业的重要主导产业、农民增收的重要渠道和现代农业的重要组成部分。

休闲农业的发展，给当地带来了旅游需求，促进了饮食、交通、购物、娱乐等相关行业的发展，也给第一、第二产业经济的发展带来了活力，据世界贸易组织（WTO）的统计分析，旅游业与相关产业的投资带动作用比例是1∶7，南京休闲农业对相关产业的带动达49亿元，带动作用明显。

（二）休闲农业景点不断增加，休闲农业线路日益丰富，初步形成了多元化的休闲农业产业结构体系

通过近三年的开发，南京休闲农业景点数量不断增加，开发水平不断提高。目前全市景点数已由2002年的21处增加到现在的89处，其中发展层次和提高层次的景点合计达到45处，是2002年21处的2倍多，截至2005年底，已有江心洲、傅家边、帅旗农庄、迎湖桃源和宁丹路(横溪、陶吴)等5个景点(区)被评为国家级农业旅游示范点。目前全市推出了“江心洲民俗农趣游”“溧水赏梅采莓游”“高淳水乡风情游”“浦口养生保健游”“宁丹路瓜果品尝游”和“六合农家美食游”等六条休闲农业特色线路，建设了高淳区瑶宕村、桥李村、建邺区江心洲永定村、浦口区珠江五里村、六合区龙袍长江村、溧水区傅家边村、浦口区茶棚村、江宁区甘泉湖红星村等十个农业旅游专业村，举办了江心洲葡萄节、傅家边梅花节、牛首山桃花节、浦口苗木节、八卦洲芦蒿节、横溪西瓜节、六合蟹黄汤包节、高淳螃蟹节等十大休闲农业节庆活动。目前全市已初步形成了休闲农业“一圈、三带、四区”的发展格局：“一圈”即由江心洲、八卦洲、南郊和汤山组成的环城农业旅游圈；“三带”即宁丹路林果花卉休闲农业带，宁镇路花卉观赏、宗教文化休闲农业带，宁杭路观光牧业休闲农业带；“四区”即溧水傅家边林果观赏休闲农业区，浦口森林生态休闲农业区，六合金牛湖生态休闲农业区，高淳观赏渔业与生态休闲农业区。

（三）对外影响不断扩大，知名度和美誉度不断提高，得到了社会各界的多方关注和充分肯定

近年来，南京在省内率先把休闲农业提升为农业主导产业，并加大了休闲农业的宣传促销活动，通过注册“农业嘉年华”商标，依托“快乐农家”“乡村大舞台”等多起广场促销活动，向市民集中推介“休闲农业十二景”“十大名牌农产品”，吸引了广大市民踊跃参与，使休闲农业引起了全社会

的关注，社会知名度和美誉度不断提高，国家、省、市电视台等媒体也对南京市的一些创新工作进行了多次报道，如坚持以规划为先导的理性开发、点线面统筹考虑的系统开发、农林部门为主体的自主开发等。富有创意的南京休闲农业促销活动，大大提升了南京休闲农业的影响力，目前南京的休闲农业已基本达到省内领先、长三角知名、国内有一定影响的发展目标。

（四）以“节庆驱动”为依托，形成了多种休闲农业发展模式

南京自1999年起，以农业特色资源为载体，先后举办了江心洲葡萄节、傅家边梅花节、六合蟹黄汤包节、浦口苗木节、横溪西瓜节等节庆活动，这些具有整体互动性和强烈震撼力的节庆，通过主题鲜明、参与性和娱乐性强、内容丰富的特色活动和旅游线路，拓展和挖掘了休闲农业客源市场，使南京休闲农业提高了知名度，增强了吸引力。南京休闲农业遵循“节庆为驱动”，走“节庆＋活动＋线路”的道路，逐步形成了“江心洲民俗游模式”“傅家边科技园模式”“龙袍美食游模式”和“乌江十里农庄模式”等休闲农业发展新模式，具有一定的示范作用。

四、南京“全国休闲农业名城”创建目标

（一）休闲农业成为南京农业经济的支柱产业

全市至2010年休闲农业产值增加值占全市农业产值的8%～10%，休闲农业就业人数占全市农业就业总人数的10%，休闲农业主要经济指标在全国位居前列。

（二）休闲农业市场经营主体具有很强的竞争力

全市休闲农业市场营销能力在全国处于领先水平，产业规模相当强大，产业形象鲜明，休闲农业市场经营主体实力很强，有一批休闲农业强县（区）、强镇、强村和在全国知名的精品或品牌景点（区）。

（三）休闲农业服务体系完善，管理与服务达到国内一流水平

全市休闲农业食、住、行、游、购、娱配套齐全，具有完善的接待服务体系、诚信经营体系、安全保障体系、标准化管理体系和制度创新体系，强调以人为本、以游客为中心的高品质旅游服务水准。

（四）休闲农业发展环境友好和谐，充满活力

全市休闲农业的外部发展环境友好，与相关部门关系和谐融洽；产业内部团结互助，平等友爱，充满活力，人的积极性得到充分发挥；休闲农业产业资源得到合理开发和有效保护，各种生产要素和资源得到合理匹配，发挥出最大的整体效益。

五、加快南京“全国休闲农业名城”创建的主要措施

（一）强化组织领导，坚持“政府主导型”的发展战略

（1）建立专门组织，奠定休闲农业产业发展的组织保障，将发展休闲农业、做强休闲农业经济摆上重要位置，党政主要负责同志亲自过问，分管领导重点抓。建议成立“市休闲农业领导小组”，由分管副市长挂帅，着力解决当前“综合产业单一管理，大产业小口径”的突出问题；要细化工作方案，强化统筹休闲农业生产要素协调发展的能力，狠抓督促检查，及时解决发展中的重大问题，为加快实现由全国休闲农业大市向休闲农业强市、名城的转变提供体制保障。

（2）打破部门和行政区划的限制，坚持规划建设的统一和整合，明确市休闲农业办公室对全市休闲农业产业归口综合协调的职能，赋予其对各类休闲农业建设项目规划编制的审核职能和会同市发改委对重大休闲农业项目建设的审批职能，对休闲农业餐饮、住宿、交通、游览、购物、娱乐等各类资源整合的组织协调和指导职能，形成休闲农业规划控制一元化、休闲农业资源开发主体多元化、产品经营市场化、品牌营销立体化、行业

管理规范化的良性格局。

(3) 加强休闲农业宣传促销的组织协调，市财政局应根据休闲农业形象宣传的需要，逐年增加休闲农业促销和节庆经费财政预算，市委宣传部应加强舆论宣传的正确引导，让社会各界了解、支持休闲农业，加深对发展休闲农业重要意义的认识，引导本市农民养成文明、友善的习惯。

(二) 编制发展规划，发挥规划在开发过程中的科学指导作用

(1) 进一步加强规划的宏观引导工作，指导各区县加快休闲农业规划的编制工作，提高休闲农业开发的科学性，要以发展规划为依据，积极优化区县投资环境和服务设施建设，逐步形成一批空间布局合理、主题特色鲜明、产品内容丰富、配套设施齐全、产业效益显著，集观光、休闲、娱乐、教育、度假等功能于一体的全国一流的休闲农业景区(点)，进一步促进区县休闲农业的整体发展。

(2) 组织在宁科研院校的专家以及相关职能部门的领导，成立“全市休闲农业专家咨询委员会”，发挥其在规划编制、项目论证、发展解析、决策咨询等方面的作用，为休闲农业的发展提供智力支撑。

(3) 加强休闲农业的宏观管理和协调，建议市发改委要把休闲农业规划与相关规划相衔接，纳入国民经济和社会发展规划，把重大休闲农业建设项目和技改项目列入全市重点建设项目和技改项目规划，把休闲农业建设列入“南京大旅游”发展规划之中，统筹与旅游局的相互关系。

(三) 制定相关扶持政策，优化休闲农业的发展环境

根据国家与省市有关法规政策，制定出台关于促进全市休闲农业发展的若干政策建议，从计划、财政、税收、土地、人才引进、筹资、奖励、培训引导、项目审批等方面，支持和促进休闲农业项目的内外资引进与开发建设，调动社会资本开发休闲农业的积极性，大力倡导社会各界对休闲农业产业的创优实践和创新探索，形成有效的激励机制，发挥政府对休闲农业产业的引导和调控作用。

(1) 休闲农业企业的税收，其从种植业、养殖业和农产品到加工所得，应减征或免征企业所得税。对新办的休闲农业企业，拟三年免征所得税，对经市里批准的休闲农业企业生产加工用地及生产、生活等建筑，纳税有困难的，拟减免土地使用税、房产税等。

(2) 休闲农业企业用地应符合镇(街道)土地利用总体规划，经相关部门会审认定的休闲农业项目，在符合城市规划的前提下，地方政府每年应安排一定数量的用地指标，解决园区配套设施建设的需要，充分利用现有集体土地，不占用基本农田。农民利用现有宅基地、承包地兴办休闲农业的，应允许采取临时用地的方式办理。支持休闲农业企业开发荒山、荒坡、荒滩，提高土地利用率，增强农业综合生产能力。

(3) 休闲农业企业用电，应按农业生产企业对待，采用农业生产用电价格计收。休闲农业企业用水可不申领用水许可。

(4) 应严禁对休闲农业企业"乱收费、乱摊派、乱罚款、乱检查"。对无意犯错的休闲农业企业实行首次免罚制度。

(5) 提供必要的财政扶持，为休闲农业的发展增加后劲，各级政府应加大投入力度，用于对重点休闲农业项目进行贴息贷款支持与奖励等，设立休闲农业发展基金，用于全市重大休闲农业项目开发补助、休闲农业人才培养、休闲农业总体规划编制和休闲农业市场营销活动。

(6) 加快实施休闲农业服务设施与基础设施改造，建立健全规范的休闲农业接待服务体系，不断完善和配套食、住、行、游、购、娱乐"六大要素"，提高休闲农业的综合服务质量和水平；要结合新农村建设，实施乡村与休闲农业开发一体化，抓好乡村环境整治与基础公益设施建设，要将与高等级公路相衔接的旅游道路建设列入全市交通规划和年度计划，逐步构建南京区域休闲农业旅游客运网络。

(四) 积极培育人才，提高从业人员素质和服务水平

(1) 在发展休闲农业的过程中，要立足于长远发展，有计划、有重点地进行旅游人才的培养，可与南京相关旅游院校合作，构建"南京休闲农

业人才培训交流中心”，广泛开展休闲农业的专项培训教育，要通过制定相应政策和优惠措施，引导和鼓励自学成才以及外地优秀人才来农村地区发展。

(2) 增强村民的文明意识和开放意识，培养文明的生活方式、行为方式，注重休闲农业从业人员的队伍建设，抓好对休闲农业从业人员的培训和教育工作，提高休闲农业从业人员的素质，提升休闲农业从业人员的服务和管理水平。

(3) 加强对外交流与合作，积极参加国内外各种休闲农业相关组织，支持创办休闲农业经济实体，鼓励兴办休闲农业开发研究机构，完善要素参与分配的激励机制，创造尊重人才、用好人才、人尽其才的社会氛围和创业环境。

(五) 以“农业嘉年华”为依托，进一步加强休闲农业的市场促销力度

(1) 以“农业嘉年华”为品牌，打造区域性的旅游节庆亮点，以经常性、系列化、针对性强的有效宣传，不断提高南京休闲农业促销的声势和效果；通过举办具有地方特色的休闲农业节庆活动，进一步提高市场知名度，扩大市场影响力；通过一年一度的“农业嘉年华”活动，做好全市休闲农业形象力策划研究，强化系统营销，进一步拉动休闲农业消费市场。

(2) 加强与国内外有重大影响力的媒体、网络的合作，采取统一营销、统一市场推广的营销策略，构筑三位一体的营销体系；对休闲农业景区、景点进行形象包装和总体的对外宣传，重点对目标市场进行营销；整合本市休闲农业景点，推出精品线路，利用媒体、事件营销、主题活动等展开全方位的营销攻略；建立南京休闲农业网络平台，积极推介南京休闲农业特色景区(点)、土特产品、风土人情，多渠道与受众群体进行互动。

(3) 根据全市休闲农业资源的情况，优先开发条件成熟的特色产业和龙头项目，积极主动地扶持这些龙头项目的规划建设，加强形象包装，加大宣传力度，提高重点休闲农业项目的知名度，同时，不断完善全市休

闲农业道路交通指引标志，统一公共信息图形符号，确保宣传的清晰度、普遍性，方便市民出游。

（六）推进法规建设，加强休闲农业的行业管理

（1）制定统一的休闲农业设施服务质量标准，制定《南京休闲农业发展规范》、《南京休闲农业经营管理条例》、《南京市农家乐服务规范》等规范要求，作为南京休闲农业开发建设、经营管理及服务的准绳；明确休闲农业的管理机构，加强日常的指导和管理；规范收费价格，避免出现无序发展和管理混乱的情况。

（2）加强重点县（区）休闲农业质监机构的建设，健全休闲农业执法体系，保证一定的人员、经费，建立和健全休闲农业投诉制度，保障旅游者的合法权益。

（3）积极推行休闲农业设施、休闲农业服务和休闲农业产品等领域的国家标准、行业标准和地方标准，加快制定和实施休闲农业、生态旅游和信息化管理的南京市标准，并大力推广 ISO 9000 和 ISO 14000 质量与环境认证体系，加强行业协会建设，充分发挥行业协会的同业自律作用。

（七）加强环境保护，促进休闲农业的可持续发展

（1）在保护的前提下进行休闲农业开发，从生态建设的角度提高认识，充分认识到休闲农业开发是“绿色南京”建设的重要组成部分，是促进南京“全国休闲农业名城”建设的重要途径。

（2）把休闲农业的开发与生态环境的保护相统一，充分考虑资源、环境的承载能力，强化生态环境的保护，做到保护和开发并重，实现合理开发和有效利用。

（3）加强景区绿化和生态修复工作，加强自然村、农居等房前屋后的绿化和美化工作，加强卫生和保洁工作，加大对已经遭到损坏的自然环境的恢复和治理力度，努力营造优美的自然景色和田园风光，推动休闲农业的全面发展。

（八）引导农民积极参与休闲农业活动，提高当地农民参与休闲农业活动的积极性，加快休闲农业的发展

加强行业、区域和城乡之间的合作，推动休闲农业与旅行社、旅游局之间的对接，加快本地区与其他地区休闲农业的联合，推动区域休闲农业的开展，加大休闲农业与城市旅游的融合，实现城乡旅游业一体化发展。

附："全国休闲农业名城"评价指标说明

（1）乡村人均接待游客次数＝全年接待游客总人次÷乡村人口数＝282万人÷194万人＝1.45次/人；

（2）城市居民年人均农业旅游(本地)次数＝全年游客总人数÷城市居民人数＝282万人÷413万人＝0.68次/人；

（3）人均休闲农业(本地)消费额＝9.8亿元÷282万人次＝347.5元/人次；

（4）万人拥有休闲农业景点(景区)＝景点(景区)数÷全市总人口数＝89个÷194万人＝0.15个/万人；

（5）休闲农业景点中国家级、省级景区的比例＝国家级、省级景点(景区)数÷全市休闲农业景点数＝24个÷89个＝27%；

（6）政府对休闲农业名城农业方面的财政投入占农业总投入的比例：4%是根据发展阶段的推测数；

（7）拥有服务业相关证书的比重：40%是根据发展阶段的推测数；

（8）全市休闲农业景点参加协会的比例：40%是根据发展阶段的推测数；

（9）休闲农业投诉、处理体系健全率：50%是根据发展阶段的推测数；

（10）休闲农业经营总收入占农业总产值的比重＝全年休闲农业经营总收入÷农业总产值＝9.8亿元÷165.06亿元＝5.94%；

（11）从事休闲农业经营的从业人员占农村劳动力的比重:2%是根据发展阶段的推测数；

（12）农民收入增长贡献率＝休闲农业收入×折纯系数0.6÷乡村人口数÷农民人均纯收入＝98 000万元×0.6÷194万人÷7 068元＝4.29%。

一、绪论

（一）研究背景

20 世纪 90 年代兴起于发达国家的创意产业，21 世纪初已在全球蓬勃发展，不仅成为发达国家推动经济和社会持续发展的新引擎，也被认为是发展中国家实现经济转型和跨越式发展的重要战略[①]。当今世界，创意产业已不再仅仅是一个理念，而是有着巨大经济效益的现实，其发展的意义已经不仅仅在于其作为一个新兴产业在产业层面的作用，而在于它对于传统发展模式的颠覆和创新。全球在产品、营销、服务等方面已形成了一股巨大的创意经济浪潮，并逐渐成为一个全球性的重要经济新生点。

从城市到乡村，创意行动正在蓬勃兴起。在这样的背景之下，民革中央在 2008 年 3 月的全国政协十一届一次会议上发表提案，主张为促进农村发展和农民增收，我国应走创意农业之路，提高农产品附加值。

长期以来，农业是一个相对封闭的产业，也是一个传统的弱质性产业，具有生产周期长、依赖自然因素、抗御自然风险能力差、需求弹性小、市场风险大、投资回报率低、经营规模小等特点，长期以来，“三农”问题一直都是国民经济发展的瓶颈。

近年来，随着科技、社会、经济的发展，随着城乡居民收入不断地增加以及城市辐射效应的不断增强，

---

① 厉无畏，王慧敏. 创意农业的发展理念与模式研究. 农业经济问题，2009，2：11 - 15.

具有丰富文化内涵的创意农产品和农业活动日益受到市场青睐。农业产业的外部导向性和与其他产业的交叉性、融合性正在增加，农业产业的使命更加宽广，农业的服务定位是满足社会整体的需求。农业被赋予了服务城市经济、满足城市需求的功能，其发展不应只是产量的增加，更在于提升质量、培育特色和打造品牌。

可以说，创意农业给了我们一个现实可行的选择，为都市农业发展带来了一个美好的前景。它既能满足日益细分的市场需求，提高人们的生活质量，又能充分挖掘农业潜力，增加农民收入，带动地区经济发展。创意农业已成为新农村建设中另一个新的经济增长点。

南京文化、科技、教育资源丰富，并拥有巨大的消费市场，南京发展创意农业，在交通区位、市场、文化、资金、科技、人才方面都具有比较优势，在创意产业和现代农业支撑方面也有较好的基础，因此南京理应把自身置于国际的背景下，率先确立创意农业之都的发展定位，发展南京的创意农业。

鉴于此，南京农学会、南京农林局共同承担了南京市科协下达的“发展南京创意农业研究”软科学研究课题。本项目针对南京市市情，借鉴国内外先进做法，总结本地经验，因地制宜地提出了南京发展创意农业的对策措施，为南京市建设都市型现代农业提供参考。

（二）发展南京创意农业的重要意义

早在20世纪末，南京就已开始发展都市现代农业。经过近十年的实践探索，南京创意农业发展取得了显著的成效，农业发展逐步由追求单纯经济效益向拓展多功能发展目标转变。如今，南京市处于全面建设小康社会和农业迈向现代化的关键时期，因此，适时总结南京创意农业的发展现状与模式，在借鉴国内外创意农业发展经验的基础上，探索构建符合南京实际的创意农业发展模式具有很强的理论和现实意义，主要体现在以下几个方面：

1. 创意农业能有效提高农业效益

创意农业以农村本土文化为核心，一方面强调将农业生产与地方自然、文化、社会等资源进行创意性配置组合，另一方面强调以农民为主角、农村为背景开展创意农业文化活动，不仅能够充分整合和盘活农村的各种资源，在提高农民收入的同时提高农民的文化生活质量，同时还能够保护当地的历史文脉，弘扬当地的文化特色。南京浦口万成农庄针对城里越来越多的年轻人希望自己的婚礼喜庆热闹、与众不同，而且花钱不多的需求，推出了“婚庆喜事进农庄”明清古典婚庆活动，上午迎亲，中午拜堂，下午欣赏明清大戏，晚上举行婚礼、喜宴、篝火晚会，参加婚礼的亲朋好友还可以在庄园里观光、垂钓、劳作、看戏等，活动推出后在社会上产生了强烈影响，众多的新人、办喜事的市民纷纷来办，半年就接待参观和参加喜事的游客20多万，带动了农庄周边农户农产品的销售，农业效益也得到了大幅提升。此外，创意农业的发展对农业科技、信息、人才和资金有了新的要求，它将带来信息、人才、技术和资金等要素互动，共同推进农业效益的提升。农业引入创意，效益就会成倍、几十倍甚至上百倍增加。

2. 创意农业是转变农业增长方式的新战略选择

近年来，农业发展受土地制约问题日显严重，农业经济增长进入拐点，寻找农业新的增长点迫在眉睫。创意农业的发展为农业注入了新的活力，能有效提升农产品的附加值，它不是单纯地将农村看成提供食物和原料的生产地，而是一个能为人们提供工作、生活、学习、休闲、消费等广阔舞台的新天地，农产品也已经突破了作为人们初级生存需求的食物，成为能给人们带来休闲和娱乐的商品，城市和农村的互动已非单行的反哺，而是城乡相互促进和交融。农业和农产品附加价值的提升将带来农业效益的大转变，创意农业成为新时期转变农业增长方式的新战略选择。北京的蟹岛绿色生态度假村就是一个典型的例子，它将生态循环农业的设计创意做成一个年产值几亿元的大产业，已经完全突破了农业原有的功能，彻底改变了农业增长方式。

3. 创意农业为农业发展提供了新的视角

创意农业为农业发展提供了一个新的视角，它的涵义广，发展空间大，它让农业脱离了单纯的食物和原料生产地的功能，为农业寻求新的发展市场。创意农业将农业逐渐地向生活、工作、娱乐、休闲方向延伸，并逐渐地进入到城市人的生活中，成为不可缺少的一部分，使农业的发展不再受时间和空间的限制。这是农业功能的拓展，同时也是农业市场的扩展。南京傅家边现代农业园生产的五颜六色、形状各异、十分可爱的小南瓜、西红柿和鲜葫芦，被命名为缤纷年华，拓展和延伸了水果和蔬菜的单一功能，既可食用又可观赏。此外创意园研发巨型果蔬、迷你果蔬、美型果蔬、美味果蔬，通过精美集聚，打造多姿多彩的果蔬与生态环境，吸引游客的亲历躬耕，享受自然与农耕的乐趣，享受创意农园的新颖和独创。

4. 创意农业能有效推进农业可持续发展

创意农业以现代农业为技术支撑，在农业发展过程中讲求创意文化和农业农村生活的和谐交融，有效且合理开发和利用农业资源，是新的农业增长方式，能有效地带动农民增收，提升农产品品质、提高农民素质和推广农业高科技，将使农业发展进入一个可持续发展的良性循环中。例如，目前市场上有机食品已经逐渐成为人们的新宠，给人们带来健康生活的同时也给农业和农村带来巨大的转变，其生产对农业科技、农民素质和农业生产环境提出了更高的要求，为积极推进农业可持续发展提供了契机。

5. 创意农业能有效推动农业向多功能方面拓展

休闲农业是农业服务业的重要内容，也是创意农业施展“拳脚”的主要阵地。随着经济水平的增长，人们对休闲农业的要求已不再满足于吃农家饭、住农家屋、体验农事等一系列单调的活动，游客更渴望在农业旅游中体验新奇、刺激、时尚等现代休闲娱乐元素。创意是休闲农业进一步发展的基础，有了创意，休闲农业就有了新的生命力，以农民为主角、农业为道具、农村为舞台，将农业生产与社会文化资源进行创意性配置组合，是休闲农业新一轮发展的源动力。近年来，南京市休闲农业创新性地采用创意农业手法，打造“四季之都”、举办农业节庆、开展农庄创意大赛等，推进了南京市休闲农业的发展，使得南京市休闲农业上到一个新的台阶。

（三）国内外研究现状

1. 创意农业的含义

一些专家对创意农业的概念进行了认真的研究，任荣、刘树（2008）和秦向阳、工爱玲（2007）认为创意农业是利用农村的生产、生活、生态这“三生”资源，发挥创意、创新构思，研发设计出具有独特性的创意农产品或活动，以提升现代农业的价值与产值，创造出新的、优质的农产品和农村消费市场与旅游市场。[①] 他们把创意农业定义为以市场为导向，将农业的产前、产中和产后诸环节联结为完整的产业链条，将农产品和文化创意相结合，使其产生更高的附加值，以实现资源优化配置的一种新型的农业经营方式。厉无畏（2008）指出，创意农业的创新之处主要体现在三个方面：一是思维创新，把科技创新与文化创意并举，实现“双创”战略，使科技和文化成为驱动社会主义新农村建设的两大引擎；二是模式创新，构建多层次的产业链和价值体系，通过把文化艺术活动、农业技术、农产品和农耕活动，以及市场需求有机联结起来，形成彼此良性互动的产业价值体系。创意农业以特色农产品和农业园区为核心，形成包括核心产业、支持产业、配套产业和衍生产业的产业群，如此带动一批产业的兴起，让人们充分享受农业价值创新的成果；三是功能创新，创意农业以优美的自然农业生态为依托，以高效的农业生产为基础，以提高人民生活品质为依归，从

① 任荣，刘树．京郊创意农业的发展思路及方向．北京农业职业学院学报，2008，22(2)；秦向阳，工爱玲，张一帆，等．创意农业的概念、特征及类型．中国农学通报，2007，23(10)．

而构建出经济生态、自然生态、文化社会生态“三位一体”的生态文明。①陈国权(2008)指出,创意农业是未来上海农业发展的主要动力,创意农业发展的主要思路有产业形态创意、农业科技创意、服务创意、生态创意、农耕文化创意等,并指出上海发展创意农业的主要措施。②

对于创意农业的含义,专家们对其表述虽然不尽相同,但是其核心思想是一致的。

关于创意农业,可作如下理解:

一是通常是以某个点子“包装”农业,对农业的生产过程、农产品、生产方式等,运用科技文化,引入人的某种灵感和智慧,挖掘生产潜力,增加农业效益,可以叫狭义的创意农业;

二是创意可以融合到任何产业中去,是一个无边界产业,可以创造一个新的发展模式,形成一个附加值高的农业新业态,这也可以叫广义的创意农业。

因此,创意农业可以概括为:是以增加农产品附加值和延伸农业产业链为目标,运用创意理念和创意手法对农业生产、农村生活、农业文化资源进行整合利用,为消费者提供形态或功能独特的产品、服务和休闲体验活动,从而提高经营者效益的一种新型农业生产经营方式。

2. 创意农业的发展模式

厉无畏(2009)指出了发展创意农业的四种模式:资源转化为资本模式、全景产业价值体系模式、市场消费拓展模式、空间集聚发展模式。③

王树进等(2009)指出发展创意农业可以从农业过程利用、农业景观利用、农业废弃物利用、农产品用途转化、农业节庆开发、农业生态修复功能开发、农产品奇异化生产、农业软件开发等八种模式来开发。④

---

① 陈国权.创意农业:未来上海农业发展的重要动力.上海农业经济,2008,(6).

② 厉无畏.发展创意农业,推进社会主义新农村建设.上海创意农业(奉贤)论坛,2008,(4).

③ 厉无畏,王慧敏.创意农业的发展理念与模式研究.农业经济问题,2009,(2).

④ 王树进,张志娟.创意农业的发展思路及政策建议:以上海为例.中国农学通报,2009,25(11).

张俊等(2009)把国内外创意农业归结为两种发展模式:旅游开发模式和文化开发模式。在此基础上他指出,发展创意农业还应该走内源性发展模式,即打造创意农产品交易平台,拓展创意农业的交易市场,提高创意产品的核心竞争力。①

胡豹等(2013)通过界定创意农业的科学内涵和典型特征,研究提炼了创意农业发展的产业“接二连三进四”模式、农产品生产布局创意模式、农业与自然景观结合模式、农产品后续加工创意模式、农业文化发掘与博览模式、现代农业综合体模式等典型实践模式,阐述了发展创意农业应注重强化创意农业新领域开发、加快创意农业新技术研发、推进创意农业新产业培育、加强创意农业新文化发掘、推进创意农业新平台搭建、促进创意农业新源泉涌出,提出了把创意农业作为农业战略性新兴产业加以培育等对策。②

郑榕妍(2013)认为创意农业是将农业生产同创意产业相结合的一种新型的农业产业化运作方式,是传统农业发展模式的一种创新。他从创意农业的内涵入手,介绍了创意农业的形成历史和内涵构成及创意农业产业链的延伸途径,并对发展创意农业提出相关的对策建议。③

(四) 研究方法与技术路线

1. 研究方法

本研究采用调查法(问卷调查 & 专家法)、个案研究法与文献研究法相结合的方法。

2. 技术路线

本研究的大致思路是:从创意农业发展的角度,综合运用多种学科的

---

① 张俊.创意农业发展模式研究:初始条件与动力支撑.技术经济,2009,28(6).

② 胡豹,杨良山,王丽娟,等.浙江创意农业的实践模式、发展思路与战略对策.浙江农业学报,2013,25(6).

③ 郑榕妍.发展创意农业及其产业链的价值分析.福建农业科技,2013,(10).

理论和方法，借鉴国内外先进理念，阐述创意农业的概念、特征、内涵，分析南京发展创意农业的条件和优势，并指出在发展中存在的问题与不足。在此基础上，提出对于发展南京创意农业的目标定位以及对于总体规划布局的设想，据此确定在南京发展创意农业具体的实施路径，并且提出发展南京创意农业的保障措施及政策建议。

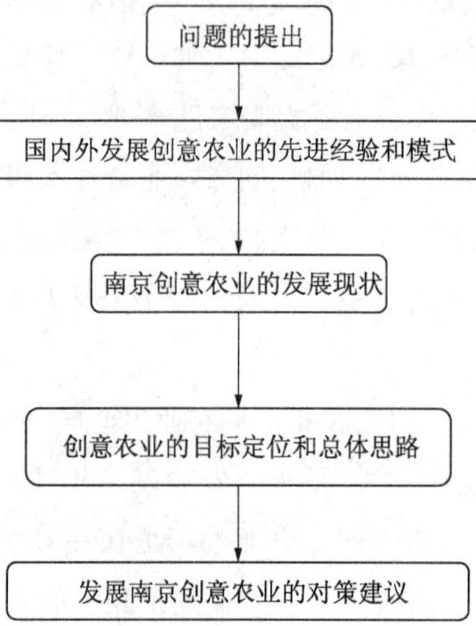

图 1-9-1 本研究的技术路线图

二、国内外创意农业发展的先进经验

（一）国外创意农业发展情况

创意农业的大规模实践是在 20 世纪 50 年代以后，主要集中在一些人口众多、国土面积狭小、农业发展受水土资源不足约束大的国家和地区。由于各国和各地区农业资源状况及面临的实际问题不同，创意农业发展的方向和重点有较大差异，现就发展比较好、较有特色的几个国家和地区的创意农业发展概况作一介绍。

1. 日本

在日本，实际上至今尚无“创意农业”的表述，但是，早在20世纪70年代初，日本就已经出现了我们今天称之为“创意农业”的发展农业、建设农村的农民自发活动，这些活动给后来兴起的大规模创意农业活动，如20世纪70年代末期在大分县开始兴起的“一村一品”运动以很大的启发，并成为其源头。

这些自发活动，如大分县汤布院镇的“一头牛牧场”运动及“品尝肥牛大喊大叫大会”和“没有电影院的电影节”等，表现出了当地居民先驱性的创意思维。

其后的“一村一品”运动则通过当地政府领导人的积极倡导和大力、广泛培养创意领军人才而将先前的自发创意活动的思维方式、成功经验继承并发扬光大，依靠农民自己的创意和努力使之运用于每个村、镇的特色产品开发、特色文化、体育、观光旅游活动以及国际交流活动的创设和开展，在持续几十年的“一村一品”运动中诞生了无数个品牌产品、商品以及独特的文化、体育活动，使一个“什么特色也没有”的农业省份大大提升了其在日本国内及国际上的知名度，农业经济结构和农村面貌都发生了很大变化[①]。

2. 荷兰

花卉之国的荷兰借助于发达的设施农业，集约生产经营花卉、蔬菜及奶类制品，使其人均农产品出口创汇居世界榜首，成为全球创意农业的典范。荷兰创意农业重点发展设施园艺技术辐射、园艺产品集散和农业生态观光功能，建立三层次专业分工的创意农业体系。

(1) 与周边国家的专业分工。本国生产有优势的园艺类产品并供出口，进口不具备优势的粮食及牧畜产品；

---

① 刘平. 日本的创意农业与新农村建设. 现代日本经济，2009，(3).

(2) 国内各地区间的专业分工。北部为以奶牛饲养及奶制品加工为主的畜牧区，西部为以牧草为主的农牧混合区，南部为以蔬菜花卉为主的园艺区，东部为混合型农业区；

(3) 家庭农场间的专业分工。各个农场根据区域布局进行专业化、集约化生产，每个农场平均只生产3—4种农产品，由农业合作社提供完善的产供销一体化服务。

3. 以色列

以色列人口密度很大，每平方公里近300人，但是土地资源却十分贫瘠：国土总面积的45%是沙漠，另一半不是高山就是森林；只有不到20%的土地是可耕地，其中一半又必须经过灌溉才能耕种。以色列的水资源也极其贫乏，是世界上人均占有水资源最少的国家之一。然而，面对恶劣的自然环境，以色列却实现了农业的高速和可持续发展。近十多年来，以色列农业总产值年增长率始终保持在15%以上，不仅以占总人口不到3%的农民供给全国农林产品，还大量出口农林产品，出口额在过去的50年里翻了12倍之多，其中大量销往欧洲，因而享有"欧洲的厨房"之称。以色列以这些辉煌成就创造了"沙漠奇迹"，受到高度评价。联合国粮农组织及其他国际农业机构纷纷向许多国家推荐以色列农业发展的先进经验。

(1) 以高科技提升农业发展的质量。

其一，努力提高农业机械化和化学化水平。其二，大力发展灌溉、节水和污水处理技术。其三，重视发展农业生物技术，培育优良作物和禽畜品种。其四，在农业发展中充分发挥计算机技术和信息技术的作用。如在温室种植方面，科学家们设计了一系列软件，对温室的施水、施肥、气温及作物生长环境进行自动化控制。

(2) 走生态农业之路。

其一，成功改造沙漠。半个多世纪以来，以色列通过"两步走"方式实施改造和开发沙漠的宏伟规划，第一步，因地制宜实现沙漠绿化；第二步，通过政策倾斜和市场导向优先开发沙漠地区。

其二，大力发展无土农业。以色列在土地资源极其匮乏的情况下，充分发挥自己的高科技优势：一是直接向植物提供无机营养液，以代替由土壤和有机质向植物提供确保其生长发育所必需的营养；二是采取将太阳能以有氧吸收的方式直接转化为热量的栽培方式。

其三，注重环境保护和资源配置。在发展农业中处处注意维护生态平衡、维护生物链的自然连接；有计划地开发荒地、坡地和沼泽、滩涂以改善自然环境；通过增加植被种植，绿化沙漠，科学使用农药、化肥等改善土质土层结构；通过三污回收与治理以改善空气、环境和海水的质量，等等。

4. 德国

“小果菜园”是德国大城市中一种典型的带有田园风味的另类景观。这里的秩序井然，园区中的小木屋和矮树围墙干净整齐、错落有致、一丝不苟。素以组织能力见长的德国人在种植蔬菜瓜果方面也有国家的规章制度作为遵循标准。

德国境内有大约 100 万个像这样的“小果菜园”。国家还特别为此制定了相关的法规，严格规范果园的秩序。《联邦小果菜园法》第一条规定：“小果菜园”园主的法定名称叫作“小果菜园园丁”。“小果菜园”仅适用于私人种植非盈利性的蔬菜、瓜果和花卉。

也就是说，“小果菜园”园主仅仅是种植蔬菜瓜果的爱好者，而非农业生产者。比如有一位德国市民种植他的“小果菜园”已有 7 个年头，在他那占地 400 平方米的果园里花团锦簇，放眼望去，芬芳的玫瑰、摇曳身姿的法兰西菊以及各种果树应有尽有。

当人们想远离百万人口大城市的嘈杂时，就会来到“小果菜园”。一家人坐在花园的小木屋前，一缕微风吹动着树叶，风铃也跟着叮当作响。《联邦小果菜园法》第一条第二款规定：在一个由许多“小果菜园”组成的一大片果园设施中，必须包括公共的儿童游戏场所和协会组织等。

（二）国内创意农业发展的先进经验

在中国，一些地区或城市早已进行了创意农业的研究与实践，如台湾、上海、北京、成都等。在这些地区或城市中，许多关于创意农业的先进经验值得南京借鉴。

1. 台湾

台湾创意农业以提高人民生活品质为依归，体现了文化元素的多元性、娱乐性、创意性。① 文化元素多元性。以自然景观为载体，通过作物品种改良、科技运用、地方文史、民俗等多文化元素的结合，引发人们对创意农业的感悟，体验原乡生活的新奇成果，实现农业增收、"观"者休闲的双赢目的。② 文化元素娱乐性。运用园艺、园林手法对农场、农庄、林场、牧场进行创意设计，场景"公园式"，建筑"山庄式""别墅式"，休闲娱乐式，体现人居生活的理念。③ 文化元素创意性。将农业产业与地方自然、文化、生态、旅游资源进行创意性配置组合，充分调动各类文化元素的作用，使之具有生动、鲜活的美感。

目前台湾以休闲观光产业为主的创意农业呈现多元化发展的现象，主要有乡村花园、乡村民宿、观光农园、休闲农场和市民农园、教育农园、休闲牧场等几种类型。

台湾创意农业贯彻"以民为本，以农为本"的理念，体现人本、农本思想，它以"生产、生活、生态"三位一体的创意模式为主，目的在于通过对传统农业的文化构建，促进农业生产发展，满足人居生活需求，使传统的农业从单一的物质追求，转变为物质生产、精神享受、环境保护等诸多效果，在人与自然的和谐发展过程中，实现农业效益的扩张。

2. 成都

"五朵金花"创意农业模式的成功经验源于位于成都市锦江区三圣乡的红砂村、幸福村、驸马村、万福村和江家堰村，它们充分利用紧邻大城市的地缘优势，因地制宜地推进城乡一体化进程，发展创意农业，创造性地打造了“花乡农居”“幸福梅林”“江家菜地”“东篱菊园”“荷塘月色”五个各具特色的观光休闲旅游产业，使得这五个曾经以贫穷闻名的村子，如今欣欣向荣、一派繁荣，被当地人称为“五朵金花”。

(1) 以人为本，因地制宜，创新创意农业产业发展模式。成都市锦江区农村非城市建设用地 17.3 km^2，按规划不能作为建设用地。该区在深入调研的基础上，将三圣乡的红砂村等五个村与绘画、摄影、雕塑、音乐创作等创意艺术有效结合，建设成都创意艺术大平台，推动文化创意与观光休闲旅游产业融合发展，形成了“环境、人文、菊韵、花海”的交融；“荷塘月色”优美的田园风光，成为艺术创作、音乐创作的艺术村，胡锦涛、温家宝等数位中央领导亲临视察，2006 年被国家旅游总局评为 AAAA 级风景旅游区。整个“五朵金花”景区仅投入约 1.8 亿元，吸引民间资金 2 亿元，近 6 年来年均接待游客 1 000 万人次，村集体收入达到 3 600 万元。政府每 1 km^2 仅投入 1 500 万元就建成开放式的休闲绿地，搭建了农业增效、农民增收的平台，建成的绿地成为市民休闲的开放式公园，形成了以春有红砂之百花、夏有万福之荷花、秋有东篱之菊花、冬有幸福之梅花、江家菜地体验休闲农事的乡村休闲观光旅游新亮点。通过景区建设，在区内从事多种开发经营的 3 000 多户农民、11 500 多人，全部就地转为市民，解决了 9 790 个农民的就业安置问题，加快了城乡一体化的步伐，“五朵金花”旅游景区每年对地方财政收入的贡献超过千万元。“五朵金花”改变了一个地区的创意，是文化创意要素融入传统农业，打造创意农家乐的典范。

(2) 发展创意农业需要政府大力扶持和统一规划，制定落实相关产业政策和措施。2003 年 10 月，成都市利用三圣乡红砂村农民种花的习俗，在这里召开了四川省首届花卉博览会。当时，红砂村一下子涌进来 100 多万游客，买花的排队、吃饭的排队、上厕所也要排队……不但有 30 多家农户赚足了钞票，就连卖方便面的都发了点小财。为了突出特色，锦江区前几年制定了打造“花乡农居”的发展目标，鼓励农民成片种植鲜花。

三圣乡通过土地流转以争取最大效益，农民流转了土地，但是土地经营权并没有丧失。农民可以把土地经营权折算入股，每五年递增10%，可以通过分红来取得回报。花香农居的休闲餐饮文化，幸福梅林的传统花卉文化，荷塘月色的音乐、绘画艺术文化，江家菜地的农耕文化，东篱菊园的环境人文文化，无一不是锦江人精心挖掘打造的符合当地民俗风情的杰作珍品。特别是在推进城乡一体化的进程中，成都发挥"农家乐发源地"的优势，提升农家乐的档次，以"五朵金花"为代表的休闲文化产业样板既丰富和发展了四川文化产业的业态，又成为成都市城乡一体化工作的窗口，为成都市成功获准"全国统筹城乡综合配套改革试验区"发挥了作用。来自澳大利亚的合资公司——澳士瞩远投资有限公司拥有幸福梅林精品梅园的所有权，并且投资2 000多万元，建成了从事梅花研究开发，并集观赏、休闲业于一体的场所，打造成为全国梅花品种最全、规模最大的梅花观赏基地。同时，锦江人以文化支撑产业，以品牌塑造形象，按照一村一品的文化格局不断推出和延伸新的品牌项目，使其接连不断地萌发出新的生命力和凝聚力，为农民城市化、非农化建设新农村找到了一条很好的途径。"五朵金花"拥有一个共同的特征，那就是产、供、销联袂，集观光、旅游、休闲、购物、美食等多种功能于一体，以"花"为主题拓展市场，以"花文化"为魂发展农村经济。目前，"五朵金花"项目正整体申报AAAAA级国家旅游示范区。

（3）发展创意农业必须突出地方特色和打造亮点，注入文化创意理念和提升品位。发展创意农业必须突出地方特色和打造亮点，实现"四变"，即加快农村向景区转变、农民向景民转变、第一产业向第三产业转变、促进农产品由实用功能型消费向文化审美型消费转变。文化创意因素的融入改变了传统农业，创意农家乐让"五朵金花"绽放。"五朵金花"到处都深深地渗透着文化元素，每处景点、每个宅院、每个花圃、每条道路都是请艺术家、文学家再三斟酌起名。像"红花坞""梅花阁""绝对零度""坝坝鱼""岷山蕊园"等农家乐院名，无不充满诗情画意。当地农居按照川西民居风格统一要求适当改造和点缀，不需大拆大建而是充分利用。

在荷塘月色、东篱菊园景区，许多农户以在自己的房屋墙上绘画来丰富景区环境。2005 年 11 月，成都画院的油画家万启仁把工作室搬到了“荷塘月色”，“这里怡人的乡村环境和我的创作十分吻合，同时艺术家也需要集聚效应”。像他一样落户在“荷塘月色”的画家已经有 50 多位，村里建起了“收获季节赏画廊”“乡村天堂交易市场”，开始出现农民画家，在交易市场，村民钟素琼的水粉画《荷塘》以 500 元一幅的价格出售。“荷塘月色”形成画意村，“东篱菊园”形成摄影艺术村，“花乡农居”引入设计、创意师形成创意村，“幸福梅林”形成传统的文化民俗艺术村，“江家菜地”形成雕塑艺术村，“五朵金花”的未来令人期待。

3. 北京

近几年来，北京郊区积极发展创意农业，取得了丰硕的成果。怀柔桥梓农业公园、密云鱼街、门头沟樱桃园、大兴古桑园和平谷桃木工艺品、大兴玻璃西瓜(用玻璃控制西瓜的外形)、延庆豆塑画、门头沟麦秸画等极具特色和活力的农业新产业、新产品成为北京都市现代农业的亮点。

朝阳区的蟹岛绿色生态度假村将生态循环农业设计成多个年产值几亿元的大产业；怀柔区中天瀚海的设施茶，为品茶族提供了足不出京就能品尝亲手炒制的“北京龙井和毛峰”；昌平区小汤山农业园区利用科学技术将南方生长的水果引种到北京，呈现给当地市民北京产香蕉、火龙果；平谷区通过科技手段将桃树培育成盆景装点居室等。一个个新的农业产业闪亮登场，创造出了超出传统农业几倍、几十倍的价值。北京郊区的乡村旅游业更是红火，延庆县柳沟村利用传统的豆腐加工技术，迎合市民追求安全、养生的需求，创意出远近闻名的豆腐盛宴——“火盆锅”，年迎接八方来客近 40 万人；顺义区万科农业园将土地租给城里的市民，圆了城里人“乡下有我一份田”的农夫梦，农民也实现了从生产者向管理者的角色转变。

4. 上海

“2008 上海奉贤菜花节”3 月 29 日开始在奉贤庄行镇拉开帷幕，由于油菜花花期短暂,这个油菜花节于 4 月 12 日结束。在油菜花节的现场,除了万亩黄金般的“油菜花海”外,还推出了田园爱情派对、菜花写生、奉贤农副产品展销等 24 项主题活动,来去自由,无需门票,让前往的游客真正感受了田园闲趣。

每日的常规体验活动也让人眼前一亮,比如菜花插花与编织,可以让游客现场观看菜花搭配出的各种插花,以及丝网花、剪纸、小蜜蜂、小蝌蚪等农家旅游纪念品;在菜花田旁边的作坊内,菜农将展示如何将油菜籽榨成菜油,游客还可以亲自参与。

在菜花家园主会场旁边,主办方还搭建了小吃一条街。“梨园鸡”是主打食品,都是用当地“蜜梨”喂养,肉质鲜美;还有用“鼎丰腐乳”制成的“玫瑰腐乳肉”,此外还有独具奉贤特色的点心、糕团等。

此外,菜花节也并不仅仅局限于菜花,在此次菜花节上,庄行镇将首次推出庄行老街、东篱园、汉光陶瓷厂、江南渔村农家园、生态逸趣园、庄行农业展示基地等近 10 个初具形态的景点。

比如鲜为人知的庄行老街,长约 1 000 多米,最早形成于 600 多年前,较完整地保留了许多老建筑,河上还横跨着一些年代久远的古桥,市民可以趁着春天寻访古迹,了解上海最古老的一面。

(三) 创意农业发展的主要类型

1. 创意农产品

创意农产品的开发可以有以下两种类型:

(1) 废弃物利用型。将农业或生活的废弃物,通过巧妙的构思,制作成实用品或工艺品。发挥创意与巧妙的构思,农业废弃物不仅可以用作材料和能源,也可以通过对其形的利用、色的利用、物质材料的利用、精神文化元素的利用,变废为宝。此类创意作品甚多。

比如,用废弃的鱼骨作画;用农作物秸秆作画;用秸秆编织草鞋、手提袋、动物、宠物篮、杂物篮等;用树叶或树枝粘贴写意画;用鸟蛋壳或禽蛋壳做工艺品(花盆、彩绘、蛋雕等);用树根作根雕等;用贝壳做各种造型的工艺品;用核桃壳、杏核、桃核等做雕刻工艺品;用玉米苞叶、松果、棉花壳等做干花等。

(2) 用途转化型。通过改变某种农产品的常规用途,赋予其新的创意。如通常用来食用的各种豆类,可以用来制作画、小饰品,如手机链、项链、手链、脚链、门帘等;通常长在田间可供食用的果树或蔬菜,可以将其微型化,做成观食两用的盆果、盆菜,如朝天椒、彩色西红柿、彩色茄子、五彩椒、盆栽草莓等;通常用来治疗疾病的中药材,可以用来做画;经过剖光和防水处理的五谷谷粒,通过巧妙的构思,粘贴在一起,则可成为一幅精美的图画;木材做木炭画等。

2. 创意农业文化

创意农业文化主要有以下三种类型:

(1) 农业节庆开发。开发节日和庆典活动,文化搭台,经济唱戏,已经成为我国很多地方政府提升地方知名度、发展地方经济的一个常用手段。乡村节庆开发应是创意农业的一个重要内容,通过节庆活动的组织,可以提高农业生产者的凝聚力和团队合作精神,也可以在本地掀起休闲农业的高潮,促进农产品的市场销售。盱眙龙虾节、南京"农业嘉年华"都是做得比较成功的例子。

(2) 农业过程利用。把农业生产与销售过程中有趣的一面(或有感官刺激、或有教育意义的一面)剥离并展示出来,供城市市民和游客参与,从而提高农产品的知名度,提高农民的收入。浙江千岛湖捕鱼就是其中一例。

(3) 农业景观利用。利用农业生产所特有的景观生态环境,为城市居民提供观光旅游甚至休闲度假的服务。此类创意在大城市郊区普遍适用。

风靡很多国家的植物迷宫(如美国的玉米迷宫)、上海奉贤的菜花节就是比较好的创意,不仅在不影响作物生长的情况下利用了自然的生产环境,同时也提高了农民的收入。

3. 创意农业产业业态

通过创意农业，带动一批农业产业的兴起，创造出超出传统农业几倍、几十倍的价值。

如北京朝阳区的蟹岛绿色生态度假村将生态循环农业的设计创意做成年产值几亿元的大产业；怀柔区的虹鳟鱼条沟是以虹鳟鱼、金鳟鱼、鲟鱼等冷水鱼养殖为中心建立起来的集烧烤、吃农家饭、住农家院、爬野长城、骑马为一体的综合性观光旅游景区；昌平区小汤山农业园区利用科学技术将南方生长的水果引种京城，使北京市民吃上北京产的香蕉、火龙果；平谷区通过科技手段将桃树培育成盆景装点居室；延庆县柳沟村利用传统的豆腐加工技术，迎合市民追求安全、养生的需求，创意出远近闻名的豆腐火盆锅盛宴；顺义区力科农业园将土地租给城里的市民，圆了城里人的农夫梦，农民也实现了从生产者向管理者的角色转变。

此外，还可以开发农业的生态修复功能，实现生态修复向生态产业的转变。比如说，大力开发创意农业的生态功能，在煤矿和非煤矿山关闭后的废弃地大力发展蘑菇栽培，结合生态修复发展特色干鲜果品基地；将废弃的采石坑变成一个景观湖；结合生态林保护，积极发展小杂粮、食用菌等特色林业经济，努力实现创意农业与生态建设同步发展。

三、南京市创意农业发展条件及现状分析

南京是中国重要的现代中心城市之一，长江沿岸四大中心城市之一，华东地区重要的综合性工业生产基地和交通通讯枢纽中心，中国四大高等教育和科研基地之一，中国历史文化名城之一，地处长江下游的宁镇丘陵地区，秦淮河和滁河的河谷平原是全市的重要农业区。

（一）南京发展创意农业的条件及优势

南京发展创意农业在交通区位、市场、文化、资金、科技与人才等方面

具有比较优势，在创意产业和现代农业自身方面也有较好的基础。分述如下：

1. 交通区位优势

南京是江苏省省会，地处中国东南部的长江下游，东接富饶的长江三角洲，南靠宁镇丘陵，西倚皖赣山区，北连江淮平原，距入海口 380 公里，是中国东西水运大动脉——长江与南北陆运大动脉——京沪铁路的交汇点，素有“东南门户，南北咽喉”之称。

南京四周低山盘曲，山环水绕，自然风貌独特。气势磅礴的长江自西向东横穿市区，辖内有秦淮河、滁河、玄武湖、莫愁湖、石臼湖、固城湖等流域水网纵横交织，水面占全市面积的 11.4%，水资源极为丰富。岗峦起伏的宁镇山地由东向西形成三个分支切近城市边缘契入城区，溧水区境内有茅山山脉，浦口区境内有老山山脉。低山丘陵占全市面积的 64.5%，是华东低山丘陵集中的主要区域之一。

南京属亚热带湿润气候，温暖宜人，四季分明，雨量充沛。年平均气温 15.4℃，年均降水量 1 106 毫米。这一良好的自然条件加之历代的绿化努力，使南京享有“绿城”之誉。南京是中国重要的农业地区和商品粮基地之一。境内低山、丘陵面积较大，主要的经济作物有油菜、棉花、蚕茧、麻类、茶叶、竹木、水果、药材等。近年来，经过产业结构调整，蔬菜、玉米和饲料作物大幅度增长。由于长江两岸水网交织，湖泊密布，水域广阔，水质肥沃，因此，也是中国重要的淡水渔业基地之一。

目前南京市的公路总里程达到 10 164.072 公里，其中高速公路总里程 430.26 公里，二级及以上高等级公路总里程 2 200.047 公里。目前全市拥有国道公路 525.676 公里、省道公路 514.716 公里、县道公路1 797.793 公里、乡道公路 4 986.324 公里、村道公路 2 336.857 公里、专用公路 2.706公里，分别占公路网总里程的 5.17%、5.06%、17.69%、49.06%、22.99%和 0.03%。现有道路货运业户 21 939 户，营业性货车 33 782 辆、151 336 吨位。

同时全市港口码头泊位达到297个。目前拥有水运业户119户、水运服务企业236户、港口经营企业130户。

南京市优越的交通区位条件以及它在长三角地区举足轻重的地位，有利于汇聚和展示世界各国的创意作品，有利于发展创意农业会展经济，这对南京发展创意农业的战略定位具有决定性意义。

2. 文化优势

正如前段时间来宁出席2009年江苏发展国际咨询会议的省政府第二届经济顾问、美国奥美集团全球首席执行官杨明皓所说，"综观全球，有影响力的世界城市，无一不是创意产业最集中、最发达的地区。在我看来，无论是北京还是南京，南京还是苏州，要向世界级城市迈进，离不开发达的创意产业。"创新能力是国际竞争力的核心能力之一，发达的创意产业体现了城市的创新能力，这种能力也正是世界级城市的比较优势之所在。

南京是江苏省的政治、经济和文化中心，长江中下游重要的区域中心和人流、物流、资金流、信息流的集散中心。而且南京市境内生物、矿产资源多样，拥有丰富的自然景观和人文景观，旅游资源丰富，尤其具有不同特色的农业旅游资源。

在2014年年初发布的《中国最具文化底蕴城市排行榜》中，南京位列第四，仅次于北京、西安和上海。南京是中国乃至世界著名的历史文化名城，六朝古都。但对于此次的排行榜，有一个值得关注的现象就是南京排在第四位，这表明公众对城市文化底蕴的评判标准正趋向多元化。文化有历史文化和现代文化之分，而历史文化积淀并不是一个城市文化底蕴的全部。南京近年来在城市规划、环境保护等方面取得很大成就，以优美的城市环境、浓厚的学术氛围、紧跟时代发展的现代气息得到世人的认可，并不断作为其城市文化底蕴沉淀下来。

这对南京应该很有启发。历史文化名城不仅要合理开发保护历史遗产，还应根据时代发展要求，加大对现代城市文明的开发与建设力度。唯有把历史传承和现代文明结合起来，不断作出有益的尝试，这样的城市文化才具有持久的生命力。而南京在这方面还有更大的发展空间。

而创意农业就正是这种现代城市文化的一员，把农业和文化产业完美地结合起来，也有利于进一步提升南京的文化底蕴。

再者，南京是特大型的中心城市，早在 2005 年南京的 GDP 就已超过 2 400 亿元，人均 GDP 达到 5 000 美元，消费呈现多样化、个性化的特征，高档、优质、安全的农产品需求旺盛。消费结构中精神享受、自我发展比重增加，假日经济的本地市场潜力巨大。

自 2005 年以来，南京每年都要举办“农业嘉年华”，到 2014 年已经连续成功举办四届。而今年的主题正是明确了创新都市农业发展思路，提升都市农业发展水平，为加快农业现代化、推进新农村建设作出新的更大贡献的目标。

3. 资金与金融优势

改革开放以来，长江经济带，尤其是长江三角洲地区经济的联系和合作，历来都受到政府、企业和社会各界的重视，在 1992 年党中央、国务院作出了“以浦东开发开放为龙头，开发建设长江三角洲及沿江经济带”的重大战略决策以后，更进入了一个新阶段。十年来，尤其是以南京为中心的长江三角洲地区，生产力突飞猛进，民营经济蓬勃发展，GDP 增长率一直居于全国的前列。正是由于生产力的飞速发展，长江三角洲地区自然产生了在更大的范围内实现生产要素自由流动和优化配置的强烈要求，制止重复建设和重复生产，加强地区合理分工，强化联系和合作成为大势所趋。这种由生产力发展要求产生的地区联合，冲淡了地方利益观念，追求着地区经济协调发展的整体利益。城市之间经济联系和合作日益紧密。因此，正是区域内生产力发展的内在需求，使长江三角洲地区加强区域内经济紧密联系和合作具有动力，具有成功的可能。

而南京作为长三角地区的一名重要成员，也当之无愧地具有各方面的资金和金融优势，便于筹集资金和引进外商来发展创意农业。

4. 科技与人才优势

南京是中国高等教育和科研四大基地之一，是一座具有突出人才优势的科教城市。南京拥有各类高等院校 53 所（含 9 所独立学院，不含部队院校）。全市有各类科研机构多家，每年申报重大科研成果近千项，申请专利 56 108 件。南京两院院士总数增至 82 名。在校大学生 70.23 万人，在校研究生 10.30 万人，每万人中大学生比例名列中国城市第一，每年向社会输送 10 万名大学毕业生。（数据来源：南京市政府网站，2014 年）

同时，南京还拥有多家研究所和各类科研机构，众多的高校和科研人才为创意农业的发展提供了完备的技术支持和坚强的后盾。

（二）南京创意农业发展的现状

1. 创意农业在南京的实践

南京市创意农业的发展还处于初级发展阶段，经过了几年的转变也逐渐出现发展雏形，从目前的发展来看，南京市发展创意农业的主要有创意农产品、创意农业产业、创意农业文化、创意农业活动和创意农业技术几种类型。

（1）创意农产品。所谓创意农产品就是利用科技手段和创新手法，培养新奇特的农产品，使得农产品突破其简单的食用价值，为消费者提供人文价值。南京市创意农产品大致可分为三种类型。第一种类型是利用现代科技，改变传统农产品的外形、颜色、口味等，形成新奇特质。比如江宁培育的“方形西瓜”“心形西瓜”“冰激凌西瓜”；农技推广站培育的“太空西瓜”“太空葫芦”“太空茄子”“太空梨”等，这一系列的创意农产品曾几度在中国南京农业嘉年华和江苏省农洽会上成为人们关注的焦点，它们的人文价值已经大大超过了其食用价值，为现代人的生活增添色彩。第二种类型是挖掘传统农产品的多重特性或其他功效，提高其经济价值。比如六合的富硒米和富硒茶、浦口的“跑山鸡”、溧水的富锌鸡蛋、江宁的保健南瓜、南京市农业科学研究所的紫心甘薯等，这些农产品在农业科技的挖掘下赋予了健康营养成分，成为城市中的人们追求健康生活的新宠。第三种类型是通过融入文化艺术的元素，增加农产品的艺术含量。比如浦口的“彩色苗木”、栖霞的电烫葫芦、蔬菜科学研究所研发的刻字小南瓜等，农产品不再是人们简单的桌上菜，它们还能成为人们生活中的点缀和装饰。

（2）创意农业产业。创意农业的发展催生了一批创意农业产业，创意农业产业是以创意农业为依托而发展起来的产业形式，它是以农业为基础，通过创意手法的运用达到农业与生活、休闲、娱乐的有效融合。南京市园艺推广站推出的屋顶花园利用特殊的创意栽培装置，创新地将园林花卉引入到屋顶种植，不但降温隔热效果优良，而且能美化环境、净化空气、改善局部小气候，还能丰富城市的俯仰景观，能补偿建筑物占用的绿化地面。南京市蔬菜科学研究所推广的华彩阳台，通过定植杯基质栽培，自动循环供水，可栽培生菜、芹菜、香葱、香菜等速生菜，创新地将蔬菜种植引入到普通城市生活中来，适合会议式庭园种植，既可食用，又能绿化、美化环境。华彩阳台一经推出，备受市民欢迎，蔬科所已经专门建立了一条基质和设备生产、种苗培育的生产线，并在南京市开设了八个连锁推广店，年销售额数百万，已形成一种新型的产业。

（3）创意农业文化。创意农业的出现，表明农业不只是一种产业，也是一种文化。伴随着创意农业的发展，创意农业文化也随之而来，通过节庆的传播、创意的推广，南京市农业“文凭”越来越高，农业文化越来越丰富，主要包括农业节庆文化和农业生产文化。最具特色的是“农业嘉年华”，南京市每年金秋时节都在白马广场举办一场“农业嘉年华”活动，已经举办了五届，“农业嘉年华”以“农民的节日、市民的盛会”为主题，将“农业搬进城”，是展示我市农业新成果、农村新面貌，为农民、市民搭建交流互动、共同娱乐的平台。活动包括农产品销售、休闲农业展示、农业大舞台、奇品园等板块，是集购、吃、玩、乐、赏、娱于一体的节日，它已经成为市民和农民一年一度的盛会。另外南京每年都会推出一系列的农业节庆，如雨花茶节、葡萄节、螃蟹节、茉莉花节等，都成为受市民和农民欢迎的节庆。农业节庆的举办也使得各区县形成了自己独特的农业文化，江宁区的西瓜文化、溧水区的草莓文化、高淳区的螃蟹文化、六合区的茉莉花文化，还有雨花茶文化、蜂文化等层出不穷，一年一度的各种农业节庆向城市的人们展示了各地创意农业的文化特色，推动了当地农业经济的发展，也体现了农业文化创意的良好开端，为农业发展带来了浓厚的文化色彩。

(4) 创意农业活动。创意农业活动是在创意农业中衍生出来的生产、管理、营销等一系列的活动，以休闲农业为主要的体现形式。近年来，南京市休闲农业取得了很大的发展，这与创意农业的发展关系密切。南京市发展休闲农业紧贴创新创意，在创意活动上做足了文章。2014 年南京市在农庄中举行创意活动大赛，各农庄根据自己的资源和特色打造创意项目，并从中优选十个特色项目，包括婚庆喜事进农庄、百果园、百鸟园等，这些创新项目一推出就成为媒体关注的焦点和吸引游客的卖点。为推进市民下乡休闲，2014 年南京市还根据各区县的农业休闲资源，打造了“四季之都”休闲农业游——“春之都”溧水赏梅采莓游、“夏之都”浦口避暑纳凉游、“秋之都”高淳品螃蟹逛老街游、“冬之都”江宁温泉保健游，吸引了大量的市民加入到休闲农业游的行列中。南京还将结合高淳区的“油菜花节”，把绿色麦苗种在金黄色的油菜花田里，“绘”出主导产业“螃蟹”，形成巨型“庄稼艺术画”图案，丰富节庆内容，吸引更多游客参观。浦口的韩柚蓝还给鸡套上了脚环(60 天日龄时，套早了容易掉落，迟了又套不上)，叫响了“跑山鸡”品牌；市畜禽所推出的黑山猪认养活动、南京禄口禽业有限公司探索的像订牛奶一样地实行“订蛋入户”，都是具有创意的营销活动。近年南京还推出了一批“市民农园”和“市民家园”，让市民下到农村体验农事活动和农家生活的乐趣，吸引了大批的市民前往。

(5) 创意农业技术。创意农业技术是指把超越传统思维的科学想象力应用于农业发展，获得农业发展的新生动力。最具代表性的是南京市农业技术推广站的“水稻＋N”种植模式：马铃薯＋水稻、芽芹＋青菜＋水稻、蒲芹＋西红柿＋水稻、西(甜)瓜＋水稻、草莓＋水稻和龙虾＋水稻模式，与其说是创新，不如说是创意。它的成功探索，为破解全市65万种粮农户持续增收难题，开辟了一条新的渠道。它以水稻＋土豆为代表，因此被喻为农业的“薯”光行动。农业科学研究所的“空中结薯”，利用水培方法使甘薯根系加以分工，吸收养分的细根和储存养分的甘薯块根系有效分离，待营养体达到一定的生长量后，进行结薯诱导，将改变甘薯只生在土中的历史，并能使甘薯结在空中。奇在土生变水长，土中结变空中挂，普通植物变成观赏植物。

2. 发展过程中存在的问题

以创意农业为导向，南京郊县农村经济在近几年得到了较大的发展。但是，随着市场环境的变化，创意农业在体制突破、规模扩大、层次上升等方面面临着一些新困难，出现了一些新问题。充分认识这些问题，对促进创意农业的进一步发展具有重要意义。

（1）创意农业产品结构在低层次、低附加值上徘徊。由于南京创意农业尚处在起步阶段，尚未脱出作为城市的农副产品供应基地的框架，因而目前的创意农业还是以城市基本消费品需求为经营导向。从产品结构来看，大部分产品还在与“菜篮子”工程画着等号，存在着产品层次较低，附加值也较少的缺陷，而且由于这些产品的生产技术含量低、资金含量少，因此进入门槛也较低。正是由于存在着农产品结构上的缺陷，一方面对农民增收的贡献有限，另一方面市场竞争也较激烈，风险较大。

（2）创意农业的发展仍然缺乏支柱行业和支柱企业。近几年在南京创意农业的发展中，形成了一些经营规模较大的产品，也生成了一批龙头企业，但创意农业中支柱行业的优势仍然不明显，支柱企业在数量和规模上仍有待发展。缺少支柱行业与支柱企业，创意农业的发展就缺乏稳定性，易于受到市场变化的冲击。蛛网理论表明，越接近完全竞争，农业生产的周期振荡越趋于扩散，农民的经营越不稳定，收益难以得到保障。支柱行业和支柱企业的意义正在于形成适度的市场控制。市场控制包括市场占有份额、品牌独享、规则制定等方面内容。市场控制只有在形成支柱行业和支柱企业的条件下才有可能。因此,形成支柱行业和支柱企业不仅是市场经济的要求,也是创意农业持续发展的必要条件。

(3) 市场经营仍是约束创意农业进一步发展的瓶颈。相对于传统农业,创意农业不仅是产品结构的变化,也是经营方式的变化,它要求生产和经营的融合。但在南京创意农业的发展中,当产品结构发生变化时,经营方式的变化却相对滞后。其具体表现就是农户对市场供求信息普遍了解不足,产品的销售也仍然是农户自寻出路,经营半径仍有局限,主要还是本地市场。如郊县农业中大宗产品蔬菜的销售,仍然沿袭着菜贩上门收购或一家一户到批发市场兑出的模式。因信息不灵,环节过多,交通不便等各种原因,往往发生外地蔬菜大量上市,本地蔬菜的售价被压低的现象。市场经营环节的薄弱,导致高成本低售价,使不少菜农丧失了继续蔬菜种植的积极性。

(4) 创意农业的产业结构仍然存在较严重的单一化问题。创意农业内涵十分丰富,在产业结构上,应是多种产业并举,不仅包括种养殖业,还应包括开发旅游休闲业、房地产业、仓储运输业等;不仅包括产品经营,还包括提供服务。但是,从南京创意农业发展的现状看,仍摆脱不了以种植业为主的单一结构。

四、发展南京创意农业的目标定位及总体思路

(一) 目标定位

1. 总体目标

坚持科学发展观为指导,以市场为导向,以科技为依托,以创意促动创新,政府规划引导,企业和农民为主体运作,切合实际地发展创意农业,促进农业经济增长模式的转变。力争使南京成为长三角地区创意农业的重要策源地,以创意农业为突破口,提高南京农业的竞争力和影响力,推动南京经济、社会、文化的协调发展和可持续发展。

2. 具体目标及举措

南京未来的现代农业、休闲农业、创意农业将相辅相成，齐头并进。争取实现“五个”战略转型、“三个”自主创新、培育“三大”创意基地、形成“三大”创意效应。

（1）“五个”战略转型。一是实现理念转型。从单纯关注农业产能转向全面发挥农业潜能，创新农业业态。二是实现资源转型。从主要依靠自然资源转向主要依靠智力资源，创新生产方式。三是实现功能转型。从单一物产功能转向兼具服务功能，创新农业体系。四是实现架构转型。从分散经营到集中规模经营，创新农业组织形态。五是实现体制转型。从政府主导型向市场主导型转变，完善农业经营制度。

（2）“三个”自主创新。一是思路创新。从无到有的创新、开创先河的创新、突破自我的创新，思路创新是发展创意农业的基础。二是举措创新。探索新形式、开辟新途径、拓展新空间、建立新模式，举措创新是发展创意农业的动力。三是机制创新。创新经营机制、创新投融资机制、创新科技兴农机制，机制创新是发展创意农业的保障。

（3）培育“三大”创意基地。一是培育创意活动基地。创意活动基地可以是农业旅游景点，也可以是农家乐。在基地经常举办创意农业信息发布会、休闲农业创意大赛、农业创意产品展示展销等。鼓励农民充分利用既有农业资源，发挥独特的创意、创新，开发具有生产、生活、生态内涵并富含地方特色的创意产品，提升农业产品的价值。

二是培育创意实验基地。由政府和企业共同出资，建设创意实验基地，进行创意农业项目设计和创意农产品的开发。如利用特色产业基础，筹建“创意枣园”“创意梨园”“创意果园”“创意菜园”等，围绕主题，开展相应的讲座、现场表演、各类评比，都能深挖农产品的文化内涵，提升农产品的艺术附加值。

三是培育创意人才基地。由政府牵头建设创意人才基地，培养农业创意开发的专业团队，从项目策划、价值分析、市场定位、设计建造、招商营运方面，进行对创意人才的系统培训，为创意农业的发展提供智力支撑。

(4) 形成“三大”创意效应。一是形成创意农业规模效应。推进创意农业园区、创业基地、创意农产品的建设和开发，并与合作社紧密结合，转化为规模效益，形成产业。创意转换成经济价值并形成规模是检验创意成功与否的关键。

二是形成创意农业品牌效应。发展创意农业的核心是要构筑创意农业的产业链，并尽量拓展延伸，以形成品牌效益，获得最大的经济效益。只有促进创意成果转化为经营资源，通过向传统产业的渗透和产业链的整合与延伸，进行深度开发，打出有影响力的品牌，才能充分获取创意农业的品牌效益。

三是形成创意农业旅游效应。有的创意本身不具备产品价值，无法规模化和产业化，但有旅游价值，旅游效应就会圆满解决创意的价值问题，加上旅游效应就有了很高的附加值。

3. 总体思路

创意农业的发展并不完全是简单地沿袭过去执行的农业经济依附于工业和服务业经济、城市发展优先于农村发展的战略，相反，是伴随经济发展整合城乡资源的必然选择，对中心城市经济辖区、经济圈范围内的农业和农村是提高经济竞争力的重要契机。当然，创意农业的发展带来的外部性，而使得城市受益。换言之，创意农业的发展更重要的是农业和农村自身发展的需要。因此，南京创意农业的发展不仅要考虑城市发展的需求，更重要的是考察农业发展面临的环境。

在现阶段，南京发展创意农业，必须以现代农业为基础，以休闲农业为主要载体，通过创意活动，推动现代科技的应用和人文内涵与农业的融合，提高农业价值链附加值，满足社会对物质和精神文明的总体需求，实现农业增效、农民增收、农业和农村可持续发展。

(1) 充分发挥比较优势。近几年来，中国农业发展进入了一个新阶段，其主要特征是：农产品市场由买方市场转变为卖方市场，农产品总量平衡但结构性过剩的矛盾突出，农业结构调整压力大，农业的市场化程度不断提高。同时，中国加入 WTO 后农业面临的冲击正逐步显现。针对国内农产品市场的供求形势，各地在确定农业发展及结构调整战略时必须确立基于全国大市场进行分工的指导思想，以便发挥各地区的比较优势。从创意农业的区位特点来看，它处于城市郊区，以大都市为依托。就南京创意农业的发展来看，与周边农村地区相比在劳动力成本、土地租赁成本方面处于劣势，优势在于明显的区位优势(交通便捷)、融资方便性高、技术可获性强。与全国其他城市相比，南京地处经济最活跃的长江三角洲，经济发展潜力大，文化氛围浓郁，资源丰富，是典型的山水城林融为一体的城市，人居环境优良。南京创意农业应当发展科技含量高、资本相对密集的产业和产品。

(2) 发展规模经济。从宏观层面来看，创意农业发展必须致力于区域化布局，集中连片开发，否则就不能获得规模经济，更谈不上发挥集聚效应、建立专业市场、创立地方品牌等。从微观层面来看，小规模经营不利于应用先进的农业技术，增加单位产值的信息搜集成本、营销成本等。因此，在确定重点扶持的产业或者进行产业布局规划时，应当优先选择能够把优势农产品做大做强的产业，把有限的资源集中到优势农产品和优势区域，将资源优势转化为竞争优势、市场优势。

(3) 发展需求收入弹性较高的产品。产品较高的收入弹性意味着良好的市场前景。农业生产是经济再生产和自然再生产相互交织的过程，相应地，农业生产就面临着自然风险和市场风险。在农业生产的自然风险不可控的前提下，创意农业的发展应当选择能够在一定程度上规避风险或者市场风险相对较小的产品。伴随城市居民收入水平的提高，城市居民的恩格尔系数不断降低。相反，在花卉种植、旅游开发、城市环境改善等方面的投入呈现快速增长的趋势。

(4) 以适应城市动态消费需求为导向。城市需求形成创意农业产业、产品的导向。但城市需求是动态发展的，其需求的消费能力和结构，因多种因素而不断地在发生着变化。因此，要进一步推进创意农业，就需要根据城市不断变化的需求调整产业和产品结构，不能局限于已有需求做文章。

创意农业本身就决定了它要不断满足城市居民消费及城市环境建设的需要，这是参与地域分工的必然结果。

因此，南京创意农业的发展在满足城市消费为导向方面并不仅仅局限于南京市，而应当立足于南京大都市带，立足于全国范围内的城市消费。

南京郊县奶业、草坪业、旅游业近几年之所以有所发展，正是适应了城市不断提升的需求，是不断增长着、更新着的城市需求拉动的结果。类似的城市新需求的市场，在深度和广度上都还有很大的挖掘潜力，是创意农业优化产品结构的方向。

发展创意农业，还需要以供给主动开发城市的潜在需求，使潜在市场显性化。富硒产品就是一个通过产品创新，以供给主动开发城市市场的成功典例。富硒产品从产品的开发到城市市场的开发表明，创意农业的发展不仅要以城市的已有需求为导向，而且，在当前形势下，还需要变被动为主动，加强对城市潜在需求的研究和主动开发市场。要实现这一目标，农业从业机构及农户就要积极和科研院所合作，了解吸收最新的科技成果，并且将它们及时转化为产品。

(5) 进行市场细分。由于创意农业不同的功能对应于不同的市场，因此在确定创意农业内部各产业或产品的战略定位时应当充分考虑这种差别的影响，进行市场细分。我们按照创意农业的功能不同区分为如下四种类型：一是商品生产型，主要包括各类优质农畜产品生产基地，如谷物、蔬菜、水果、茶苗木、花卉、畜禽、水产等；二是商业服务型，主要是指休闲体验农业、旅游观光农业等，尽管这类农业也包括部分生产功能，但其经营利润的主要来源是提供的商业性服务；三是公益型，主要是城市绿地、城市森林等外部性较强的公共产品；四是科教示范型，如农业科技示范园区、试验站等。

(6) 合理分区与布局。在对南京农业发展统一规划的基础上，根据农业布局区位理论，以市区为中心、郊县(区)为分中心，对农业实行分带布局、分类指导、分层推进，每个圈层都具有特色鲜明的经济功能和生态功能。

第一层为近郊或城乡交错农业带，以发展比较效益较高的设施园艺作物和奶牛养殖等提供时鲜农产品的种养业为主，同时根据自然和人文条件发展观光休闲农业。如栖霞区八卦洲乡的野菜生产基地，雨花台区江心洲乡的葡萄生产基地和观光农业。

第二层为远郊平原低丘农业带，以发展无公害的、具有一定规模的大宗农产品、瓜果、畜产品、水产品为主，是城市居民农产品消费的重要来源。如六合区优质水稻生产基地，高淳区"双低"油菜生产基地，江宁区横溪镇西(甜)瓜生产基地，溧水区有机食品生产基地，江浦区养殖基地。

第三层为远郊丘陵山区农业带，以发展林果茶产品和资源综合开发为主，并通过封山育林和涵养水源形成都市的生态屏障。如溧水区小流域综合治理工程，江浦区老山天然林场。

4. 发展模式

未来南京创意农业可以发展的几种模式：

(1) 技术外溢模式。这一发展模式主要是通过鼓励和支持高新技术农业企业充分发挥观光示范和教育培训等服务功能，促进农业新品种的推广和新技术的广泛应用，以实现创意农业发展效益的大范围提增。

目前，南京市已有一些农业发展企业在具备相对先进的生产技术和研发能力后，为其项目周边的农户和同行企业开办了相应的培训班，以推广这些技术和技能。例如，高淳固城镇举办的食用菌技术培训班、江宁横溪镇举办的葡萄种植培训班以及溧水傅家边农业科技园和江宁现代园艺科技园提供的科技示范服务等。

因此，今后应进一步鼓励和支持更多的单位提供技术示范服务或开办相应的教育培训工作，这样不仅能够扩大其辐射带动效应，大大促进其他单位或个人生产效率的提高；也有利于各单位之间的相互学习和交流，实现整体效益的增长。

(2) 生态优产模式。传统的农业发展思路往往把经济效益与生态效益相隔离，忽视了生态环境的优化本身也是一种价值，从而致使我们在单纯追求农业生产的经济效益过程中不惜损害生态环境。事实上，国内外的发展经验已证明，在创意农业的发展过程中经济效益和生态效益是共生互融的，生态效益的改善能够促进经济效益的增加，而经济效益的提高也将进一步改善生态效益。

如南京普朗克科贸有限公司通过维护和优化土壤环境，开发生产的有机蔬菜受到了城市居民的广泛欢迎，取得了显著的经济效益；而高淳农民通过保护固城湖水环境也为其螃蟹养殖带来了巨大的经济利益。可见，推广"生态优产"模式，以绿色消费需求为导向，以提高市场竞争力和可持续发展为核心，做大做强有比较优势的农业主导产业，着力走"经济高效、产品安全、资源节约、环境友好"的发展道路将是南京创意农业持续高速发展的必由之路。

(3) 休闲农庄模式。从发达国家或地区的发展经验来看，休闲农庄模式无疑是创意农业的发展趋势之一。这一模式主要有两大特征体现：一是通过"公司＋农户""农庄＋农户""农庄＋院校""农庄＋园林""农庄＋基地＋市场"等农庄经济形式，延伸农业产业链，促进特色农业和农产品走上产销一条龙、产前产中产后都出效益的良性循环发展道路；二是实现农业生产功能与生活、服务等功能的有机结合，它不仅可以解决农产品市场推广范围有限和资金不足等问题，也能够满足城市居民的求知愿望，适应市民消费结构升级的要求。从南京创意农业的发展实践来看，休闲农庄模式的发展已经在各个郊县初具规模，并受到市民的广泛欢迎。

具有代表性的有浦口区的"艺莲苑农庄"、六合区的"金色瀛洲农庄"、江宁区的"凯进农庄"、溧水区的"普朗克农庄"、高淳区的"紫苑农庄"、栖霞区的"蒙古王农庄"、雨花台区的"紫鑫复合农庄"等。鉴于此，南京市今后完全可以在总结现有农庄经济发展经验的基础上，借助各区县丰富的农业自然资源优势(如溪流、山坡、水塘以及山林等),深入开发诸如市民农园、学童农园、采摘农园、银发族农园等,为都市居民提供了解农业、体验农业和热爱农业的好去处。

(4) 市场外向拓展模式。创意农业发展的好坏与其功能发挥的范围也有着密切的关系。根据国内外的发展经验,创意农业各项功能的服务对象如果仅局限于所在地是难以有大发展的。因此,应扩大服务范围,依托城市平台,培育具有强大市场开拓能力的主体,加大资本、技术、品种的引进,逐步形成“生产在内、基地在内、服务在内、市场在外”的“三内一外”格局,从而逐步实现创意农业的区域化、市场化,进而国际化。

根据南京市的实际,今后创意农业的发展应充分利用沪宁高速、宁杭高速、沿江高速、南京禄口国际机场以及其他基础设施,同时也可以借助于城市对外合作交流的机会,把南京创意农业品牌逐步营销推广到长三角地区、全国,直至国外市场,走市场外向拓展模式。

(5) 文化导引模式。随着社会经济的快速发展和人们文化素养的逐步提升,单纯依靠特色农林产品和农业自然景观将难以进一步拓展创意农业的市场规模和发展深度。因此,在发展创意农业的过程中融入文化因素,不仅可以做“厚”相关项目、提升创意农业的发展档次,还能够增强创意农业的吸引力、产生更大的经济和社会效益。应该说,从目前南京市的发展实践来看,借助于这种文化导引模式发展创意农业的地区和企业也正在逐步增加。

例如,浦口区的“艺莲苑农庄”已连续两年通过举办“荷文化研讨会”和“新春笔会”等方式扩大市场知名度,并吸引了大批的游客。而2013年的江心洲葡萄节为了吸引更多的游客,更是大打“文化牌”。据报道,江心洲20多户农民办的民俗馆葡萄节纷纷增加内容,老建邺360行、公社大锅饭、知青屋等“土得掉渣”的景点令游客看得津津有味;与此同时,江心洲街道与南京圣划艺术馆合作建设的圣划艺术中心,首次在洲上露面后不仅吸引了不少城里的观光游客,来自南京、浙江等地的艺术家创作的书画艺术、行为艺术、创意艺术也使不少游客大开眼界。可见,文化导引模式将在不远的将来成为南京创意农业发展的一个主要创新模式。

（6）主题展示模式。主题展示模式指从事农林牧特产、生态保育、农业技术等相关主题的展示、表演以及讲说导游服务，收取入场费、餐饮费、销售农特产品和相关纪念品的模式。主题展示模式可以划分为农产品新品种和特产区、新技术展示区、新设备展示区等，通过现场示范、成果展览、实验研究、科普活动，成为带动创意农业技术示范推广，推动农产品生产与消费相结合的有效方式，主题展示模式应采取政府主导、企业主体、社会化运作的方式。

南京市也已开展了诸多有益的探索，从全市层面举办的“农业嘉年华”系列活动，到各区县的特色示范农业和农业节庆活动（如江宁的南京市现代园艺科技示范园、溧水的傅家边农业科技园、高淳的螃蟹节、溧水的黑莓节、江宁的西瓜节、八卦洲的芦蒿节等），南京创意农业的发展显然也尝到了主题展示带来的甜头。有了这样的基础，“主题展示模式”无疑将成为南京创意农业的主要发展方向之一。

五、推进南京创意农业发展的对策建议

创意农业是一项系统工程，它的进一步发展要求以市场为导向、农户为主体，以科技和文化为手段，具体的工作应从下述方面着手：

（一）加大政府扶持及引导力度

政府应鼓励发展创意农业，制定发展战略和规划，确定政策导向，搭建平台，加大创意农业投入力度，强化组织领导，为创意农业产业提供发展空间和物质条件，吸引更多的人来投资。各级财政要安排创意农业发展专项资金，重点支持产业关联度大、带动能力强、与农民联系紧密、有较强市场竞争力的创意农业项目，确保做大规模、做出效益。各级政府要把发展创意农业摆到重要位置，加强组织领导，明确发展目标，强化责任考核，落实工作措施，切实抓出成效。要切实做好发展创意农业的统筹规

划、组织协调和督促检查工作，确保各项措施落到实处。

（二）重视制度建设和创新

从南京创意农业的实践分析，影响进一步发展的问题大都与制度相关，制度的作用在于激励或约束各经济主体持续地推进创意农业，因此，制度建设是创意农业可持续发展的保障。

目前，制度建设的重点在于：

其一，推进土地流转，实现规模经营。南京郊县农村经济的规模偏小，户均经营土地面积仅 3.64 亩。要发展创意农业，就必须实现规模经营，而规模经营就要求对现有土地经营制度加以改进。改进的方向是在土地承包制的基础上，在保障承包农户利益的前提下推进土地流转。目前在南京农村，土地流转已经得到了农户、基层组织和投资者的普遍认同。大量的实例表明，土地流转使得有实力、有能力的投资者参与了土地资源的开发和利用，实现了土地的规模经营，推动了创意农业发展的基础。

其二，创新技术、资金、人才参与创意农业的制度。技术、资金、人才是创意农业发展不可或缺的要素。现在的情况是，一方面，创意农业的发展需要这些要素，另一方面南京城里又储藏着这些要素。要使要素的供需对接不能仅依赖政府来搭台，而要在制度上进行创新，以制度激励技术、人才和资金投入到创意农业的建设中来。

其三，优化城镇化的制度建设，使创意农业与城镇化共同发展。南京创意农业的发展已经出现了农村富余劳动力的安排问题。现在看，安排农村富余劳动力的出路主要在于城镇化，因此，有必要优化城镇化制度。城镇化的制度创新，主要以吸引农村居民为中心，要在城镇化的建设中，在制度上对农村居民进镇创业、就业、定居、教育有所安排。

（三）强化创意农业经营组织体系建设

当前，南京创意农业的进一步发展，不仅要注重产品和服务的开发和生产，而且特别要强化市场的经营。创意农业发展至今的经验表明，依靠农户既生产又经营的经营成本偏大，有必要提高创意农业的社会组织程度，降低农户的经营成本。

降低农户经营成本的有效途径是建立专业经营组织。根据不同的产品特点和行业特点，经营组织可以有经纪人、经纪公司、行业协会多种形式。在南京创意农业的发展中，不少地区已经形成了自己的经纪人队伍，也形成了数家行业协会，他们的存在明显密切了产、供、销的连接，提高了经营效率，降低了农户的经营成本，有利于市场的开拓和竞争。目前南京创意农业要加强经营组织的建设，需从下述方面着手：其一，加强经纪人队伍的建设，既要鼓励经纪人队伍的壮大，还要提高经纪人的素质。不仅要提高经纪人的专业素质，还要规范经纪人的行为，防止农户利益受损；其二，加强行业协会和经纪公司的建设。行业协会和经纪公司是比经纪人更高层次的组织，比经纪人更有利于市场的经营和开拓，且行为更趋规范。目前有必要在政策和法规上予以支持，使之能够合理、合法地得到发展；其三，除加强经营组织的建设外，还要节约创意农业发展的经营成本，必须在市场开拓上运用广告宣传、网络传播等各种现代营销手段。

（四）创新创意农业的融资渠道

创意农业的发展需要各级资金的支持，由于财政支农资金十分有限，加之农民自身又无实力投入，因此，必须创新融资渠道，吸引多元资金进入农业，改变目前以争取各级政府投入为主、但数量却非常有限的农业融资渠道，走出一条由政府、农民和民间资本、工商资本、外商资本等“三资”构成的农业融资新路子，确保有充足的资金满足现代农业发展所需。

除了加强政府财政资金支持力度之外，拓展民间资本的投入应是创意农业发展的基础。各级财政应安排创意农业发展专项资金，专项扶持创意农业建设。重点支持产业关联度大、带动能力强、与农民联系紧密、有较强市场竞争力的创意农业项目。进一步拓宽创意农业投资领域，鼓励民间资本投入创意农业建设。支持有条件的创意农业龙头企业进行现代企业制度改革，努力拓宽创意农业投入渠道，积极推进创意农业上市融资，增强创意农业龙头企业的辐射带动力。

（五）加强创意农产品品牌建设及保护力度

一是应大力实施农业标准化，积极发展无公害农产品、绿色食品和有机食品，加快创意农产品质量认证。建立健全创意农产品质量安全体系，推动创意农产品标准化生产，提高创意农产品质量水平。

二是应充分发挥南京的地方特色，巩固提高传统优势产业，加快创意农产品开发，培育一批国家级、省级创意农产品品牌；完善促进农业产业化发展的配套政策和机制创新，充分发挥农业龙头企业和专业合作社在创意农业品牌建设中的作用。

三是应完善创意农业品牌、商标保护的地方性法规，营造保护创意农业品牌良好的法制环境；积极发挥政府相关职能部门的作用，形成企业自我保护、行政保护和司法保护三位一体、相互结合的保护体系，形成品牌保护合力。

（六）加强队伍建设，健全创意农业的人才支撑体系

创意产业，本质是一种产业新理念的发现和发明，推崇个人创造力。整体上对从业人员知识化、专业化要求较高，所以需要有一整套人才培养机制。

要进一步完善人才政策，鼓励农业企业培养引进和聘请创意经营、技术创新等方面的高级人才；鼓励大专院校和有关机构组织开展品牌知识、品牌经营、创意农业和相关法律法规等方面的培训，提高企业创品牌能力和创意水平。设立“创意人才奖励资金”，对在创意农业方面取得突出贡献的各类人才给予奖励。

章继刚(2008)认为，应在全国实施创意产业富民计划，启动中国百万创意农民培训工程。以农户为基本单位，以创意农产品生产为核心，整合农村各类创意农产品的生产技术，主要培养扎根于农村并利用创意技术

和科技知识开发农村资源、发展创意农业生产的农民致富带头人。从而全面提高农民的综合素质，造就一批学习型、知识型、守法型、创业型、创意型的现代农民，实现城乡统筹发展，建设社会主义新农村。

（七）加强平台建设，提升服务水平

注重各类公共服务平台的建设，建立和完善创意农业产业协会、质量协会、消费者协会和其他专业行业性协会以及社会中介服务体系，积极为创意农业企业提供品牌推介、法律服务、信息咨询、人才培训、商标代理等各个方面的服务。开展创意农业理论研究，搭建创意农业信息交流平台，从理论和市场实际状况两方面为创意农业建设提供咨询服务。加强宣传教育，营造创意农业建设的良好氛围。通过各类媒体，加大对创意农业品牌培育、品牌发展和品牌保护等方面的宣传力度；采用多种手段，充分利用各种经贸活动，扩大创意农业品牌的知名度。引导全社会增强创意农业品牌意识，推进创意农业企业开发市场、巩固市场、扩大市场。

（八）大力发展创意农业产业，加强城乡统筹推进科学发展

要注意发展创意农业与发展旅游业密切结合，以旅游业发展带动创意农业发展，以创意农业促进旅游业发展。发展创意农业要突出特色，做到“人无我有，人有我新，人新我特”。要充分发挥区位优势，把资源优势变成经济优势。努力探索创意农业新路，打造“创意农业名镇”，形成一批具有明显竞争优势的创意农产品，增强产业集聚能力，不断提升创意农业竞争力，实现农业增效、农民增收。

休闲农业是南京都市型现代农业的重要组成部分，是新型的农村产业形态。《南京市人民政府关于推进农业现代化工程行动纲要》，把“休闲农业升级计划”列入推进农业现代化工程的十大行动计划，休闲农业是南京都市型现代农业发展的重要方向。

近年来，南京休闲农业已取得长足的发展，成为区县农民就业增收的重要来源，成为区县农村经济新的增长点，成为市民观光休闲和乡村旅游的重要目的地，也成为南京都市农业一张亮丽的名片。但随着宏观环境的变化、居民可支配收入的提高，游客的消费需求在发生着改变，对休闲农业提出了更高的要求。从休闲农业自身来说，存在着低水平建设、同质性强、服务不规范等问题。为了更好地满足市民的需要，促进产业发展，南京休闲农业亟须进行提档升级。

一、南京休闲农业提档升级的必要性

（一）休闲农业发展迅猛，但总体规模尚待提升

自2002年起，南京市把休闲农业正式确定为农业主导产业，使得南京休闲农业快速起步，并保持了良好的发展态势，接待游客数量从2003年的130万人次增加到2011年的710万人次，年均增长率达到23.6%；休闲农业收入从2003年的3.4亿元上升为2011年的28.1亿元，年均增长率高达30.2%。据统计，目前南京休闲农业景区（点）已超过200个，已有国家级农业旅游示范点13个、省级农业观光园区5个、省级农家乐村10个、市级农家美食村20个、城区农家美食连锁店5个、休闲农庄78个。但是与北京等休闲

农业发展比较成熟的城市相比，还有一定的差距。截至 2011 年 8 月，北京郊区开展观光休闲服务的农业园已经达到 1 300 个，2011 年北京休闲农业共接待游客 3 511 万人次，实现收入 30.4 亿元，与此相比，南京休闲农业总体规模还有待提升。

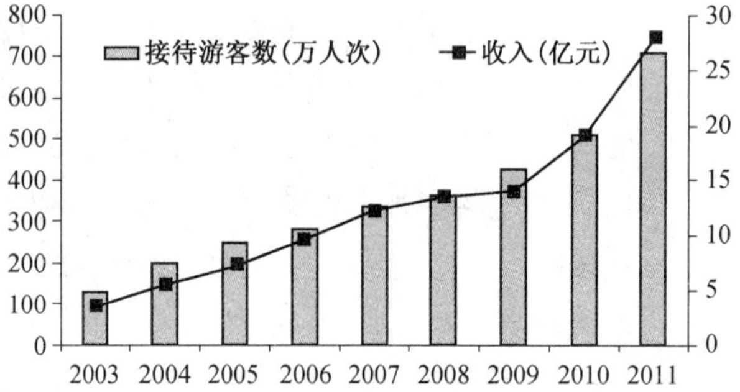

图 1-10-1　南京休闲农业接待游客人次及收入

（二）产业集聚初步形成，但产业链需上延下拓

"十一五"以来，南京休闲农业产业取得了较快发展，产业集聚度有所提高，目前已形成桠溪慢城、傅家边农业生态园、横溪农业科技园、乌江农庄、八卦洲创意农业岛、竹镇现代农业等休闲农业特色板块，产业集聚格局初步形成。但从总体上看，产业链条延伸发展不足，高附加值的项目比例明显偏低，尤其是休闲农业产业链的某些重要环节尚有缺失，仍以单纯的传统农家乐为主，游客消费仍以吃、住、游为主，未形成农业生产、科技示范、科普教育、农事体验、餐饮、度假、娱乐、购物等要素联动发展的一体化产业链结构，补"链"任务仍然繁重。

（三）产品类型丰富多样，但文化内涵亟待深挖

南京农业资源丰富，农耕文化深厚，生态环境多样，形成了丰富的休闲农业产品类型，主要有以下几种类型：一是农家乐村，目前南京已有一批有特色的农家乐专业村和接待户，全市有农家乐村 17 家，其中大山村、前石塘村、大泉村、世凹桃源等分别获"全省最具魅力休闲乡村"美誉，全

市农家乐接待户已超过 360 户。二是休闲农庄。较有代表性的有高淳银林山庄、浦口丽铭农庄，其中，高淳银林山庄住宿、餐饮等服务设施完善，接待能力强，并于 2011 年被成功评为“全国休闲农业与乡村旅游示范景区(点)”。浦口丽铭农庄活动内容丰富，功能齐全，最近还新增了儿童钓鱼池、嬉水池、烤鱼台，推出了“爸爸钓鱼、妈妈烤鱼、娃娃摸鱼”等特色项目。同时，新的休闲农庄也在不断涌现，如六合区的千僖万福农庄、溧水县的一剪梅农庄等。三是特色园区。如浦口雨发农庄，四星级标准的接待餐厅已落成，江宁台湾农民创意园起点高、投入多，内部功能齐全，市场前景广阔。四是农业节庆。依托于各类农业特色资源，通过节庆活动为地方经济发展搭台唱戏，是南京市休闲农业发展的一大特色。全年先后有梅花节、雨花茶节、葡萄节、蟹黄汤包节、苗木节、西瓜节、螃蟹节、芦蒿节等各种节庆 16 个，可以说是月月有节、区区县县有节，这些节庆活动年吸引游客 150 多万人次，经济总收入超过 9 亿元，占全市休闲农业总收入的 30%。南京休闲农业以“节庆为驱动”，走“节庆＋活动＋线路”的道路，摸索形成了“国际慢城农家游模式”“傅家边农业科技体验游模式”“龙袍美食游模式”“乌江十里农庄模式”等发展新模式。但是从项目建设上看，南京休闲农业总体水平不高，产品同质性现象比较严重，文化内涵不突出，地域特色、主题特色不鲜明。因此，需要突出自然生态，挖掘文化内涵，提升竞争力。

(四) 市场需求日趋旺盛，但经营方式仍需创新

国民经济快速发展为南京休闲农业发展提供了巨大的需求动力。2011 年中国人均国内生产总值已超过 4 000 美元，而南京则已接近 8 000 美元，全年城市居民家庭人均总收入为 35 918 元，比上年增长 14.7%；其中人均可支配收入为 32 200 元，增长 13.7%。可见，目前南京已达到全面小康生活，进入高额消费阶段，在这样的国民收入和消费状况下，居民对休闲消费需求更加旺盛。根据国际经验，人均 GDP 达到 1 000 美元时，旅游需求急剧膨胀，但主要是观光性旅游需求；人均 GDP 达到 2 000

美元时，将基本形成对休闲多样化的需求；而当人均收入达到 3 000 美元时，度假需求产生，并且人们的消费倾向逐步转向多样化、高级化和个性化的精神消费。因此，在中国尤其是在南京个性化休闲体验渐成新宠，而南京郊区县优美的田园风光、恬淡的生活环境，则成为人们休闲消费的主阵地之一。因此，大力发展集农业生产、农业观光、休闲度假、参与体验于一体的休闲农业，对于适应居民旅游消费转型升级，培育新型消费业态，提高居民幸福指数具有重要意义。但从总体上看，在南京休闲农业努力迎合人们消费需求的同时，其经营方式仍存在诸多不足，目前的经营仍以零星分布，农民自发经营为主，项目功能与投资主体相对单一，致使游客停留时间短，消费少，经济效益不够明显。

因此，在新的形势下，为了更好地满足市民的需要，南京休闲农业亟须进行提档升级，提升休闲农业项目的硬件质量，丰富文化内涵，规范服务行为。

二、休闲农业提档升级的目标

（一）休闲农业发展的方向

从南京区县农业来说，休闲农业的建设要突出四个功能，即：景观功能、体验功能、文化功能和游憩功能。实现这些功能，概括起来要坚持“五化”。

1. 产品建设：精致化

每一个休闲农庄、休闲农业园区和农家乐村的建设，都要精雕细刻，力求做到布局合理、特色突出、功能丰富、标志标识系统明确、管理规范。为此，要进行规划策划，精心建设。在这方面，台湾的休闲农业园区树立了很好的榜样，值得学习。

2. 产业形态：多样化

从产业形态上看，要从简单的“吃农家饭、住农家院、摘农家果”，向休闲、体验、养生、健身乃至商务、度假等功能多样化、产业融合化、服务综合化方向发展。不仅要有休闲农庄、观光休闲农业区，而且要发展成片的农家乐村及农村民俗文化等其他形态。

3. 区域布局：集群化

从经营规模上看，从一家、一户、一园的分散状态，向一沟一谷、一片一带、一个乡镇甚至几个乡镇的规模化、集群化方向发展，打造主题性、集聚式乡村旅游目的地。这样做的目的是，解决休闲农业的规模化发展，以及供给与需求信息不对称问题。

4. 投资主体：多元化

从投资经营主体上看，要从目前的以农户为主，向农民专业合作社、社会资本参与、专业酒店托管等投资主体多元化、股份社会化、经营专业化方向发展。

5. 企业发展：品牌化

休闲农业园区、休闲农业企业、休闲农业产品，要向品牌化方向发展。要经过几年的努力，打造一批乡土气息浓郁，深受游客欢迎，在当地有较高美誉度，在周边省区有一定知名度的休闲农业产品，使南京的休闲农业不仅是地方性品牌，而且要涌现出一批区域性品牌，甚至是全国性品牌。

（二）休闲农业提档升级的目标

今后一个时期，南京休闲农业提档升级总的原则是“培育特色，提升档次，集中布局，规范服务，增加效益”。实现由规模数量型向质量效益型转变，走规模化、特色化、差异化的路子，引导休闲农业向集群化、主题化发展。2015 年实现休闲农业接待旅游人数要突破 1 200 万人次，综合收入突破 60 亿元。

三、休闲农业提档升级的路径选择

（一）休闲农业产业的转型升级

1. 产业功能的转型

由单一功能向综合功能转变。一是充分发挥休闲农业产业的关联带动性，加快农副产品的开发，突显休闲农业的生产性功能；二是要密切关注广大城市和乡村居民的需求变化，深化其消费性功能，展现休闲农业作为民生产业的价值；三是进一步关注环境保护和生态建设，使休闲农业走向生态化，回归其本原性功能，展现休闲农业作为绿色产业的特色。

2. 产业结构的转型

加快休闲农业与文化、现代服务和现代信息技术等相关产业的融合发展。一是大力推进文化创意产业与休闲农业的融合发展，加大南京乡土民俗文化收集整理与挖掘的力度，针对市场需求，就地取材挖掘田园文化，去伪存真浓缩民俗文化，促进乡土文化创意产业发展，加快乡土民俗文化的推广、保护和延续。二是努力推动现代服务业与休闲农业的融合发展。创新发展业态，加快与现代服务业的合作，加强休闲农业的宣传促销和旅游纪念品开发，增加游客在购物上的花费，加快休闲农业与金融业的融合，推动企业上市融资和农业金融产品的研发应用，进一步开发覆盖休闲农业活动各环节的保险产品等。三是积极促进现代信息技术与休闲农业的融合发展。结合智慧南京建设，依托于互联网、物联网、云计算等先进的信息通信技术，将休闲农业所涉及的各个方面进行有机联系，构建南京休闲农业智慧服务体系，同时，利用现代信息技术构建电子农庄，构筑“智能社区”，通过安装在田地的摄像头查看田地的情况，并与城市的医院、学校、银行、公司和政府机构实现全方位信息共享，实现方便快捷的服务体验。

3. 产业链的本地化和纵深化

一是培育“吃、住、行、游、购、娱”等产业要素，完善南京休闲农业产业链条。大力推进农家乐示范村建设，发展以农民家庭为基本接待单位、以自然村落为主的农家乐特色示范村，扩大农家乐餐饮服务规模，鼓励农民发展乡村旅馆，增加娱乐设施与场所，延长游客停留时间，提高消费水平；组建旅游商品协会，加强旅游商品研发，扶持培育乡村旅游商品企业，扩大绿色有机农产品、土特产品以及手工艺品的生产加工和销售规模。二是注重产业链的本地化和纵深化，提升南京休闲农业产业的凝聚力。深度挖掘本地乡风民俗和历史人文背景，鼓励发展本地企业，最大限度地使本地企业获益。三是加强休闲农业产业上、下游企业之间的联系，加强南京休闲农业产业链各环节的沟通。建立各企业之间的战略联盟伙伴关系，立足市场，建立跨越行政壁垒、行业壁垒、企业壁垒的休闲农业协作板块，依据整条休闲农业线路进行规划、开发、营销；加强各节点企业的沟通协调，在信息平台、项目策划、营销组合、战略发展和联合进入等方面进行合作。四是加强通道建设，实现各条休闲农业线路、各景区之间，以及各企业之间的串联与畅通。此外，还要进一步完善交通干线标识系统和自驾车营地的建设。

（二）休闲农业产品的转型升级

1. 在产品结构和功能方面，向多元化、创新化、休闲化转型

充分利用南京的特色农业资源，从以简单的农家乐、农业观光、林果采摘旅游为主，到以乡村度假、康体养生、民俗文化和休闲娱乐为主的多元休闲旅游产品的转变；从服务经济向体验经济升级，在原有农家乐的基础上，开发更多的娱乐性强、互动参与性新颖的农业休闲娱乐产品。

2. 在产品形式上，加快产品业态创新，向高端化、品牌化发展

从简单的“吃农家饭、住农家院、摘农家果”的传统农家乐形式，向休闲、养生、健身、商务、度假、体验等市场细分化、功能多样化、产业融合化、服务综合化的创新方向发展;针对不同需求的消费者,推出不同规模的新型产品业态,如市民农园、教育农场、乡村酒店、酒庄旅游、生态渔村、养生茶吧等。

3. 在产品体系上,构建景点、景区、村镇相结合的完整的休闲农业产品结构

选择农业产业基础良好、景观特色明显、休闲农业资源丰富并已形成一定发展规模、人居环境较好的村镇,重点进行休闲农业专业村镇建设,如汤山、谷里、横溪、汤泉、竹镇、桠溪等休闲农业与乡村旅游特色村镇和高淳桠溪大山村、砖墙四有村;江宁横溪石塘村、谷里周村、汤山郄坊村;六合竹镇大泉村、龙袍长江村等特色村,构建与休闲农业景点、景区、村镇、线路相结合、点线面相结合的完整的休闲农业产品体系。

(三)休闲农业企业的转型升级

1. 打造休闲农业产业集群,建设休闲农业聚集区,壮大南京休闲农业的发展规模

围绕核心农业资源,加大资源整合力度,以需求为导向,突出区域资源、环境和文化特色,将各园区作为一个整体进行规划和定位,形成集食、住、行、游、购、娱等产业要素于一体的现代休闲农业特色优势产业集群。可重点打造江宁横溪、汤山翠谷、高淳桠溪国际慢城、溧水傅家边、白马农业硅谷,浦口雨花生态农业园,六合竹镇等休闲农业产业集群,同时,鼓励企业间的联合与协作,构建新型休闲农业企业联盟,形成功能衔接和特色互补的格局,发挥集聚效应。

2. 组建大型休闲农业企业集团,提高南京休闲农业企业竞争力

培育、扶持、引进发展一批核心竞争力强的休闲农业骨干企业,鼓励并支持与掌握大量客源信息的景区、饭店、旅行社、在线旅游供应商等大型旅游企业实施横向拓展、纵向延伸,组建战略联盟;同时培育知名的南京休闲农业企业品牌,重视和支持中小企业的发展,实现中小休闲农业企业的转型与实力的提升,提高南京休闲农业企业竞争力。

3. 成立相关行业协会等中介组织，加强对休闲农业企业的监督和规范化管理

成立农家乐经营协会，统一配货，统一采购，统一定价，协调安排客人，这样可以提高原料采购的谈判地位，降低采购成本；统一定价，避免恶性竞争；促进规范管理，增强行业自律；扩大宣传促销，有效增加客源。加强对休闲农业企业的规范化管理，加大对休闲农业从业人员的系统培训，提高行业素质，加大宣传推介力度，扩大行业影响；加强政府与会员之间的沟通，及时向政府部门反映各会员单位的发展和变化等。

（四）休闲农业市场的转型升级

1. 加快休闲农业市场的分级拓展和营销的细分与深化

进行市场细分，针对细分市场进行专门营销，彻底改变等客上门的局面；同时，充分认识整合营销和网络营销的优势，建立营销合作组织，形成统一协调的市场，联合推进，优化网络平台，完善网站建设，开展在线服务。

2. 加速市场营销主体及手段的创新，提高市场营销效果

通过“联合推介、捆绑营销”，立足于本地市场，选择本地知名的宣传渠道，进行有针对性的宣传，做好南京休闲农业整体品牌形象的推广；邀请媒体对休闲农业相关的各项活动与工作进行全程报道，扩大南京休闲农业的影响力；在知名门户网站、旅游预订平台、团购网站等，开辟专门互动频道，加强与网民朋友的交流，并及时添加、更新信息；做好休闲农业线路推广以及节假游的联合开发与组织，推动休闲农业进社区、进俱乐部、进企业，加强景区与市民的对接，引导市民下乡休闲。

（五）政府管理与专业合作组织服务的转型升级

1. 发挥政府的引导作用，加强休闲企业的专业化分工与协作

合理布局，科学规划，高起点、高水准制定和修编全市及区县休闲农业发展规划，引导合理的休闲农业产业集群的形成；增加资金投入，加强农业基础设施建设，为休闲农业发展创造良好的外部环境；制定有关维护市场秩序的法规政策和管理办法，确保休闲农业企业健康、协调和可持续发展；加强对休闲农业相关领导、带头人、经营户和服务人员的技能培训，增强从业人员的经营理念和服务意识，促进休闲农业服务品质不断提升。

2. 加快经营方式的创新，鼓励外来投资参与南京休闲农业的发展

整合现有产业链，建立专业合作组织和管理机制，继续发挥“政府＋旅行社＋景点＋农户”合作发展方式的优势，形成多产业融合的政府——市场化模式；加强休闲农业企业运行机制的建设，形成责权利相联系、生产与科研一体化的激励机制；鼓励民间资本采取独资、合资、合伙等多种形式参与休闲农业开发和经营；鼓励金融机构对信用状况好、资源优势明显的休闲农业项目适当放宽担保抵押条件，并在贷款利率上给予优惠。

3. 加快休闲农业基础设施和服务设施建设与改造，提高南京休闲农业服务档次与水平

依据客流量情况和换乘需要，合理设置专线，增加通往郊区县休闲农业景点的交通线路；推动休闲农业景区（点）公共厕所及停车场升级改造工作，完善休闲农业景点（区）的交通标识系统建设；参照相关规范标准，改善住宿、餐饮、停车场、娱乐、垃圾污水无害化处理等服务设施，提升休闲农业的服务水准；加强休闲农业生产基础条件建设，在动植物新品种引进、现代种养技术示范、设施农业生产设备、绿色有机农产品生产等方面加大建设力度，为拓展农业功能创造条件。

第二部分　管理篇

一、休闲农业发展现状和成效分析

近几年南京休闲农业快速发展，实现了从无到有、从小到大、从边缘产业到主导产业的转变，产值和接待人数逐年增加，产业规模不断扩大。

2012 年全市休闲观光农业年接待游客量达到 1 000 万人次，实现综合收入 37 亿元，分别比上年增长 34%和 32%。2013 年可接待游客 1 200 万人次，实现综合收入 45 亿元。2014 年全市休闲农业景点接待游客超过 1 300 万人次，实现综合收入 46 亿元，目前全市具有一定规模和接待能力的休闲农业景点超过 250 个，其中市级农家乐专业村 38 个。

2014 年全市有 20 余个休闲农业景点获得国家、省、市多项荣誉，其中江宁黄龙岘村获“中国最美休闲乡村”称号，江宁大塘金薰衣草景观和高淳国际慢城油菜花景观获“中国美丽田园”称号；江宁区黄龙岘村、溧水区东泉村、六合区长江村、浦口区联合村入选“江苏省最具魅力休闲乡村”；江宁谷里街道周村和溧水洪蓝镇傅家边村分别获得中国最美村镇“人文环境奖”和“人物贡献奖”。

休闲农业正提升成为南京农业的重要主导产业、农民增收的重要渠道和现代农业的重要组成部分。

（一）打造了一批知名的农业节庆活动

目前全市有各类农业节庆 16 个，螃蟹节、梅花节、黑莓节、西瓜节、桃花节、葡萄节、江鲜节、芦蒿节、苗木节、蟹黄包子节、雨花茶节、森林节等，每个区县重点办1—2个节。每个节都是以当地规模农产品和特有的农业资源为载体，旅游搭台，经济唱戏。通过农业节庆的运作，将休闲农业快速地推向了市场，葡萄节、梅花节和螃蟹节，每年吸引市民均突破30万人次，“春观梅花、夏摘葡萄、秋品螃蟹”，成为南京近郊游的季节性品牌。

（二）培育了一批初具规模的休闲农业景区

目前全市已开发的具有一定规模和接待能力的景点、景区164个，建成国家级农业旅游示范点13个、国家森林公园2个、省级农家美食村10个、休闲农庄78个。2013年，还通过实施星级评定工程，新评出96个星级景区（点）。已初步形成观光系列、休闲系列、美食系列、参与体验系列等类型多样、满足市场多样化需求的休闲农业产业体系。

（三）造就了城乡统筹发展的纽带

休闲农业的实施，是农业融入城市、农民和市民互动共赢的重要途径。现在农民要进城打工、农产品要进城销售已成为农民的强烈愿望。市民也更加关心农村，到农村旅游成为越来越多市民共同的选择。为使农业更好地融入城市，市农林部门选择中山陵下、玄武湖边的白马广场命名为农业广场，每年举办5—6次农业节庆活动。同时，在机场、沪宁和雍六三条高速公路旁树立了大型广告牌，宣传南京的农业旅游景区和节庆活动。通过休闲农业的发展带动，农业很好地利用了城市资源和社会资源，提升了产业水平，促进了农民增收。

（四）带出了一批品牌农产品和高效农业产业

休闲农业最大的功效莫过于它能快速拉升农产品价格和充分发挥农业资源效益，而且不会破坏环境。从江心洲葡萄节的实践中可以看出，农产品要卖好价格，一是出国门，二是不出门，最好是人家找上门。江心洲葡萄五年前只有0.5元一斤，现在好的一斤卖10多元。为什么会这么高？市民愿意付产品的实用价值，还付了开心费用两项钱。一个江心小岛没有任何工业，原来非常穷，现在葡萄面积没有扩大，但是葡萄总收入因旅游而增长几倍。目前全市拥有市级以上名牌农产品123个，其中国家级名牌农产品7个、省级名牌农产品38个，其中许多产地同时也是休闲农业热门景区。休闲农业现已融入了各个产业发展之中，出现了农业观光园、休闲畜牧业、休闲渔业等多种新型、高效的产业。以休闲渔业为例，据初步统计，南京大约有30万的钓鱼爱好者，现有垂钓点1 000多个，各类垂钓中心51个，每年全市包括垂钓、餐饮、度假等在内的休闲渔业总收入可达2.1亿元。

（五）打造了一个“农业嘉年华”品牌

从2005年开始的南京“农业嘉年华”，五届共吸引游客100余万人次，销售收入达2 500余万元。连续举办几年的嘉年华活动，使得全市休闲农业名气大增，在旅游市场进一步叫响，品牌效益逐步显现。尤其是近两届，通过中央电视台国庆七天乐等一些栏目的包装、推介，“农业嘉年华”走出了南京，走向了全国，不少地方媒体纷纷对此次活动予以转载、报道，在国内同行业中产生了良好的影响，“农业嘉年华”与成都“农家乐”、北京“民俗京郊游”等一同作为近年来我国发展休闲农业几个较为成功的模式，被国内经济学者所关注和重视。2014年，“农业嘉年华”又被国际都市农业基金会评为“都市农业最佳创意和推广杰出城市奖”。

二、目前发展存在的主要问题

虽然全市休闲农业取得了一定的成绩，但是也存在一些问题，主要有以下几个方面：一是由于才刚刚起步，各区县发展还很不平衡；二是开发项目档次不高，产品比较单一；三是农民的参与程度、业务素质有待提高；四是政策上有些问题，用地矛盾比较突出，建设旅游设施有一定的难度等。这些问题，都是发展中的问题，还需要靠发展来解决。

三、休闲农业发展的优劣势条件分析

（一）南京休闲农业资源类型齐全，品位较高

南京市各区县拥有能够满足人们观光游览、休闲娱乐、农事参与、民俗体验、农家美食等多种目的的休闲农业资源，如江宁区以休闲度假、田园风光观赏、瓜果品尝为主要特色，六合区以生态农业观光和饮食文化为主要特色，溧水区以农业高科技园观光和林果品尝为主要特色，高淳区以体验民俗风情和渔业观光养殖为主要特色，浦口区以苗木观赏为主要特色等，类型齐全、品位较高的休闲农业资源，为南京休闲农业的发展创造了良好条件，使得各地休闲农业的开发能够发挥各自的资源优势，避免同质化竞争。

（二）南京乡村民俗文化富有特色，底蕴深厚

南京地处吴头楚尾，南北交汇，由于地理、气候、社会、环境的差异，形成了具有明显地域差异的农耕文化，在语言、礼仪习俗、村舍建筑及农家服饰等方面，都具有一定的地域特色。如作为中国民俗文化“富矿区”的高淳区，其古老而又独特的民俗文化，如申报世界非物质文化遗产的“跳五猖”、惊险热闹的“打水浒”、乡趣横生的“花台会”、憨态可掬的“大马灯”、身手不凡的“小马灯”等，深受游客喜欢；六合的留左大鼓、泉水高跷、四合农民画等，也非常著名。淳朴厚实、恬淡宁静的南京区县农村居民，创造了朴实清新、底蕴深厚的金陵地方文化，这对城市游客具有强大的吸引力，也为休闲农业的旅游开发创造了良好条件。

（三）南京传统旅游资源散布各区县，有所依托

南京市作为六朝古都，历史悠久，各郊区县散布着众多的自然和人文旅游资源，为休闲农业的旅游开发提供了良好的依托条件。如六合区的金牛湖景区，四周有金牛山、癞牛山等群山环抱，湖光山色，景色迷人，对旅游

者有着很大的吸引力；溧水区的洪蓝镇，有著名的天生桥公园、无想寺度假区等旅游景区；江宁区的南唐二陵、郑和墓、将军山、牛首山、汤山温泉、猿人洞和阳山碑材等，也为休闲农业的开发，提供了良好的依托条件。

（四）农事节庆活动丰富多样，参与性强

近年来南京的农业节庆活动富有特色，已初步形成区区（县）有节、月月（季季）有节的特色，江心洲葡萄节、六合龙袍蟹黄汤包节、高淳螃蟹节、八卦洲芦蒿节、横溪西瓜节、老山森林节等旅游节庆，主题鲜明、内容丰富、参与和娱乐性强，深受游客的喜欢，特别是南京休闲农业依托于“农业嘉年华”的平台，把节庆活动作为一种商品来经营，使南京的农事节庆成为南京休闲农业的特色品牌和与市民互动发展的新舞台，奠定了南京休闲农业产业进一步发展的基础。

（五）南京农村生态环境良好，条件优越

从资源组合状况看，南京各区县拥有山、水、林、果等自然要素，低山丘陵、岗地和平原、湖泊、洲地交错分布，自然山水组合良好；各区县大气环境优越，空气清新，环境优美，山中植被茂密，湖中水质清洁，鱼虾味道鲜美，适宜开展农村生态、休闲、观光和度假旅游。良好的农村生态环境，为休闲农业旅游发展奠定了基础。

（六）区位条件优势明显，交通便利

南京目前已经基本形成了“城市成网、城外成环、交通便捷、四通八达”的立体交通框架，从根本上改变了南京交通运输的分布格局，使南京的交通运输更加方便快捷。南京现有国家级公路 4 条（104、205、312、328），省级公路 9 条，县、乡公路和专用公路近 2 000 条，总里程达 6 800 多公里，公路密度达 96 公里/百平方公里，基本形成干支相连、城乡贯通的公路网络。宁高、雍六高速公路和高望、浦泗公路等如期建成，在全省率先实现县县通高速公路。另外沪宁高速公路、宁杭国道、南京环城公路等交通大动脉贯穿其东西南北，从而将旅游市场潜力巨大的长江三角洲城市带纳入近程范围。长江航道、禄口机场也为其创造了极其便利的外部交通条件。目前，从南京主城到大部分农村，一般半小时至1小时车程即可到达，良好的交通为休闲农业的开发提供了极其便利的条件。

（七）南京客源市场基础广阔，游客众多

近年来，南京休闲农业发展迅速，取得了良好的成绩。2009年，全市休闲农业接待游客430万人次，实现旅游收入15亿元，较2005年分别增长52.5%、53.1%。2010年，计划全年接待游客500万人次，实现旅游收入19亿元，休闲农业已成为南京农业的主导产业之一。目前南京的休闲农业景点不断增加，休闲农业线路日益丰富，休闲农业景区对外影响不断扩大，知名度和美誉度不断提高，得到了社会各界的多方关注和充分肯定，已初步形成多元化的休闲农业产业结构体系和“一圈、三带、四区”的发展格局。随着休闲市场的深入发展，越来越多的旅游者开始走出城市休闲的“贫民窟”，走向城郊、走向自然，去农村地区休闲度假。

（八）南京社会经济发展条件雄厚，实力较强

南京社会经济发达，经济实力雄厚，2009年全市实现生产总值4 230.26亿元，按可比价格计算，比上年增长11.5%。第一产业实现增加值129.18亿元，增长4.1%；第二产业实现增加值1 930.67亿元，增长10.1%，其中工业增加值1 640.53亿元，增长9.3%；第三产业实现增加值2 170.42亿元，增长13.5%。人均地区生产总值（按常住人口计算）达到55 290元，按可比价格计算，比上年增长9.5%。2009年城市居民人均可支配收入25 504元，比上年增长10.3%，农民人均纯收入9 858元，比上年增长10.1%。雄厚的农业、工业基础以及完善的配套基础设施等社会经济环境因素，是南京休闲农业起步与发展的坚实物质基础，也为南京大力发展休闲农业创造了条件。

四、发展总体构想

（一）指导思想

以科学发展观为指导，认真贯彻落实南京市委、市政府“转型发展、创新发展、跨越发展”的战略决策，以农业为轴心，以促进农民增收为出发点，以新农村建设与休闲农业开发为结合点，以体验经济为指导，以加快南京休闲农业现代化进程为主题，以整合资源、优化结构、转型升级、提质增效为主线，以打造“休闲农业全国名城”为目标，以提升休闲农业产业素质和竞争力为核心，加快休闲农业景区建设和产品开发，加强品牌培育和市场拓展，强化休闲要素配套完善，创新休闲农业体制和机制，优化休闲农业环境和发展环境，实现南京市第二产业反哺第一产业、第三产业向第一产业渗透的长效机制，为南京市建设社会主义新农村和休闲农业强市目标的实现作出贡献。

（二）发展目标

（1）休闲农业经济目标。南京休闲农业主要经济指标在全省和全国处于领先地位。具体可见下表：

表 2－1－1　南京休闲农业经济发展目标

年份	接待人次（万）	年均增长（%）	综合收入（亿元）	年均增长（%）
2008	367	—	13.5	—
2009	430	17.2	15	11.1
2010	500	16.7	19	26.6
2011	580	14.2	24	26.3
2012	700	13.1	30	22.1
2015	1 200	11.8	45	18.8

(2) 休闲农业品牌目标。2012年"农业嘉年华"进入全国"十大知名节庆";建成一个全国知名、华东一流的"农业嘉年华"国家AAAA级休闲旅游景区。2015年全市休闲农业进入全国休闲农业名城(全省一流,国内知名)。

(三) 发展原则

(1) 提档升级原则。休闲农业的发展,不能仅仅停留在数量的增加上,而要完成产品的提档升级,通过深入挖掘休闲农业的文化和科技内涵,做精做优休闲农业产品。休闲农业产品的提档升级主要体现在规模、管理、设施及服务四个方面,在今后的发展中,不应一味扩大休闲农业景点数量,而应选择各方面实力较好的景点,重点开发、扩大规模,形成规模效益;在管理方面,要引进具备农业及旅游专业知识的人才,不断提高景点管理水平;同时,应进一步加强各休闲农业景点的基础设施建设,完善休闲农业专门设施,为游客提供更为舒适的休闲度假环境;在服务方面,也要不断规范,提高服务水平,通过对服务人员的专门培训,形成主动服务的意识。

(2) 主题创新原则。休闲农业景点(区)的设计,首先要求有突出的、明确的主题,主题是表达规划设计中心思想的名片,主题的确定,要突出特色,营造具有吸引力的氛围。整个休闲农业景点(区)的规划设计要时刻呼应主题、体现主题,突出农业文化内涵。目前南京很多休闲农业景点(区),主要停留在观光、蔬果采摘、垂钓等休闲活动项目上,以满足游客的物质需求为主,缺乏精神需求和氛围,而台湾的休闲农业,在30余年的发展中涌现了一大批主题鲜明、个性突出的休闲农业景点,主题包括水果采摘、竹、香草、茶叶、本草、名花异草观赏、昆虫收藏、奶羊、奶牛、螃蟹、鳄鱼、鸵鸟等体验,创新不断,使游客始终充满新奇感。

(3) 产业带动发展原则。在休闲农业的发展中,要特别注重与农业产业的联动发展,要以良好的农业资源为基础,通过休闲农业的发展,使农业资源得到有效的利用,提升附加值,带动农业的发展,并且有效地促进地区产业结构的升级。同时,通过农业产业链的延伸,不断延伸农业产业的致富链条，促进传统农业、农副产品加工业和休闲服务业三大产业的联动发展。

（4）生态优先原则。休闲农业的发展应保持景区内的生物多样性，促进生态良性循环，为当地创造良好的生态效应，要充分考虑乡村地区的环境承载力，控制休闲农业的发展速度与发展规模，避免盲目发展与重复建设，坚持走生态、社会和经济的可持续发展道路。在休闲农业的发展过程中，还要切实体现农业特色，尊重农民意愿，保护农村文化，加大对农业资源和生态环境的保护，禁止在休闲农业景点（区）内从事破坏景观和生态的生产经营活动，对已经造成生态破坏和环境污染的，应限期整治，要从环境的可持续发展着手，加强农业生态教育，培育环境、经济、文化全方面可持续发展的理念。

五、休闲农业发展空间布局

根据南京市现有发展基础、交通区位条件、休闲农业资源特征及分布，结合南京休闲农业发展总体格局，将南京市休闲农业的发展空间布局确定为“一区、五带”的空间布局结构。

表 2－1－2　南京市休闲农业发展空间布局

一区	南京绕城休闲农业发展集聚区
五带	六合金江路休闲农业发展带
	浦口宁乌路休闲农业发展带
	江宁宁丹路休闲农业发展带
	溧水宁杭路休闲农业发展带
	高淳桠溪休闲农业发展带

（一）南京绕城休闲农业发展集聚区

（1）主要范围：南京绕城高速公路沿线地区。

(2) 主要资源:老山国家森林公园、珍珠泉旅游度假区、汤山温泉旅游区、方山地质公园、世凹桃源和锁石农业旅游专业村、丽铭农庄、千盛农庄、松林山庄、青龙生态农业园等。

(3) 发展方向:以城市居民的休闲需要为导向,结合农业观光、农事休闲、农家乐等活动,开发乡村酒吧(酒廊)、茶吧、休闲吧、民间艺术创作等特色活动,体现"宁静、闲适"的乡村氛围,吸引市区和周边广大客流,突出交通区位和山水一体的资源特色,以国家A级景区和全国农业旅游示范点为基础,大力开发森林度假、温泉疗养、林果品尝、牧业观光等主题休闲农业活动,同时深入挖掘南京特别是江宁地方民俗文化资源,如金箔、剪纸、花灯等传统民间工艺,方山大鼓、龙都娃娃鼓、丹阳舞龙等传统民俗和江宁老鹅、汤山板鸡、谷里鱼圆、陆郎茶干等传统农家美食,开发农业文化休闲、农村民俗体验、农家美食品尝等活动。

(二) 六合金江路休闲农业发展带

(1) 主要范围:六合金江公路沿线地区。

(2) 主要资源:金牛湖景区、瓜埠国家地质公园、桂子山石柱林、方山、灵岩山森林公园、龙袍长江农业旅游专业村、兴隆湿地公园、茉莉花园、盛世金牛休闲农庄等。

(3) 发展方向:充分发挥民歌《茉莉花》的知名度和雨花石产地的影响力,积极打造六合"茉莉花源头"和"雨花石之乡"的品牌形象,突出森林生态和农家美食的优势,以森林生态度假、湖鲜美食品尝、石柱林科考、雨花石采挖、农民画欣赏等为重点,开展生态旅游度假、农事体验和农家美食等休闲农业活动,同时依托六合丰富多彩的农家美食和土特产品(富硒大米、六合牛脯、龙池鲫鱼、六合活珠子、平山翠茗茶、瓜埠"赖月"月饼、八百大糕等),开展农家美食和土特产品品尝、参观和购买等活动,在深入挖掘六合地方民俗文化(女子高跷、舞龙、剪纸、木刻、长芦留左大鼓等)的基础上,积极发展乡村民俗文化休闲农业。

（三）浦口宁乌路休闲农业发展带

（1）主要范围：浦口区宁乌公路沿线地区。

（2）主要资源：大吉温泉度假村、帅旗农庄、望月农庄、雨竹农庄、中马休闲农庄、万成生态园、艺莲苑、老山森林公园等。

（3）发展方向：突出森林生态和苗木基地的优势，充分发挥大吉温泉度假村的带动作用，以温泉疗养、苗木观赏、林果品尝、名茶品茗等为重点，大力发展森林生态休闲、养生度假休闲和农事体验休闲活动，同时依托苗木花卉基地，开展林木的认种、认领、认养活动，学习花卉、苗木的栽培和盆景制作技术，依托艺莲苑农业旅游示范点、求雨山公园和地方民间习俗，开展书画文化学习、观赏和农业民俗文化体验活动。

（四）江宁宁丹路休闲农业发展带

（1）主要范围：江宁区宁丹路沿线地区。

（2）主要资源：牛首山、将军山、横山风景区、横溪蔬菜科技园、上庄园、黄桥滩生态渔场、六顺生态农业园等。

（3）发展方向：依托牛首山、将军山风景区、横山风景区、横溪特色蔬瓜基地和丹阳花卉苗木等资源，开展花木观赏和农产品品尝、农业高科技观赏、森林度假等休闲农业活动，突出“金陵绿带、瓜果天地”的品牌形象，重点发展花木观赏和瓜果品尝游、农业科教游、农事体验游。依托于该区域的田园风光和丰富密集型的农业资源，优化整合果蔬资源，重点开发集观光、采摘、购物、科普、垂钓、农事竞技、趣味乡村体验等于一体的综合性休闲农业活动。利用甘泉湖、横山湖、白鹭湖等湖边优美的山林地，建设品位高、格调雅的山庄，发展度假、水上娱乐、垂钓等项目。利用横山山脉优美独特的环境，开发避暑野营、山地赛车、古战场探寻和漂流等项目。

（五）溧水宁杭路休闲农业发展带

（1）主要范围：溧水区宁杭高速公路沿线地区。

（2）主要资源：天生桥、东屏湖、无想寺风景区、傅家边高科技农业园、大金山农庄、白马镇有机农业基地、东芦山森林公园、东庐山庄、江风生态农庄、翠景园休闲农庄、杨树山生态农庄、枫香岭生态农庄等。

（3）发展方向：充分发挥天生桥、东屏湖、无想寺风景区、傅家边高科技农业园、白马镇有机农业基地、东芦山森林公园的优势，大力发展农业科普学习、林果观赏休闲、森林度假等活动，突出“赏梅花、采草莓、品名茶、购有机林果”的休闲农业特色；依托无想寺森林公园和秦淮河的源头东庐山森林公园，开展宗教文化旅游和以“秦淮探源”为主题的探险旅游活动，利用金水湾度假村、大金山农庄等，开展农业科普、湖滨休闲度假、商务会议旅游和森林度假旅游等活动，通过挖掘溧水地方特色的民俗文化旅游资源（如抬鼓、舞龙、划旱船、犟驴、打社火、手狮活动），开展农业文化休闲和农村民俗体验等活动。

（六）高淳椏溪休闲农业发展带

（1）主要范围：高淳区椏溪、瑶宕沿线地区。

（2）主要资源：淳溪老街、银林山庄、瑶宕农家乐专业村、迎湖桃园、游子山森林公园、桥李生态旅游村、大荆山森林公园等。

（3）发展方向：突出生态农业和民俗文化的优势，依托于固城湖、石臼湖水产养殖基地、游子山森林公园、淳溪老街，以湖鲜美食、宗教寺庙、森林生态、老街文化为重点，开展以湖鲜美食品尝、宗教文化欣赏、民俗文化体验为主要内容的特色休闲农业活动；利用东部山区优越的生态条件，依托于葡萄园、瑶池山庄、瑶宕农家乐、荆山林果生态休闲农业资源，开展农村养生度假、农事活动参与、农家土菜品尝等休闲农业活动。在进一步做大做强螃蟹节的基础上，深入挖掘固城湖的渔文化、水文化、船文化的内涵，开展垂钓、游泳、泛舟、漂流、快艇、湿地运动等休闲农业项目，积极开发生态休闲和乡村度假休闲农业产品；利用金陵第一街——高淳老街和东坝、沧溪的大马灯、划龙船，长乐抬龙、跳五猖和古戏楼等非物质文化遗产开展乡村文化休闲和民俗文化体验等活动。

六、休闲农业产品规划及重点工程

（一）南京休闲农业产品体系

1. 基础层次——农业观光类产品

以农村自然生态、田园风光、特色产业园区及乡村景观等为吸引物，吸引游客，通过发展各类农业专题观光园（花卉、林果、雨花茶园、特色花卉园艺等）、高科技农业观光园、传统农器具展示以及现代新农村发展等，展示乡村多姿多彩的自然风貌，使南京休闲农业成为游客观光的好去处。

2. 提高层次——休闲度假类产品

通过提供各类休闲农业活动，如鱼塘垂钓、陶艺制作、蔬果采摘、菜地租种、良田耕种、家畜和家禽认养，让游客在农庄参与各类农业休闲活动；通过参与农事活动、住农家小屋，让游客体验"住农家房、干农家活、吃农家饭"的农家生活；通过建设乡村别墅、森林木屋、农村疗养地等度假服务设施，让游客在农村度假疗养，感受"稻花香里说丰年，听取蛙声一片"的乡村意境。

3. 发展层次——文化体验类产品

深入挖掘地方农耕文化和民俗文化的内涵，通过南京地域文化的场景化、主题化和情节化，为游客提供可观、可参与、可体验的全方位的体验空间，大力发展主题文化村（雨花石、农民画）、乡村博物馆、民间舞蹈（方山大鼓、栖霞龙舞、江浦手狮、高淳跳五猖、东坝马灯）、民间戏曲（南京白局、高淳阳腔目连戏等）、民间音乐[金陵第一大鼓——留左大鼓、鲜花调（茉莉花）、古琴（金陵乐派）、高淳民歌等]、传统技艺（南京鸭制作传统工艺、金陵折扇、蝉人工艺、南京绒花、南京剪纸、竹雕、天鹅绒）、民俗活动（南京食素食野菜习俗、南京岁时节令民俗）、民间游戏、传统节日活动，使南京休闲农业成为南京地方文化体验的乐园。

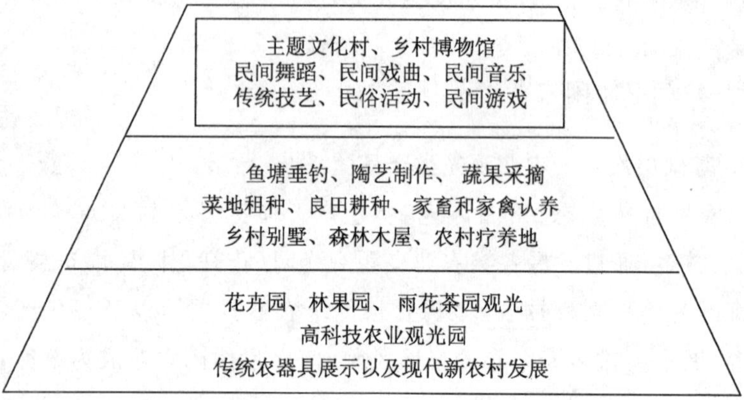

图 2－1－1　南京休闲农业产品体系图

（二）南京休闲农业活动项目设计

在休闲农业活动项目设计中，应从游客的角度，充分考虑不同年龄游客的身体机能和心理需求，体现人性化设计和人文关怀，综合发挥休闲农业活动的多样功能，如文化教育功能、游憩功能、经济功能、社会功能等，建立适合不同人群的休闲活动类型。南京市休闲农业活动项目，可规划设计以下种类。

1. 观光游憩型活动

观光游憩型产品，重在观光、欣赏，是舒缓压力、调适心境的一种方法，适合各类人群，尤其适合亚健康人群。现代社会，来自生活、工作的压力越来越大，舒缓压力，放松身心，成为亚健康人群假日游的主要目的。南京休闲农业观光游憩型活动可开发高淳油菜花、浦口艺莲苑的莲花、世凹桃源的桃花、傅家边的梅花、六合的茉莉花等花卉观赏以及溧水白马的有机林果和高淳瑶宕的生态农业观光等。

2. 科教文化型活动

科教文化型活动的特点是体现较强的科普知识性，能满足游客了解农业文化和农林科技方面的知识，特别适合青少年游客。南京休闲农业科教文化型活动可通过建立林业科普园、农业博物馆等展开，如溧水可建立小型植物园，植物园内分为树木园、花卉园、盆景园等，园中植物均采用挂牌方式，说明其品名、特性等，并列出与之相关的故事、神话，激发孩子们的好奇心，增长科普知识。小小的植物园，犹如一本百科全书，等待孩子们来开启。高淳可建农业博物馆，在博物馆中，以实物、图片、多媒体等形式展示农耕文化和农耕技术，介绍农耕精神，介绍中国作为农业大国其农业的发展史，馆中可展示农耕工具，如犁、石磨、织布机、斗笠、蓑衣等，专业工作人员展示农耕技术，如织布流程、大米的生产过程等，游客可以参观学习，还可以亲身体验推磨、织布等农耕文化。浦口可建温室暖房，以组培或温室等形式，展示现代高科技农林成果，如无土栽培、生物技术等，也可展示贴近生活的植物知识，如植物的生长过程。江宁可建农业产业园，园区集生产、研发、销售、交流、教育和旅游于一体，如葡萄酒庄园、玫瑰花庄园、草莓庄园和西瓜庄园等，游客既可以学习了解瓜果种植知识，还可以亲身体验品尝。

3. 农事趣味型活动

以农业资源为依托，开发形成教育农园、市民农园、租赁农园等多种形态，在农业休闲活动中，贯彻"寓教于乐"的原则，既要学到知识，同时又具有趣味性，以吸引更多的人群。农事趣味型活动特别适合儿童游客，可在园内种植奇果异草，如葫芦、佛手瓜、金橘、观赏南瓜、观赏辣椒和猪笼草、捕蝇草、含羞草、跳舞草等，以激发孩子们的好奇心。

4. 竞技比赛型活动

在各种农事节庆，如梅花节、美食节、西瓜节、葡萄节、螃蟹节、雨花茶叶节等活动期间，休闲农业景点内可开展各种农事竞技比赛，比赛活动应贯彻友谊第一、比赛第二的原则，重在参与，以获得参加比赛的乐趣，如在果蔬成熟季节，开展采摘大赛，在规定的时间内，到菜园、果园中采摘优质的果蔬，进行评比，对于采摘的农产品，还可用之进行吃瓜果比赛和烹调大赛，让游客在观景、赏花、摘果、品尝的过程中体验田园生活。此外，在垂钓园还可开展钓鱼、网鱼比赛，参加的小朋友手拿小渔网兜，在 20—30 cm 深的小水池中追逐狡猾的小鱼，既为孩子们带来快乐，又培养孩子们的机警灵敏度。在林果园，可规划“我和小树一起长”的树木园，“我们的祖国是花园”的花卉园、“种瓜得瓜，种豆得豆”的瓜果园，开展植树、种花、种瓜活动，每种一棵树或一株花，均挂上或在旁边插上小牌，写上某某小朋友的名字和他的座右铭，定期开展比赛，看谁种的树最高，谁的花最美，谁种的瓜最大最甜，这样既可以锻炼孩子的身体，又可以培养其热爱劳动的精神，从小懂得“一分耕耘一分收获”。

5. 休闲度假型活动

在休闲农业景点内通过配备鱼塘、滑草场、射箭场、烧烤、陶艺制作室等游乐设施，供游客开展各类休闲活动，通过建设农家小屋、农家旅店、乡村别墅等旅游、度假服务设施，让游客“吃农家饭、住农家屋、干农家活、看农家景、购农家物”，在农庄中寻求农村的乐趣，享受泥土的芬芳，感受自然的亲近，体验与城市生活不同的乡村意味。

6. 美食品尝型活动

农村的美食佳肴可谓一大特色产品，可以吸引来自各地的游人。美食产品主要包括美食制作、美食品尝和美食健康三部分，游客除了品尝美味佳肴外，还可以学习精湛的厨艺，获得健康美食的知识；美食制作由专业厨师现场表演烹调，游客可现场学习厨艺；美食健康教育，除利用橱窗、展板等形式外，还可每天定时安排几场介绍健康知识的专场。可利用各类节庆，如春节、元宵、端午、中秋、重阳等传统节庆活动开展各类特色美食展，如元宵节吃汤圆、端午节吃粽子、中秋节吃月饼等。南京的农家美食丰富多彩，六合的活珠子、八百大糕、赖月饼、龙袍汤包，溧水的乌饭酒、石湫狗肉、明觉香菜、“公鸡蛋”、腌菜水炖豆腐，江宁的湖熟板鸭、老鹅、骨头汤、谷里鱼圆、曹村臭干、陆郎茶干、铜井锅巴、东善桥狗肉等，均可开展各类美食品尝活动。

7. 民俗风情型活动

以乡村民俗风情为载体开展旅游活动，如岁时、节日、婚姻、寿诞、民间医药、交际、礼仪、服饰、饮食、器用、民间工艺、宗教、祭祀等，南京地处吴头楚尾，孕育了多姿多彩的民间艺术和富有地方特色的民风民俗，如高淳的大马灯、抬龙、打水浒、蚌舞、荡河船、打莲湘、捕鱼舞、花扇舞、采菱舞、跳五猖，六合的泉水高跷、农民画，溧水的舞龙灯、马灯，东屏的采茶灯、狮子舞，浦口的彩船舞、滚龙舞、虎灯舞，江宁的方山大鼓、龙都娃娃鼓、丹阳舞龙等，都为农业民俗活动的开展提供了条件。

总之，在南京休闲农业的活动项目设计中，应融合交叉，同时又根据各个休闲农业景点的现状条件进行选择，开展各类主题休闲农业活动，以吸引更多的游人。

（三）休闲农业重点工程

1. 农业嘉年华推广工程

一是完善和丰富农业嘉年华活动内容，并逐步形成固定形式加以推广。二是创新运作模式，以“政府引导、社会参与、市场运作”的模式，提高活动的市场化运作水平。三是精心策划，努力办成全国最有影响力的农业节庆活动和中国十大“知名节庆”活动。四是整合农业嘉年华的品牌资源，重点建设农业嘉年华上峰生态园、大金山科普园、雨发产业园、傅家边休闲园等四个特色园区，努力扩大南京农业嘉年华的影响力，充分利用好“农业嘉年华”品牌。同时，休闲农业要在打造品牌的基础上，重点培育出节庆的产业链，使节庆由“虚”变“实”、由“抽象”变“具体”，以带动产业的快速发展。

冠以“农业嘉年华”的汤山现代农业高科技生态园、雨发休闲产业园、大金山科普园、傅家边休闲园四个农业嘉年华产业园，在建设上既要有农业嘉年华之名，更要有农业嘉年华之实。汤山注重“农业高科技和园艺疗法休闲”；雨发突出“自然生态、品质生活、休闲观光、体验快乐”；大金山突出“农业科普、休闲度假、国防教育、农家乐”；傅家边注重“赏梅采莓、休闲观光、农家美食”。经过三年努力，在企业主体投入的基础上，建成一个全国知名、华东一流的农业嘉年华国家AAAA级休闲旅游景区。

2. 休闲农庄建设工程

一是成立金陵农庄联盟，在联盟内实行统一包装标识、统一策划、统一活动、统一管理，规范市场运作，提高经营管理水平。

二是加强旅游服务设施和基础设施的建设，拓展农庄休闲服务功能，丰富农庄参与体验活动，提升休闲农庄的服务接待档次。

三是编制主要农庄发展规划，开展休闲农业创新、创意活动，实施农庄“一庄一品”开发、乡村民俗（婚庆喜事、影视拍摄）进农庄、农业休闲特色景观打造等工程。

四是重点开发商务会所式、休闲度假式、参与体验式和DIY式等四种类型的特色农庄，通过特色休闲农庄的建设，形成南京休闲农业特色，提升南京休闲农业的发展水平。

3. 休闲农园开发工程

一是以农业生产为基础，同时积极引入现代休闲理念，逐步开展休闲农业活动，重点建设六合竹镇现代农园、江宁汤山锁石现代农园、浦口万成现代农园、溧水大金山现代农园、江心洲现代农园和板桥现代农园。二是突出休闲农业产品的文化底蕴，通过深入挖掘农耕文化和民俗文化的内涵，提升南京休闲农业的品位，满足城市游客求异、求新的需求。三是通过策划和设计一批别具特色的休闲农业活动项目，如特色瓜果园、珍稀花卉园、观光果园等，增强休闲农庄的吸引力，同时加强道路等基础设施和服务设施的建设，提高休闲农园的综合接待能力。四是建设休闲农业商品生产基地和交易市场，开发系列化休闲农业纪念品、土特产品、农副产品等，发挥农业产业基地的龙头带动作用。

4. 农家乐专业村提档升级工程

一是与社会主义新农村建设相结合，完善农村基础设施建设，改善农村村容村貌，加快农村垃圾场、污水处理场、停车场地等设施建设。

二是开发一批农家美食和特色餐馆，发展绿色、养生等特色餐饮，加快推进农家餐饮原料、器具和服务方式的创新，提高农家乐服务水准，提升农家乐服务档次。

三是举行地方土特产品评比大赛，推出5—10种品牌农副产品，建设2—3家有特色的农副产品购物街(区)或中心。

四是未来三年重点建设锁石、龙袍、瑶宕、山凹、石塘5个农家乐专业村。

5. 农业节庆

农业节庆是发展区域经济、促进农民增收的具体措施，是节庆经济的重要部分，是休闲农业的重要内容。农业节庆凝聚人气、带来商机、盘活资源，农业产业大力搞节庆，搞好节庆促进产业发展。2014年，继续做好重大节庆的组织和服务工作，将一些重点节庆纳入“农业嘉年华”活动中，做到季季有节、季季有农业嘉年华。如葡萄节、螃蟹节、西瓜节、雨花茶节、苗木节等，使“农业主导产品节庆化”，为发展地方特色农业服务，并努力配合区县将一些节庆做成有一定影响力的农业节品牌。

6. 休闲农业主题园建设工程

按照“与农业关联度大、农民参与度多、市场认可度高”的要求，实施休闲农业主题园建设工程，突出休闲农业景点景区对农业产业和农民的带动能力；按照“一庄一品”的要求，打造一批休闲度假、科普教育、农事体验、民俗文化等主题园区;按照"休闲农业星级景区"的管理要求,促进各休闲农业景区(点)加快基础、服务设施的配套,提升服务水平和接待能力。要把每个休闲农园建成现代都市农业的综合示范区,把每个休闲农庄建成新农村建设的示范园,把每个农家乐建成新型农民的示范户。

7. 打造"一镇(街道)一品",发挥休闲农业的集聚效应

休闲农业必须与发展"一镇(街道)一品"、培育主导产业发展结合起来,有计划地引导建设休闲农业"一镇(街道)一品"。通过这几年的开发,点片相连的休闲农业产业集群在各地有了雏形,最有基础的如高淳桠溪生态之旅、溧水洪蓝傅家边农业科技游、江宁横溪设施农业游、浦口乌江农庄游、六合竹镇现代农业游和雨花板桥踏青游、建邺江心洲农家游,今后要重点发展,加强休闲农业规划、景点建设和软件建设,形成休闲农业的集聚效应和板块经济。同时,到 2015 年创建国家级农业旅游示范点 5 个以上。

七、发展配套措施

(一) 制定相关扶持政策,优化休闲农业的发展环境

制定出台关于促进全市休闲农业发展的若干政策建议,从规划、财政、税收、土地、人才引进、筹资、奖励、培训引导、项目审批等方面,大力支持和促进南京休闲农业项目的开发建设。

1. 资金政策

在财政上成立专项基金,用于全市重大休闲农业项目的开发补助、休闲农业人才培养、规划编制、营销和开发领域的创优创新、重大项目贴息扶持等,促进休闲农业产业的快速、健康和持续发展。加大休闲农业的投入,重点工程总投入 16 亿元,其中市财政投入在现有休闲农业发展专项

资金的基础上逐年增加。鼓励投资兴办大型休闲业项目，对符合政府产业导向的特大型项目采取“一事一议”，经批准给予市权范围内的政策扶持。

2. 土地政策

在土地利用总体规划中合理安排休闲农业用地，凡符合规划和政策的休闲农业项目，优先安排土地利用年度计划，优先办理农用地转（征）用报批手续，对经依法批准开发利用国有荒山、荒地、荒滩用于建设休闲农业项目的，五年内免征土地使用税。

（1）在土地利用总体规划中，合理安排休闲农业用地，初步确定按规划总面积的3%作为建设服务用地审批，并根据土地利用总体规划和年度计划分批次办理土地征用和使用手续，保障休闲农业产业建设用地的供应。

（2）利用城市规划区范围以外的集体农业土地兴办休闲农业项目的，只要不改变农用地权属和性质，集体经济组织可在自愿基础上以农用地租赁或作价出资（入股）方式与投资者进行合作经营。

（3）对在“四荒”（荒山、荒地、荒滩、荒坡）和半荒漠地区从事种草种树等休闲农业开发的，可享受市政府制定的荒山绿化优惠政策。

3. 招商政策

（1）积极扶持大型休闲农业企业，放宽市场准入，鼓励各类资本进入休闲农业领域，优惠政策同等适用，外资可参与休闲农业企业的兼并重组，重组后的新企业经有关部门批准，可依法享受外来投资企业优惠政策。

（2）加大招商引资力度，大力吸引国际知名品牌企业落户南京，在实际缴纳税收的前提下，对其在南京购买自用办公用房或租用办公用房三年以上的，实行租金补贴，最高不超过企业缴纳税收南京市实得财力部分。

（3）对休闲农业招商引资过程中出现的“圈地运动”、“变相房产”以及“项目倒卖”问题要有预见性方案，要完善政策法规进行监督管理。

4. 税费政策

(1) 落实税收优惠政策，对新办的重点休闲农业企业，自开业之日起，第一、第二年全额返还所得税，第三年至第五年减半征收。力争投资休闲农业与投资工业享受同等的优惠政策，促进、培育南京本土大型休闲农业企业集团的发展。

(2) 理顺休闲农业饭店与一般工业企业在水、电、气价格方面的比价关系，用水、用气实行工业用水、用电价格并轨，动力用电按非普工业用电价格执行，照明用电逐步与非普工业用电并轨。对景区绿化实行与农业同等的用水、用电价格。污水排放达到国家或地方标准并已进入城市污水处理管网的，免征排污费。

(3) 对独立核算的休闲农业商品，定点生产企业研究开发的新产品、新技术、新工艺所发生的技术开发费，按实计入管理费，技术开发费比上年实际增长10%以上的，允许再按技术开发费实际发生额的50%抵扣当年度的应纳税所得额。

(4) 经确定的全市大型休闲农业活动，主办单位取得的广告收入等，免征营业税。同时借鉴外省市的经验，在市区合适地段以优惠的条件提供户外广告位给区、县(市)用于休闲农业宣传，引导客流向近郊、远郊景区分流与扩散。

(二) 强化政府主导作用，将休闲农业开发与新农村建设相结合

把发展休闲农业作为改善农村产业结构、提高农民生活水平、改变农村面貌的重要大事来抓，充分发挥休闲农业开发在新农村建设中的主体作用，通过发展休闲农业，将南京新农村建设推向新阶段。

1. 加强休闲农业的宏观管理和协调

建议市发改委要把休闲农业规划与相关规划相衔接，纳入国民经济

和社会发展计划，把重大休闲农业建设项目和技改项目列入全市重点建设项目和技改项目计划，把休闲农业建设列入“南京社会经济发展规划”之中，统筹与其他产业的相互关系。

2. 加强休闲农业宣传促销的组织协调

市财政局要根据休闲农业形象宣传的需要，逐年增加休闲农业促销和节庆经费财政预算。市委宣传部要加强舆论宣传的正确引导，让社会各界了解、支持休闲农业，加深对发展休闲农业重要意义的认识，引导本市农民养成文明、友善的习惯。

3. 加强休闲农业产品与农副商品开发的组织协调

要认真组织申报和创建国家休闲农业示范点和 A 级景点的活动，积极推进南京市休闲农业景点的建设和休闲农业节庆活动的开展，组织有关产业部门，加强休闲农业用品、农副商品的规划、开发和生产的组织引导，建立全市休闲农业大发展的产品(商品)支撑体系。

4. 加强休闲农业交通设施建设

交通局要将与高等级公路相衔接的旅游道路建设列入全市交通规划和年度计划，认真制定并执行休闲农业客运扶持政策，逐步构建南京区域休闲农业客运网络，并建设完善休闲农业的中英文道路指示牌。

5. 加强规划和休闲农业基础设施建设

要大力加强对休闲农业规划的协调与管理，加强休闲农业景区点的规划编制工作，发挥规划在休闲农业发展中的指导作用，各级政府要结合新农村建设，实施城镇、乡村与休闲农业开发一体化，抓好乡村环境整治与基础公益设施(如旅游厕所等)建设。

(三) 依托于“农业嘉年华”，进一步加大休闲农业的促销力度

依托于“农业嘉年华”，打造区域性的旅游节庆亮点，以经常性、系列

化、针对性强的有效宣传，不断提高南京休闲农业促销的声势和效果。

1. 强化休闲农业形象，完善形象识别系统

以“农业嘉年华”为品牌，进一步丰富和完善休闲农业的形象载体，将形象宣传与休闲农业产品促销有机结合起来，建立健全南京休闲农业视听识别体系，培育和建设南京休闲农业形象宣传推广系统，加强与国内外有重大影响力的媒体、网络的合作，采取统一营销、统一市场推广的营销策略，广泛开展南京休闲农业宣传活动，并实施从高速公路、汽车站、入口处和休息区着手的南京休闲农业的立体式宣传，整合本市休闲农业景点，推出精品线路，利用媒体、事件营销、主题活动等展开全方位的营销攻略；建立南京休闲农业网络平台，积极推介南京休闲农业特色景区（点）、土特产品、风土人情，多渠道与受众群体进行互动。不断提升南京休闲农业在国内外的知名度和吸引力。

2. 突出重点，有针对性地开发旅游市场

根据全市休闲农业资源的情况，优先开发条件成熟的特色产业和龙头项目，以南京市、上海市及周边省市为主要目标市场，有针对性地大力开拓城市居民观光、郊游、休闲、度假旅游市场，公务与会议旅游市场，自驾车旅游市场，中老年养生和青少年观光与修学旅游市场，加强促销力度，力求使南京休闲农业的知名度和市场效益稳步提升。

3. 年度促销主题化，营销队伍专门化

根据市场的发展情况和南京休闲农业市场促销的实际需要，确定年度促销主题。同时要加强市场管理部门的营销职能，聘请专家或专业的营销策划公司，实现营销活动的专业化。加强政府对休闲农业宣传促销活动的财政支持，充分利用国内外主要媒体宣传南京休闲农业的品牌，扩大休闲农业宣传的覆盖面，保证休闲农业营销活动的长期化和有效化。

（四）推进法规建设，加强休闲农业的行业管理

（1）制定统一的休闲农业设施服务质量标准，制定《南京休闲农业发展规范》、《南京休闲农业经营管理条例》、《南京市农家乐服务规范》等规范要求，作为南京休闲农业开发建设、经营管理及服务的准绳；明确休闲农业的管理机构，加强日常的指导和管理；规范收费价格，避免出现无序发展和管理混乱的情况。

（2）加强重点县（区）休闲农业质监机构的建设，健全休闲农业执法体系，保证一定的人员、经费，建立和健全休闲农业投诉制度，保障旅游者的合法权益。

（3）积极推行休闲农业设施、休闲农业服务和休闲农业产品等领域的国家标准、行业标准和地方标准，加快制定和实施休闲农业、生态旅游和信息化管理的南京市标准，并大力推广 ISO 9000 和 ISO 14000 质量与环境认证体系，加强行业协会建设，充分发挥行业协会的同业自律作用。

（五）加强环境保护，促进休闲农业的可持续发展

（1）在保护的前提下进行休闲农业开发，从生态建设的角度提高认识，充分认识到休闲农业开发是“绿色南京”建设的重要组成部分，是促进南京“全国休闲农业名城”建设的重要途径。

（2）把休闲农业的开发与生态环境的保护相统一，充分考虑资源、环境的承载能力，强化生态环境的保护，做到保护和开发并重，实现合理开发和有效利用。

（3）加强景区绿化和生态修复工作，加强自然村、农居等房前屋后的绿化和美化工作，加强卫生和保洁工作，加大对已经遭到损坏的自然环境的恢复和治理力度，努力营造优美的自然景色和田园风光，推动休闲农业的全面发展。

一、指导思想

按照"创新驱动、内生增长、绿色发展"的总体要求,认真贯彻落实科学发展观,以发展休闲农业与乡村旅游、建设美丽乡村为目标,坚持"政府引导、以农为本、社会参与、市场运作"的发展格局,突出生态、绿色、环保、休闲特色,不断完善乡村基础设施建设,丰富乡村旅游产品,建设融现代农业、生态景观、乡土风情、休闲度假、文化娱乐、科普教育和农事体验于一体的旅游产业体系,推动全市休闲农业与乡村旅游向特色化、市场化、产业化、规模化、规范化、品牌化方向发展,促进农村产业结构调整、农民就业增收和新农村建设。

二、发展目标

总体目标:通过科学整合资源,精心培育休闲农业与乡村旅游特色旅游产品,大力创新发展模式和经营机制,努力构建种类齐全、结构合理、特色明显、功能配套、服务良好、发展规范的休闲农业与乡村旅游新格局,形成具有南京特色的郊区县旅游产品体系,把休闲农业与乡村旅游业培育发展成为繁荣和壮大全市农村经济的特色优势产业,成为社会消费的新热点、社会主义新农村建设的新亮点、郊区县经济发展和农民增收致富的新增长点,有力地促进城乡经济社会一体化发展。到 2015 年,全市郊区县休闲农业收入和旅游收入比 2010 年翻两番,分别达到 84 亿元、484

亿元。

2012年，具体目标是：

全市郊区县接待旅游者1 592万人次，同比增长31%；实现旅游收入208亿元，同比增长33%。

休闲农业接待旅游人数突破960万人次，同比增长32%；总收入突破37亿元，同比增长35%。

打造汤山、横溪、汤泉、冶山、洪蓝、桠溪等十大特色旅游街镇和高淳桠溪大山村、江宁横溪石塘村、六合竹镇大泉村、溧水傅家边涧东村、浦口永宁侯冲村等十大特色旅游村。

打造精品乡村旅游线路10条；提升特色农庄20个；创建市级农家乐文明经营示范户30家；培训休闲农业与乡村旅游发展带头人、经营户和服务人员500人次；新增乡村旅馆及农家乐床位5 000张。

三、工作举措

（一）科学规划，统筹发展

市农业、旅游部门要科学编制全市休闲农业及乡村旅游发展规划，高标准、高起点、高质量整合开发休闲农业及乡村旅游资源。各区县要结合本区域总体规划、农业发展规划、旅游发展规划，按照“因地制宜、突出特色、合理布局、和谐发展”的要求编制休闲农业与乡村旅游发展规划。认真抓好规划的组织实施，着力提高休闲农业和乡村旅游项目的开发水平，尤其要突出休闲农业特色主题园区和乡村旅游度假区的培育和打造，加快休闲农业和乡村旅游的转型发展。

（二）多元发展，打造精品

坚持以项目为抓手，实施休闲农业与乡村旅游发展九大工程，加快推进重点乡村旅游项目、农家乐示范村、休闲农业主题园区、特色农庄以及乡村旅游休闲度假区发展，精心打造乡村旅游节庆品牌和经典旅游线路。

(1) 乡村旅游项目推进工程。加快推进生态旅游、文化旅游、科普旅游、娱乐休闲、休闲农业等八大类旅游项目的开发建设,打造一批旅游精品,完善全市乡村旅游产品结构和服务功能,全面提升郊区县旅游产业核心竞争力。推进江苏未来影视文化产业园、白马如意文化艺术中心(三期、四期)、乔波冰雪世界、银杏湖游乐园、汤山紫清湖旅游度假区(二期)、平山体育风尚基地、冶山枫彩生态园、黄山岛旅游度假区、漆桥古镇、桠溪国际慢城、水乡慢城等项目建设。

(2) 农家乐示范村工程。大力推进农家乐示范村建设,发展以农民家庭为基本接待单位、以自然村落为主的农家乐特色示范村。按照"农户出资,政府补贴"的方式,进行农家乐基础设施和配套设施建设,着力发展农家乐餐饮和乡村旅馆,促进游客增加停留时间和消费水平,延长休闲农业和乡村旅游产业链。2012 年,大力扶持发展十大特色农家乐村、200 个农家乐经营户。农家乐示范村要按照管理服务中心齐全、环境优美、有休闲体验项目、服务规范有序、带动农业产业的"五有"要求建设,成为"园林型村庄、花园型农户、创业型农民"合一的"美丽休闲乡村"。

(3) 休闲农业特色主题园区建设工程。重点培育一批特色主题农业园区,在园区建设和设施农业生产上,注入休闲农业功能,打造具备农业生产、科技示范、科普教育、农事体验、餐饮娱乐、休闲度假等多种功能的休闲农业园区及乡村旅游度假区。依托于生态资源优势和农业产业基础,重点打造江宁台湾农民创业园、汤山翠谷,高淳迎湖桃源度假村、武家嘴农业科技园,溧水傅家边生态农业园、白马农业硅谷,浦口雨发生态农业园,六合竹镇桃花岛景区,栖霞八卦洲农业产业园以及雨花台区板桥生态农业园等,通过休闲农业园区与乡村旅游度假区的建设,推动乡村休闲产业快速发展,发挥乡村旅游的集聚效应。

(4) 农庄品质提升工程。按照提高与农业的关联度、提高农民参与度、提高市场认可度的要求,突出商务会所式、休闲度假式、参与体验式和 DIY 式等四种类型。重点打造万成生态园、丽铭农庄、奇水园、大金山农庄、银林山庄、千禧万福农庄、天龙假日山庄等一批农庄。围绕生态农业、种植养殖、果蔬采摘、户外运动、休闲度假等不同特色，强化农耕文化、民俗文化的塑造，大力发展“一庄一品”。适时组建农庄联盟，实行自我教育、自我管理、自我服务，在联盟内实行统一包装标识、统一策划、统一营销、统一管理。

（5）休闲农业和乡村旅游节庆品牌创建工程。办好中国南京“农业嘉年华”，努力将其打造成“全国知名的农业节庆品牌”。按照政府引导和市场运作相结合的原则，创新活动方式，提高市场化水平，丰富乡村旅游节庆活动的内容。继续做好特色节庆活动的组织和宣传工作，通过高淳螃蟹节、国际慢城金花节、江宁汤山温泉国际旅游节、春牛首踏青节、横溪西瓜节、溧水梅花节、六合龙袍蟹黄汤包节、栖霞八卦洲乡村旅游节等各类节庆活动，不断提升我市休闲农业与乡村旅游的知名度和美誉度。

（6）精品线路打造工程。重点包装推广江宁汤山温泉度假之旅、浦口休闲养生温泉之旅、高淳国际慢城生态之旅、滨江文化休闲之旅、春牛首踏青之旅、秋栖霞赏枫之旅、六合山水地质体验之旅、横溪美丽乡村之旅、老山—珍珠泉生态山水之旅、溧水民间收藏赏鉴之旅十条精品乡村旅游线路，通过专场促销、旅交会推介、旅行社外联促销、乡村旅游网络营销平台推介等多种方式加以宣传推广，吸引更多的市民和游客体验南京乡村旅游。

（7）农耕文化和乡村民俗开发工程。着重加强文物古迹、非物质文化遗产保护及民间民俗文化的挖掘和弘扬，推进剪纸、农民画、民歌、手狮、民间大鼓、大马灯、跳五猖等传统民俗文化的发展，使其融入乡村旅游体验式活动，增强游客的互动性和参与性。顺应城市居民乡村旅游餐饮消费的需求，在特色菜肴上下功夫，推出各类乡村特色土菜、名菜、招牌菜。举办美食大赛，提升乡村旅游餐饮服务水平。

（8）乡村旅游商品开发工程。组建旅游商品协会，加强旅游商品研发，扶持培育乡村旅游商品企业。扩大绿色有机农产品、土特产品以及手工艺品的生产加工和销售规模，鼓励生产企业创建品牌产品，大力发展集民俗、乡土、时尚于一体的乡村旅游商品。加快建设各类乡村旅游商品购物中心，促进乡村旅游商品生产、加工、销售一体化发展，延长休闲农业与乡村旅游产业链。

(9) 乡村旅馆及农家乐床位新增工程。鼓励农民发展乡村旅馆及农家乐床位，推进农庄住宿设施建设和改造。2012 年，五个郊区县新增乡村旅馆及农家乐床位 5 000 张。

(三) 完善配套，优化服务

优先解决重点休闲农业点与乡村旅游景区、乡村旅游示范点和旅游镇(街)村之间的道路连接线建设问题，依据客流量情况和换乘需要，合理设置专线，增加通往郊区县休闲农业景点的交通线路；推动乡村旅游景区(点)公共厕所及停车场升级改造工作，完善郊区县国家等级景区、全国工农业旅游示范点、省级乡村旅游点和自驾游基地的旅游交通标识系统建设。

(四) 加强宣传，广泛促销

加强休闲农业与乡村旅游目标市场的定位分析，建立部门联合、上下联动的宣传促销机制。利用电台、电视台、报刊、网站、手机等多种载体，开设休闲农业与乡村旅游专版和专栏，加大休闲农业与乡村旅游产品的宣传力度，实现产品与市场的对接。农业和旅游部门要指导好休闲农业与乡村旅游产品的策划、组织和包装，把休闲农业促销纳入农产品促销计划，把乡村旅游促销纳入旅游促销计划，齐抓共管、开拓市场。

(五) 强化管理，提升品质

按照“农业转型升级、农民创业增收、新农村建设和城乡统筹发展”的要求，积极开展全国休闲农业与乡村旅游示范区县创建活动。继续开展农家乐文明经营示范户评选、星级休闲农业与乡村旅游区(点)、省级自驾游基地等创建工作。通过送教上门、集中办班、现场观摩、结对帮扶等方式，开展针对休闲农业与乡村旅游特色村镇(街)干部、发展带头人、经营户和服务人员的技能培训，不断增强从业人员的经营理念、服务意识、服务技能，促进休闲农业与乡村旅游服务品质不断提升。

四、保障措施

（一）强化组织领导，加强统筹协调

各区县政府、市各有关部门要把发展休闲农业与乡村旅游作为加快发展现代农业、建设美丽乡村的一项重要工作纳入议事日程，作为提升农业、致富农民、发展农村、拓展旅游业的一项重要举措来抓。市政府成立由分管旅游的副市长任组长，市发改、农业、旅游、住建、财政、规划、国土、交通运输等部门分管领导为成员的全市休闲农业与乡村旅游工作领导小组，负责全市休闲农业与乡村旅游发展的组织、筹划和指导，研究协调解决发展过程中的有关问题。各郊区县也要建立相应的协调工作机制，完善条块结合、以块为主的管理体系，形成市、区（县）、镇（街）、村四级齐抓共管、上下联动的工作格局，共同推进休闲农业与乡村旅游的发展。

（二）强化政策扶持，优化发展环境

市发改、住建、规划、国土、交通运输、环保等部门要加大对郊区县休闲农业与旅游发展规划、重大基础设施建设、公共服务体系建设的支持力度，积极扶持、鼓励发展休闲农业与乡村旅游。对省、市重点旅游项目，优先给予用地支持；对利用荒地、荒坡、废弃矿山和未利用地开发休闲农业与乡村旅游项目的，给予相应的优惠政策；对符合土地利用总体规划和保护自然生态环境的休闲农业与乡村旅游项目，在不改变土地性质和承包农户依法、自愿、有偿的前提下，用地者可通过土地流转方式获得使用权；对乡村旅游景区内的设施，如农业自用屋篷、游乐设施、公厕以及竹楼、木屋等非永久性建筑设施，各郊区县可参照临时建筑予以审批管理，但不得占用基本农田。要积极争取省级财政资金，为休闲农业与乡村旅游项目开发提供经费支持。市农业项目资金结合现代农业发展项目，用于扶持现代农业及农家乐发展；市旅游发展专项资金中安排部分资金，主要用于乡村旅游基础设施建设补贴、宣传促销、专项奖励等。各郊区县应设立专

项资金，扶持发展休闲农业与乡村旅游。

（三）强化行业管理，提升服务水平

建立休闲农业与乡村旅游行业自律组织，制定企业服务标准、互助合作规范和自律公约，加强行业自律和互助。工商、卫生、公安、物价、质监等部门要加强对休闲农业与乡村旅游区（点）的监督检查，制定质量投诉与责任事故处理办法，确保食品卫生和游客人身安全，维护游客的合法权益。农业和旅游部门要扶持一批经营水平高、经济实力强、市场信誉好、发展后劲足的休闲农业与乡村旅游龙头骨干企业，逐步提高其核心竞争力，带动全行业经营管理水平和旅游服务品质的提升。

（四）强化环境保护，促进可持续发展

发展休闲农业与乡村旅游，必须坚持科学保护、合理开发和永续利用，重视农业多功能开发，注重挖掘地域特有的文化，保护乡村生态环境。要围绕“科学规划布局美、村容整洁环境美、创业增收生活美”的目标要求，着力推进乡村生态人居体系、生态环境体系、生态经济体系和生态文化体系建设，形成有利于乡村生态环境保护和可持续发展的休闲农业与乡村旅游产业结构，变生态资源优势为经济发展优势。

（五）强化工作考核，完善管理机制

根据全市休闲农业与乡村旅游发展状况，建立相应的信息平台和统计报送系统。市农业部门按相关要求加强对休闲农业的统计和监测；市旅游部门重点加强乡村旅游的统计和监测，休闲农业与乡村旅游资源共享、信息互通。建立全市休闲农业与乡村旅游工作目标考核机制，对各郊区县政府及市有关部门承担的发展任务，每年进行目标分解和工作考核；进一步完善街镇休闲农业与乡村旅游发展工作考核机制，突出考核重点、细化考核措施、提高考核效果。对于休闲农业与乡村旅游发展工作业绩突出的单位和个人，给予相应的表彰。

一、主要目的

以开展星级评定为抓手,进一步强化农业旅游景区(点)的品牌意识,提升开发档次和管理水平,打造一批在全国有影响力的农业旅游景区(点),努力争创全国农业旅游名城,为农民增收开辟新的渠道,为市民休闲旅游开辟新的场所,特制订本方案。

二、评定范围

在南京市行政区域范围内利用农业资源、人文景观、自然生态环境,结合农业生产、农村文化及农家生活,以满足人们亲近自然、参与农事、体验农耕文化的"三农"景区(点)(包括农家乐村、休闲农庄、农业观光园区等)。

三、等级和标志

农业旅游景区(点)等级划分:采用星级划分方式,从低到高依次为一星级、二星级、三星级三个等级。星级用梅花表示,❀表示一星级,❀❀表示二星级,❀❀❀表示三星级[标志具"南京市农业旅游星级景区(点)❀❀❀"字样]。

四、组织机构

评定工作具体由市旅游农业协会组织实施,方案和结果报市农林局审定通过。

五、评定依据

南京市农业旅游景区（点）星级评定的依据是《南京市农业旅游景区（点）星级评定暂行标准》。

六、评定程序

（一）申请

南京市农业旅游景区（点）的星级评定，由景区（点）自愿申报。申报组织工作由景区（点）所在区（县）旅游农业办公室负责。申报星级旅游景区（点），需填写《南京市农业旅游景区（点）星级评定申请表》，并提供以下材料：

（1）营业执照复印件；

（2）税务登记证复印件；

（3）卫生许可证复印件。

（二）受理

一星级农业旅游景区（点）的评定和复核工作，由各区县负责，并将所评星级农业旅游景区（点）的批复和评定检查资料上报市旅游农业协会备案。

二、三星级农业旅游景区（点）由区县负责推荐，市旅游农业协会负责评定与复核。

（三）审查

接到受理申请或推荐报告后，星级专家评审委员会应组织人员进行资格审定、现场查看，根据评定标准打分，最终确定星级等次。

各星级等次的基础分为：一星级在350—400分之间，由各区县结合本地区的实际情况制定；二星级不低于400分；三星级不低于450分。

（四）批复

对于经评审认定达到标准的农业旅游景点，相关评定机构应给予评定星级的批复，授予相应星级标志牌，对于经评审认定达不到标准的农业旅游景点，相关评定机构不予批复。

七、监督管理

（一）星级景区（点）的复核

已评定星级的景区（点）每两年复核一次。一星级农业旅游景区（点）的复核工作，由各区县负责；二、三星级的农业旅游景区（点）的复核工作由市旅游农业协会负责。

（1）凡已评定星级的景区（点），其服务水平达不到与其星级相符的标准，市旅游农业协会可作出如下处理：口头警告；书面警告；限期整改；取消星级。

（2）在经营过程中一旦发生安全、消防、食品卫生等重大责任事故或环境严重污染，协会可直接取消星级评定，收回星级标志牌；违反法律法规规定的由相关管理部门依法进行处罚。

（3）处理后的重新申请。被取消星级的景区（点），在取消星级之日起一年内，不予恢复或重新评定星级；一年后，方可重新申请星级。

（4）处理后的标志和证书。凡经旅游农业协会决定取消星级的景区（点），其星级标志牌由协会没收处理。

（二）星级景区（点）的提升

提升星级的申请和评定参照星级评定程序进行。

提升星级的景区（点），应将原星级标志牌交还授予机构。

（三）星级景区（点）的管理

（1）督促景区（点）建立健全各项规章制度，对景区（点）的环境卫生、服务质量、经营秩序等实现规范化管理。

（2）深入开展旅游交通、消防等专项整治，采取有效的防范措施，确保游客生命财产安全。

（3）加强景区（点）自身建设，引导诚信经营，树立良好的市场美誉度，不断提升服务档次，规范经营行为。

表 2-3-1　南京市休闲农业景区(点)星级评定标准

序号	考评内容	评分细则	最高得分	分档得分
	总分		500	
一	综合效益		60	
1	接待人次	年接待游客 20 万人次以上		20
		年接待游客 10～20 万人次之间		15
		年接待游客 5～10 万人次之间		10
		年接待游客 5 万人次以下		5
2	旅游收入	年旅游收入 2 000 万元以上		20
		年旅游收入 1 000～2 000 万元之间		15
		年旅游收入 500～1 000 万元之间		10
		年旅游收入 500 万元以下		5
3	社会效益	直接吸纳就业人员 200 人以上，或间接提供就业岗位 400 人以上		20
		直接吸纳就业人员 100～200 人之间，或间接提供就业岗位 200～400 人之间		15
		直接吸纳就业人员 50～100 人之间，或间接提供就业岗位 100～200 人之间		10
		直接吸纳就业人员 50 人以下，或间接提供就业岗位 100 人以下		5

（续表）

序号	考评内容	评分细则	最高得分	分档得分
二	道路交通		30	
1	外部交通	硬化路面（水泥路面、柏油路面）		10
		砂石路面		8
2	内部游道	硬化路面（水泥路面、柏油路面）		10
		砂石路面		8
3	停车场	标准生态停车场		10
		硬化地面停车场		8
		简易停车场		6
三	休闲环境		50	
1	内部环境	规划科学，绿化美化好，已通过省级环保部门环境评估		20
		规划较好，绿化较好，已通过市级环保部门环境评估		15
		示范点未造成对生态环境的破坏和建设性破坏		10
2	建筑风格	建筑布局非常合理，建筑形态、体量、色彩与周围环境及氛围非常协调，独具地方特色		30
		建筑布局比较合理，建筑形态、体量、色彩与周围环境及氛围比较协调，有一定的地方特色		25
		建筑布局合理，建筑形态、体量、色彩与周围环境及氛围协调，有地方特色		20

（续表）

序号	考评内容	评分细则	最高得分	分档得分
四	旅游游乐		100	
1	农事参与	能提供参与性和体验性的农事活动或旅游娱乐项目10个以上		30
		能提供参与性和体验性的农事活动或旅游娱乐项目6个以上		25
		能提供参与性和体验性的农事活动或旅游娱乐项目3个以上		20
2	节庆活动	有具有地方特色的民俗表演或节庆活动，主题突出，游客参与性强		20
		有具有地方特色的民俗表演、节庆活动		15
3	游乐吸引力	吸引力强		20
		吸引力较强		15
		吸引力一般		10
4	讲解服务	有专职讲解队伍，讲解人员统一着装，讲解科学、规范、生动		20
		有兼职讲解员，讲解科学、规范		15
		有接待人员接待		10
5	游览标识	沿途导游标识体系配套非常完善，景区（点）内有文字标准、美观醒目的指示标识、警示标识		10
		沿途导游标识体系配套比较完善，景区（点）内有文字标准的指示标识、警示标识		8
		景区（点）内无指示标识、警示标识		4
五	特色购物		50	
1	农产品开发量	10个以上		20
		5～10个		15
		5个以下		10

（续表）

序号	考评内容	评分细则	最高得分	分档得分
2	品牌	有国家级名牌农产品		10
		有省级名牌农产品		8
		有市级名牌农产品		6
3	购物环境	有固定购物场所，布置得体，明码标价		20
		有销售区域，产品齐全		10
六	餐饮住宿		50	
1	农家美食	自创特色农家菜肴8个以上		30
		自创特色农家菜肴4～8个		25
		自创特色农家菜肴4个以下		20
2	客房	有20间以上客房，配备独立卫生间，设施完备，有消防、应急照明及防盗设施		20
		有20间以下客房，设施齐全，有消防及应急照明设施		10
七	规范管理（其中经营管理、安全管理措施需同时评定）		60	
1	经营管理	(1) 建立健全岗位责任制		5
		(2) 内部服务质量标准体系完善		5
		(3) 设立服务质量投诉处理机制		5
2	安全管理	(1) 有各种消防设备、器具		10
		(2) 有火警监控系统及紧急救援手段		5
3	卫生管理		30	
(1)	公共厕所	配备一定数量的公共厕所，分布合理，有残疾人使用的卫生设施，厕所便池洁净、无异味		20
		有公共厕所，厕所便池清洁、无异味		15
(2)	垃圾箱	垃圾箱配置合理，垃圾及时清扫		10
		有垃圾箱，但数量少		6

（续表）

序号	考评内容	评分细则	最高得分	分档得分
八	宣传促销		60	
1	知名度	获得过国家级称号		15
		获得过省级称号		12
		获得过市级称号		10
2	满意度	游客很满意		15
		游客比较满意		12
		游客基本满意		10
3	宣传促销	年度在国家级新闻媒体上宣传2次以上		15
		年度在省市级新闻媒体上宣传3次以上		12
		年度在县级媒体上宣传推介5次以上		10
4	合作	已同一批旅行社建立良好的业务合作关系，客源稳定		15
		已同少数旅行社建立业务合作关系		12
		无主动招徕行为，客人主要靠自发而来		10
九	发展前景（以下指标需同时评定）		40	
1	已编制出具有指导性、前瞻性和可操作性的中长期旅游业发展规划，并经当地政府部门批准			10
2	潜在投资实力强			10
3	良好的运作机制			10
4	可持续发展态势良好			10

附：2011年南京市休闲农业星级景区（点）名单

四星级景点：6个

石塘竹海、丽铭农庄、傅家边农业科技观光园、桠溪“生态之旅”、大泉湖·止马岭风景旅游区（大泉人家农家乐）、银林生态园。

三星级景点:18 个

汤山翠谷农业创意园、万成生态园、大金山农庄、迎湖桃源度假村、奇水园、南京现代园艺科技示范园、江宁台湾农民创业园、核工千禧万福农庄、一剪梅农庄、南京林大农业生态园、南京老山国家森林公园、龙泉山庄、雨发生态农业园、金牛湖森林公园、江心洲、锁石农家乐专业村、六顺生态农艺园、武家嘴生态农业园。

二星级景点:56 个

千盛农庄、汉唐龙墩农庄、牛首山世凹农家乐景区、东边沟农业生态园、七仙农业大观园、天籁村生态农庄、盘城葡萄园、宝龙林农科技园、南京五槐山庄、柳月农庄、绿岛农业园、杨树山生态农庄、游子山森林公园、桥里生态农业园、泉水农庄、泽成山庄、荣瑞渔府、青山山庄、中宁渔业、佳兴农庄、毛虎农庄、上庄园、黄桥滩生态渔场、葫芦坝旅游垂钓中心、金陵绿谷现代园艺科技示范园、强蕾农庄、正国休闲山庄、康庄里休闲农庄、中马休闲农庄、望月农庄、垄上仙居休闲农庄、华山农庄休闲中心、养生园、平山森林公园、龙袍长江村农业旅游接待专业村、三星湖桃花岛、南京九九艳阳度假农庄、金色瀛洲农庄、方山森林公园、明宇生态农庄、十里梅岭农家乐专业村、帅旗农庄、天龙假日山庄、艺莲苑、雁南飞、翠景园、逍遥农庄、赭洛山茶文化园、八卦洲假日山庄、茉莉花园度假村、枫香岭休闲山庄、鑫农庄、山田蒙族风情园、久宏茶文化中心、龙吟湾山庄、福音农庄。

一星级景点:92 个

晨曦山庄、冬竹农家乐、高墩农家乐、阳江镇太平农家乐、吉庆农家乐、桂源山庄、南京花山现代园艺公司、禾秀生态农园、红松农家乐、瑶池山庄、瑶池现代观光农业园、双龙农庄、峭山农庄、园缘农庄、安琪山生态农庄、牛迹山农业休闲园、谷里现代农业园、桑园农业观光园、尚桥石桥口垂钓园、天盛茶文化园、哪咤河农业生态观光中心、梅林养殖场、前梅垂钓中心、天禧垂钓中心、金竹农庄、峰鹤园艺农庄、南京贰营休闲观光中心、峰之泉农庄、龙尚湖农业休闲中心、成军农业生态园、福果园艺、南京宏林农业生态园、松风阁农庄、金鸡文化园、龙喜山庄、水墨山庄、兴隆州香满楼、河王生态休闲农庄、六八农庄、天上人间生态农庄、斯普瑞休闲农庄、福朝农业园、丰盈农业园、枫亚生态农场、绿爽农庄、付湾农庄、渔乐山水休闲农庄、荣轩农庄、向阳河鱼庄、秦邦吉品农业园、郑洪湖休闲农庄、刘家庄农庄、田氏雅园、派缘种植中心、舍得庄园、青龙旅游农业村、松林山庄、牡丹观光园、瑶宕农家乐专业村、鹿林生态农园、柿子树村小竹楼、凉帽山休闲农庄、雨竹农庄、金水湾农庄、福童生态农庄、欣乐园艺农庄、汪洋金正休闲农庄、怡人山水度假山庄、东庐山庄、晓丘山庄、沃根犁客庄园、金鹤苑、元湖生态农庄、金波渔港、尚桥农业生态园、双龙湖农业生态园、景矿农业、大王塘农业观光休闲中心、都市绿土、香河翠岭、南山湖、春雷渔港、萧雅轩农家乐园、瑶田园艺、四园农家乐村、仙圩农家乐村、望玉岛度假村、海风楼度假村、锦和园、傅家边茶叶良种示范园、灵岩山森林公园、瓜埠山农庄。

为加快推进全市休闲农业全面、快速、协调发展，促使各区县休闲农业形成功能齐全、特色明显、内涵丰富、体系完善的产业态势，并充分发挥产业在促进农民就业、帮助农民增收、带动农村发展等方面的作用，结合各区县产业发展的实际，南京市特制定本考核办法。

一、考核对象

各区县农林主管部门。

二、考核内容

（一）组织领导，营造良好的休闲农业发展环境

区县农林主管部门高度重视休闲农业发展，把休闲农业作为主要产业，加强领导，成立专门的工作班子，经常性地研究休闲农业发展，并制定相应的政策措施。加强与区县政府的沟通、协调，赢得领导支持，并争取相应的财政专项资金投入，用于休闲农业基础设施建设、星级景区（点）创建、特色项目建设和宣传促销等。对本区县资源进行系统梳理，构建产业发展布局，理清产业发展思路，制订产业发展计划，有序推进产业发展。

（二）产业建设，推进休闲农业产业发展

加快休闲农业景点建设，鼓励景点扩大规模、提升档次、做特项目，争创市级休闲农业高星景区（点）。

实施产业提档升级，不断完善、更新基础、服务设施，提升产业接待水平，重点在道路、停车场所、公厕以及景点指示标志等方面。整合本区县休闲农业资源，推出一批特色线路，满足市民假日休闲的需求。

（三）产业带动，发挥休闲农业产业带动作用

广泛开展宣传、培训，引导农民参与休闲农业产业发展，出台工商、税务、安全、卫生、环保等优惠政策，吸引农民参与农业休闲的生产和经营，带动农村劳动力就业。培育休闲农业龙头企业，采取“龙头企业＋农户”模式，将农民零散的农副产品包装成休闲农业产品，带动农产品生产、销售，实现较好的经济与社会效益。

（四）市场推广，强化休闲农业对外宣传

积极开展各类节庆、主题活动，组织和参加南京“农业嘉年华”，提升社会影响力。坚持品牌战略，丰富本区县休闲农业产业内涵，创新休闲项目，参与做大休闲农业“四季之都”或其他品牌。加强与各级媒体的合作，及时、有效地对本区县的休闲农业项目、活动做好引导和宣传，吸引市民下乡。建设各区县休闲农业特色网站，加强对网民朋友的服务，多渠道地宣传好本区县的休闲农业产品。

（五）规范管理，走可持续发展之路

出台休闲农业相关经营管理制度，确保休闲农业在安全、卫生、环保等方面的规范化，保证产业的健康、协调发展。加强培训和日常管理，不断提升各休闲农业接待点的软件水平，确保常年无恶性事件或影响恶劣事件发生。成立行业协会，加强对休闲农业企业的服务和管理，鼓励各休闲农业接待单位开展创新创意活动，促进产业健康发展。

三、考核办法

（一）考核机构

考核工作由局综合处牵头。市农林局成立休闲农业考核领导小组，成员由农业服务业处等相关部门组成。

（二）考核方式

考核以自查和检查评比等方式进行，分两阶段考核。自查阶段，被考核单位提供相关数据和资料。检查评比阶段由考核小组现场考核并根据评分细则评分。考核评分表考核项目和内容根据产业发展实际设置（附件一）。考核实行百分制加附加分制的计分办法。

（三）考核步骤

（1）自查阶段，在第一年底，各区县对照休闲农业考核评分表和评分细则准备相应材料。

（2）检查评比，在次年 1 月上旬，考核小组分赴各区县审核相应的考核资料，并对照休闲农业考核评分细则（附件），评出各区县最后得分。

四、考核结果

按照综合得分高低，分别评出本年度休闲农业工作特等奖 2 名、一等奖 7 名（或一等奖 1 名、二等奖 2 名、三等奖 5 名）。考核结果将在全市通报表彰，并对获奖单位给予适当的奖励。

附:表 2－4－1　南京市休闲农业考核评分细则

序号	考核内容	评分点	评分细则
1	领导重视,有专门的工作班子,并配备专职的工作人员。制订详细的年度产业推进计划,并取得实效	区县或农林部门的相关批文;年度产业推进计划和年终工作总结	对照批文和相关材料,酌情评分,不设附加分
2	本年度用于休闲农业产业发展的区县财政资金在 50 万元以上	全年各区县农林部门休闲农业方面活动或项目支出费用清单	投入超过 50 万的,每超 10 万元,在基准分上增加 1 分,最多加 5 分;每少 10 万减 1 分,基准分减完为止
3	加强休闲农业景点建设,年度新增市级休闲农业星级景区(点)5 个以上,争创省级或国家级景区(点)	基础、服务设施完善资料;全市星级景点批文;其他景区(点)创建批文	根据基础、服务设施完善资料对基准分进行评定;另每多创一个市级星级景区(点)增加 1 分,一个省级景区(点)增加 2 分,一个国家级景区(点)增加 5 分,此项最多加 5 分
4	新包装推出特色线路 2 条以上,并受到市场欢迎;新包装推出休闲农业特色产品 5 种以上	线路开发说明、休闲农业特色产品名录及图片资料	根据相关资料对基准分进行评定;另特色产品包装每超过一种增加 0.5 分,最多加 2 分
5	大力开展创新创意活动,新增活动类、服务类或产品类休闲创新创意项目 1 个以上	市局创新创意项目评选批文、项目总结及图片	按照市局批文对创意创新项目给予认定,其他暂且不予认定,以此对基准分进行评定;另超出一个创意项目增加 2 分,最多加 2 分
6	休闲农业带动农民就业和地方农副产品销售成效显著	劳动力就业和农副产品销售文字及统计材料	对照资料,酌情评分

（续表）

序号	考核内容	评分点	评分细则
7	加强与各级媒体的合作，围绕休闲农业开展10次以上宣传报道，并在市以上范围内形成一定的影响	报纸复印件及影视光盘、磁带等	根据相关资料，对基准分进行评定；另在省级电视台进行正面宣传一次加2分，在国家级电视台进行正面宣传一次加5分，加满5分为止
8	加强制度建设，鼓励产业发展。成立区县休闲农业协会组织，加强对休闲农业景区（点）的服务、管理	产业制度文件，协会批文	根据产业制度建设，对基础分进行评定；另对成立协会，并有批文的增加5分
9	接待人次、综合收入两项指标年增长率在15%以上	市级部门提供的数据统计表	根据数据统计表对基准分进行评定，一项指标超过20%的加1分，超过30%的加2分，最多加4分；一项指标低于10%的减1分，出现负增长的基准分为0；增长幅度在10%至20%的，酌情给予加分，分值在0.5左右
10	社会评价较好，无恶劣影响事件发生	年度工作总结	对照总结，酌情评分

一、南京市农家乐文明经营户评定办法

本办法旨在引导南京市农家乐的发展，规范经营行为，提高服务水平，保障其持续健康文明发展，充分发挥其对农村经济和社会发展的带动作用，促进农业产业结构调整、农民增收和农村精神文明建设。

1. 范围

本办法规定了农家乐文明经营户的硬件设施、文明服务、内部管理、投诉与评价等基本要求。

本办法适用于从事农家乐休闲旅游业的农民经营户。

2. 规范性引用文件

下列文件中的条款通过本办法的引用而成为本办法的条款。凡是注日期的引用文件，其随后所有的修改单(不包括勘误的内容)或修订版均不适用于本办法。然而，鼓励根据本办法达成协议的各方研究是否可使用这些文件的最新版本。凡是不注日期的引用文件，其最新版本适用于本办法。

GB 14934—1994	食(饮)具消毒卫生标准
GB 16153—1996	饭馆(餐厅)卫生标准
GB/T 17217—1998	城市公共厕所卫生标准

3. 评比条件

3.1 定义

农家乐是以农家为基本单位，借助于自身的地理

位置、自然社会资源和环境优势，利用自家庭院、菜园、花圃、果园、农田等农业景观和当地的乡土文化、民俗风情等条件，因地制宜地为游客提供观光、休闲、娱乐、劳动、住宿、饮食等休闲农业与乡村旅游服务的并取得经营资质的经济实体。

3.2　评比条件

由区(县)文明办、旅游部门、农林部门联合推荐的农家乐经营户，均可参加市农家乐文明经营户评选。

有下列行为的农家乐经营户不得参加评选：

① 经营户成员发生经济案件、治安及刑事案件的；

② 经营户违反计划生育政策的；

③ 游客投诉达3起及以上的；

④ 经营户出现与文明标准极不相符的事件与行为，造成恶劣社会影响的。

4. 农家乐文明经营户评定办法

4.1　硬件设施

① 经营用房四周保持整洁干净，建筑结构科学合理，照明、采光、通风优良，外墙美观，主体建筑具有浓郁的乡村风情和地方民俗特色。有明显的农家乐经营户标志；

② 接待区域根据经营需要，按服务功能合理布局，进行绿化、硬化处理；

③ 经营场所不存在安全隐患。

4.2　文明服务

① 经营户树立游客至上、优质服务的宗旨；

② 文明服务，不拉客、宰客；

③ 以诚为本，出售的农产品明码标价，货真价实，不掺杂使假、以次充好、短斤少两；

④ 尊重游客的生活习惯，没有民族歧视的行为；

⑤ 经营户掌握文明礼仪及旅游接待服务基本知识，文明礼貌，服务态度热情；

⑥ 积极参与各类文明创建活动；

⑦ 扶贫济困，热心社会公益事业。

4.3　经营管理

① 经营户《营业执照》等各类证照齐全，合法有效，并悬挂在醒目位置，在经营许可范围内经营；

② 餐饮及餐饮经营场所、厕所符合国家标准；

③ 服从管理、遵纪守法、公平竞争、照章纳税；

④ 实行住宿登记制度；

⑤ 从业人员身体健康，有健康证明；

⑥ 经营者对生产经营活动无引人误解的宣传；

⑦ 反对迷信，自觉抵制“黄、赌、毒”和“邪教”、传销等违法活动。

4.4　投诉与评价

① 经营户公布工商、旅游投诉电话；

② 完善游客投诉机制，积极处理游客投诉；

③ 顾客满意度高；

④ 经营户有一定的社会正面影响力和知名度。

5. 评定规则

5.1　评定的申请

① 农家乐经营者申报文明经营户，先进行自评，并填写《南京市农家乐文明经营户评定申请表》，向所在区县旅游部门进行申报；区县旅游部门、文明办、农林部门联合审核考核后，将推荐名单报市旅游园林局；市文明办、市农委对推荐名单进行综合评定，评定采取现场考评和暗访相结合的方式进行。

② 经营户提供以下材料（村里统一办理的，提供统一办理的复印件）：营业执照复印件；税务登记证复印件；卫生许可证复印件；排污申报

许可证复印件；从业人员卫生健康证复印件；农家乐经营户消防责任书复印件（农户向村组织，村向乡镇街道，乡镇街道向区、县消防大队）；农家乐经营点消防许可证复印件。

5.2　评定的日常管理

农家乐文明经营户每三年评定一次。已经获得农家乐文明经营户的，每年复核一次。复核不合格的经营户予以限期整改，整改仍不合格的将取消“文明经营户”称号。被取消的农家乐文明经营户，自取消之日起一年内，不予恢复或重新参评。

二、南京市农家乐文明经营户评定细则

第一条　为认真贯彻实施好《南京市农家乐文明经营户评定办法》，特制定本细则。

第二条　市文明办、市旅游园林局、市农委成立农家乐文明经营户评定工作组，具体负责农家乐文明经营户的评定工作。

第三条　经营户按自愿申请的原则，逐级上报，并提供相关材料。农家乐经营户在申报市级文明经营户时必须有齐全的卫生、工商、税务等相关证照，且经营用地、房屋设施必须合法。

第四条　区（县）文明办和旅游、农林部门组织开展市农家乐文明经营户申报推荐工作。各区（县）也可根据实际情况组织开展区（县）农家乐文明经营户评选工作。

第五条　采用综合评分的办法，按照《南京市农家乐文明经营户评分表》（附后）逐项进行评分，满分为100分。

第六条　被评为农家乐文明经营户的，授予标志牌。标志牌由市文明办、市旅游园林局、市农委统一式样。

附:表 2-5-1　南京市农家乐文明经营户评分表

	检　查　项　目	最高得分	分档计分	自测得分	初审得分	检查得分	备注
1	硬件设施(20 分)						
1.1	环境	10					
1.1.1	经营用房四周保持整洁干净,周边生态环境好		5				
1.1.2	经营用房四周保持整洁干净,周边生态环境较好,与经营环境相协调		8				
1.1.3	经营用房四周保持整洁干净,周边生态环境优良,与经营环境相协调,有特色景观		9				
1.1.4	经营用房四周保持整洁干净,空气清新,周边生态环境优越,有特色景观。经营用房与生态环境相互融合		10				
1.2	建筑	5					
1.2.1	经营用房建筑结构好,布局基本合理,照明、采光、通风好。外墙美观		3				
1.2.2	经营用房建筑结构较好,布局合理,照明、采光、通风良好。外墙美观,主体建筑具有一定的乡村风情和地方特色		4				
1.2.3	经营用房建筑结构优良,布局科学合理,照明、采光、通风优良,外墙美观,主体建筑具有浓郁的乡村风情和地方民俗特色		4.5				
1.2.4	经营用房建筑结构优越,布局科学合理,照明、采光和通风优越,外墙美观,主体建筑具有浓郁的乡村风情和地方民俗特色,人居环境优越		5				

（续表）

	检查项目	最高得分	分档计分	自测得分	初审得分	检查得分	备注
1.3	安全	5					
1.3.1	无安全隐患，易发生危险的设施、地段等标有明显的警示标志		3				
1.3.2	无安全隐患，易发生危险的设施、地段等标有明显的警示标志，防护措施齐备、有效		5				
2	文明服务（30分）						
2.1	服务宗旨	3					
2.1.1	树立游客至上、优质服务的宗旨。经营业主诚实守信，依法经营						
2.2	服务规范	12					
2.2.1	文明服务，不拉客、宰客	5					
2.2.2	以诚为本，出售的农产品明码标价，货真价实，不掺杂使假、以次充好、短斤少两	5					
2.2.3	尊重游客的生活习惯，没有民族歧视的行为	2					
2.3	着装	3					
2.3.1	从业人员着装整洁		1				
2.3.2	从业人员着装基本统一，整洁大方		3				
2.4	接待服务	5					
2.4.1	经营户掌握文明礼仪及旅游接待服务基本知识，文明礼貌，服务态度热情		5				
2.5	创建工作	7					
2.5.1	积极参与各类文明创建活动		4				

（续表）

	检查项目	最高得分	分档计分	自测得分	初审得分	检查得分	备注
2.5.2	扶贫济困，热心社会公益事业		3				
3	经营管理(25分)	25					
3.1	经营户各类证照齐全，合法有效，并悬挂在醒目位置，在经营许可范围内经营	4					
3.2	服从管理、遵纪守法、公平竞争、照章纳税	4					
3.3	餐饮及餐饮经营场所、厕所符合国家标准	4					
3.4	经营者对生产经营活动无引人误解的宣传	4					
3.5	实行住宿登记制度	3					
3.6	反对迷信，自觉抵制“黄、赌、毒”和“邪教”、传销等违法活动	3					
3.7	从业人员身体健康，有健康证明	3					
4	投诉与评价(25分)						
4.1	设有旅游服务质量投诉电话和意见簿，无投诉。能按游客意见改进服务	2					
4.2	完善游客投诉机制，积极处理游客投诉，公布工商、旅游部门投诉电话	3					
4.3	群众满意度高	10					
4.4	有一定的社会正面影响力和知名度	10					
4.4.1	获得过国家相关荣誉		10				
4.4.2	获得过省市相关荣誉		7				
4.4.3	获得过区县相关荣誉		5				

农家乐作为新型的旅游消费形态，服务工作看似简单，其实包含着大量的知识、技巧以及烦琐的服务。农家乐的经营要诀在于自然性和农味性，其表现形式就是亲近自然、体验自然、享受自然，经营者必须熟知和应用当地的农家文化和特色。管理是一门艺术，也是一门学问。不同的创业者有不同的管理方法并产生不同的效果。关于管理的问题因人而异，并与创业者的文化底蕴和社会阅历息息相关，在此，就农家乐所涉及的一些问题提供相对应的策略和措施，供创业者参考。

一、农家乐规范化管理要求

开办农家乐营运必须符合下列要求：

1. 经营要求

◆ 农家乐的经营管理和服务项目应符合有关法律法规规定；

◆ 应按照规定办理卫生许可证、排污证等，取得营业执照和税务登记证；

◆ 明示服务项目，明码标价。

2. 环保要求

◆ 周围环境整洁，无散放垃圾、无污水或其他污物；

◆ 家禽、宠物实施疾病预防处理，出示相关证明；

◆ 有环保宣传和符合环保要求的处理废弃物的措施；

◆ 不使用不符合环境保护要求的材料与原料。

3. 消防要求

◆ 室内装修、装饰应采用不燃、难燃材料;

◆ 按照国家有关规定配置消防设施和器材、设置消防安全标识;定期对消防设施和器材进行检查和维护保养,确保消防设施和器材的完好、有效;

◆ 易燃易爆物品的储存和管理应符合消防安全规定。

4. 安全要求

◆ 房屋建筑坚固、安全;

◆ 住宿设施门锁等安全装置完好、有效;

◆ 电力系统的安全保护装置完好、有效;电器设备安全、完好;

◆ 各项活动和休闲设施设备及器具完好、安全。

5. 卫生要求

◆ 饮用水应符合 GB 5749 生活饮用水卫生标准要求;

◆ 服务人员应具有卫生常识,进行健康检查,取得至少乡镇级医院出具的健康证明;

◆ 餐饮场所卫生应符合《餐饮业和集体用餐配送单位卫生规范》和 GB 16153 的相关要求;

◆ 住宿场所卫生应符合 GB 9663 旅店业卫生标准的相关要求;

◆ 食品加工应做到生熟分开;

◆ 禁止加工经营病死、毒死或死因不明的禽、畜、水产动物及制品,未经检验或检验不合格的肉类及其制品;

◆ 禁止使用法规和标准规定的高度农药或使用农药未超过安全期的蔬菜、水果及其他可食农产品;

◆ 应配备基本生活药品,经营者发现食物中毒或疑似食物中毒事故时，应及时向当地卫生部门报告，并积极救助。

二、农家乐的经营管理

农家乐作为农村经济的新型服务业，受到了许多农村人士的关注和投入。要使农家乐真正“乐”起来，以下几方面值得注意：

（一）重视生态环境，保存自身优势

“农家乐”大多建在山清水秀、环境清幽的村庄，这也是吸引城里人欣然前往的重要原因之一。“农家乐”在吸引人气带旺财气的同时也应注重环境与水质的保护，旅游景区的核心竞争力来自旅游景区的内涵和品质，“农家乐”更多是依赖于旅游景区的环境和条件来吸引客源。只有维护好生态环境，才能生存并持续发展。

（二）遵守行业规范，持证上岗

农家乐经营应当遵守餐饮业和旅店业的相关行业规范，涉及需要持证上岗的岗位应当具备上岗证。据悉，现在已有许多地区也开始制定“农家乐”行业的相关标准，并对行业进行结构调整。全国许多省市也相继对“农家乐”餐饮、旅馆等服务业进行岗前培训与考试，通过考试的人员将得到国家劳动部颁发的相关证书。

（三）乐在自然，胜在服务和管理

空气新鲜的乡野环境，幽静的农家宅院，新鲜的蔬果和独具特色的腊肉、农家米酒、土鸡等农家饮食，以及对农活的劳作体验，对游客来说是最理想的休闲游玩方式。

合理的规划和齐全的配套设施是“农家乐”放心乐的有力保障。发展“农家乐”应突出当地的山水风光和乡野风情：

(1) 在经营理念上，突出淳朴乡情，原汁原味的特色；

(2) 在环境建设上，注重“农村、农居、农民”的原始自然生活状态；

(3) 在管理服务上，追求简洁、粗放、人文的服务意识，尽心为游客创造舒适、恬静、安逸、愉悦的环境和体验。

现在，部分地区不仅对“农家乐”的吃、住、玩做标准评定，还对农家的周边环境、建筑特色、装饰、设施设备、管理体制、服务水平等方面进行规范引导。

三、农家乐营销策略

在市场的起步和发展阶段，农家乐的营运服务质量并无讲究，只要具备农家乐的基本内涵，一般情况下，也能正常经营。但是，进入竞争阶段以后，经营之道就成为农家乐相互之间取得客户信赖乃至自身长期发展和壮大的关键。为此，在农家乐的营销策略方面建议注意以下一些要点：

(1) 新颖：新颖的表现是特色，特色是引人注目、好奇、留恋的关键。如北京平谷地区有一家农家乐，房间里面挂着毛主席语录，摆放着锄头和镰刀，外墙上书写着“为人民服务”几个大字，很吸引人，而且菜单上叫“忆苦思甜饭”，都是用毛笔手写的一些特色乡村菜；

(2) 关怀：关怀又称贴近群众，让客户有宾至如归的感觉和氛围。例如，可以在吧台上面做一个小药箱，标为“爱心小药箱”，让人看上去心里很舒服，因为来的游客都是出门在外，在这里让他们找到家的感觉；

(3) 菜肴：厨师是烹饪的关键，在可能的情况下，要多开发几款当地特色的粗粮、特色菜肴，它会让你的生意如虎添翼，不管任何职业，都需要回头客，那就要用可口的饭菜来吸引人；

(4) 服务：农家乐既属于旅游业，但它首先归属于服务行业，因此，热情周到的服务是留住客户的根本；

(5) 宣传：宣传力量不可忽视，农家乐也属于个体，尤其是在城市周边，更是需要快捷便利的信息渠道来聚集客户。

四、农家乐服务的基本标准

农家乐在向客人提供服务景点游览时，应当遵守对客人服务的基本标准。

1. 参观游览点应严格遵守国务院颁布的《风景名胜区管理暂行条例》及建设部的《关于加强历史文化名城规划工作的通知》，使游览点环境优美并得到保护。

2. 服务人员应着装整洁，注意个人仪容仪表，要佩戴工号卡，实行敬语服务，主动热情，礼貌待客。讲解员要做到语言流畅，内容准确，解释完整。

3. 游览点要整洁，地面无杂物、无痰迹，古建筑内要无积尘、无蛛网、无蚊蝇。

4. 游览点内的主要景物、文物古迹、古建筑等要有内容准确、字迹清晰的中、英文说明牌，引导标牌要摆放在适当的位置。

5. 游览点举办的文化娱乐活动，要内容健康、秩序良好。

6. 游览点出售饮料、茶水和旅游纪念品的商亭，设施要明快、干净，商品质量要保证。

7. 游览点门前及景区内不得随意设摊位，要统一管理，定位有序。坚决制止尾随客人，强行兜售商品的行为。

8. 公共卫生间要有明显的标志，要有专人负责清扫。设备要完好，无缺损，不漏水。要做到无蚊蝇、无异味，地面无烟头、痰迹，便池要及时冲洗，做到干净、无垢。

9. 游览点要有停车场地，设专人管理，车辆排放整齐，进出停车场的车辆要限速。严格控制车辆进入游览区域。

10. 要建立安全管理制度，保障游客的人身、财物安全。登山缆车、游船等交通工具要设备完好，确保安全。出入口要保持畅通无阻，设专人疏导。

11. 游览点内各点收费必须合理，无特殊价值的应做到“一票全包”。

附：全国休闲农业与乡村旅游示范村建设与运营规范

1 范围

本标准规定了全国休闲农业与乡村旅游示范村共有要素的基本要求以及不同类型示范村的特殊规定，并附有评定细则。

本标准适用于全国范围内的休闲农业与乡村旅游村，包括历史文化旅游村、民族文化旅游村、特色景观村、特色产业旅游村和休闲度假村五种类型。

2 规范性引用文件

下列标准的条款通过本标准的引用而成为本标准的条款。凡是注明日期的引用文件，其随后所有的修改单(不包括勘误的内容)或修订版均不适用于本标准。然而，鼓励根据本标准达成协议的各方研究是否可使用这些文件的最新版本。凡是不注明日期的引用文件，其最新版本适用于本标准。

GB 3095—1996 环境空气质量标准

GB 3096—1993 城市区域环境噪声标准

GB 5749 生活饮用水卫生标准

GB 8978 污水综合排放标准

GB 9664 文化娱乐场所卫生标准

GB 9667 游泳场所卫生标准

GB/T 1000 1.1 标志用公共信息图形符号　第 1 部分：通用符号

GB/T 1000 1.2 标志用公共信息图形符号　第 2 部分：旅游休闲符号

GB 14934 食(饮)具消毒卫生标准

GB 16153 饭馆(餐厅)卫生标准

GB 18483 饮食业油烟排放标准

3 术语和定义

一准采用下列定义和术语。

3.1 休闲农业

休闲农业是以促进农民就业增收和社会主义新农村建设为重要目标，横跨农村一、二、三产业，融合生产、生活和生态功能，紧密连结农业、农产品加工业和服务业的新型农业产业形态。

3.2 乡村旅游

乡村旅游是指以乡村为依托，以农民为主体，以乡村独特的自然环境、田园风光、生产经营形态、民俗风情、农耕文化、乡村聚落等为主要吸引物，满足旅游者观光、休闲、度假、体验、健身、娱乐、餐饮和购物等目的的一种旅游方式。

3.3 休闲农业与乡村旅游村

休闲农业与乡村旅游村是指已经开展休闲农业与乡村旅游活动，具备为旅游者提供相应的吃、住、行、游、购、娱等旅游服务设施，并且建立了相应的经营管理机构的自然村。休闲农业与乡村旅游村的评定对象为自然村，评定主体为行政村。在全国具有典型示范意义的休闲农业与乡村旅游村即可成为全国休闲农业与乡村旅游示范村。

3.4 历史文化旅游村

历史文化旅游村是指以古村落为核心吸引物来开展乡村旅游活动的村。其中，古村落是指历史年代久远，遗留至今的，具有科学研究价值和历史文化价值，且需要保护或已经受到保护的古代民居建筑群落。

3.5 民族文化村

民族文化村是指以少数民族或国外民族乡村社区为依托，以特色的民俗、民风、民居等为主要吸引物来开展乡村旅游活动的村。

3.6 特色景观村

特色景观村是指以特色自然乡村景观为核心吸引物来开展乡村旅游

活动的村。

3.7 特色产业旅游村

特色产业旅游村是指利用规模化的农业产业活动和风貌，开展农业观光休闲、农事参与体验等乡村旅游活动的村。

3.8 休闲度假村

休闲度假村是指以乡村社区为依托，以生态环境、乡村景观和特色资源等为吸引物，为旅游者提供休闲、度假、娱乐、餐饮、健身等服务的村。

3.9 项目评定指标的解释

3.9.1 接待游客人数：是指在标准规定的时间内，休闲农业与乡村旅游村所接待游客人次数的总和。

3.9.2 旅游业收入：是指在标准规定的时间内，休闲农业与乡村旅游村通过提供“吃、住、行、游、购、娱”等旅游服务所取得各项收入的总和。

3.9.3 乡村旅游就业人数：是指休闲农业与乡村旅游村通过开展乡村旅游接待而在本单位从事乡村旅游经营管理和服务的人数。

3.9.4 乡村旅游参观点：是指休闲农业与乡村旅游村内能够自成一体、具有独特观赏性的旅游点。

3.9.5 有统计数据的评定项目，一般以上一年实绩为准。如申报单位开展旅游经营活动的时间不满一年但已满半年，则以半年实绩为准，按达到本标准规定的年度指标分数的一半记分。

4 总则

4.1 成立有管理组织和管理机构，能进行基本的市场营销与推广、服务质量监管、卫生秩序维护。

4.2 按规定办理相关证照，包括工商注册登记、卫生许可证、排污申报许可证、组织机构代码证等，依法持证经营，并按照有关规定定期进行年检。

4.3　应有乡村氛围，依托于乡村环境开发利用乡村资源，旅游产品乡土气息浓郁。

4.4　休闲农业与乡村旅游村的旅游开发，应促进农村生产发展，有利于农村居民增收，有利于乡村文明建设，美化村容村貌，实行民主管理，扎实推进社会主义新农村建设。

4.5　开业以来无重大旅游安全事故发生。

4.6　“全国休闲农业与乡村旅游示范村”的确定，应达到本部分所列评定条件，否则不具备参评资格。

5　基本要求

5.1　规模与效益

5.1.1　旅游接待达到一定规模，年接待旅游者不低于10万人次。

5.1.2　旅游经济效益良好，年旅游收入不低于500万元。

5.1.3　吸纳本地劳动力就业明显。

5.1.4　旅游发展促进本地农民普遍增收。

5.1.5　带动本地区农产品深度加工，农副产品及纪念品销售效益显著。

5.2　旅游交通

5.2.1　交通设施完善，进出便捷。或具有三级以上公路直达，或具有旅游专线交通工具。

5.2.2　有与乡村环境相协调的专用停车场。管理完善，布局合理，容量能满足游客接待量要求。场地平整坚实、绿化美观。

5.2.3　区内交通布局合理、顺畅，路面平整坚实、无障碍。

5.2.4　相距超过1公里的参观点之间配置环保型交通工具。

5.2.5　道路交通标志规范、醒目、美观。

5.3　旅游资源与产品

5.3.1　乡村景观特色突出，保持较好的原真性。

5.3.2　旅游资源观赏或休闲度假价值较高，具有较大的影响力。

5.3.3　已形成3处以上的参观点，且各参观点紧密结合地方特色，乡村特点突出。

5.3.4　提供3种以上的特色旅游活动项目，并能充分地体现本地农业和乡村文化民俗特色。

5.3.5　适时举办具有特色的节庆活动。

5.3.6　旅游产品市场辐射力和吸引力较强。在周边省市知名度高，美誉度好。

5.4　旅游设施与服务

5.4.1　游览

5.4.1.1　设置有游客服务中心或专门的游客咨询服务点，位置醒目、合理、宽敞、有装饰、标识，提供咨询、宣传品、价目表、小件物品寄存、雨伞、紧急救助室和网络等服务项目。

5.4.1.2　有专职或兼职工作人员负责讲解、引导等接待工作。

5.4.1.3　公众信息资料（如综合画册、音像制品、导游图和导游材料等）有特色，品种不少于3种，内容丰富，制作精美，适时更新。

5.4.1.4　讲解员人数能满足游客需要，着装具有地方特色，讲解词科学、准确、生动、趣味性强，具有乡土特色。

5.4.1.5　游客公共休息设施布局合理，数量满足需要，设计精美，特色突出，有艺术感和文化气息。

5.4.2　客房

5.4.2.1　客房规模与游客需求数量相适应。距中等中心城市30公里以内的休闲农业与乡村旅游村可不设住宿设施。

5.4.2.2　客房装修较好，照明充足，配备有满足需要的冷暖及换气设备，家具齐全，使用性能良好。门锁有暗锁防盗设置。在显著位置张贴应急疏散图和相关说明。

5.4.2.3 客房提供饮水服务，配备相应的杯具。有必要的文具用品、乡村旅游村简介、价目表和服务指南。

5.4.2.4 每间客房均设有卫生间，有抽水马桶或冲水便池，装有面盆、浴缸或淋浴等设备，并采取有效的防滑措施，24 小时供应冷水，16 小时供应热水。

5.4.2.5 客房、卫生间每天全面整理一次，客房被褥、枕巾等用具能统一收集、统一清洗消毒，一客一换。

5.4.3 餐厅

5.4.3.1 餐厅数量与游客需求数量相适应，能满足要求。

5.4.3.2 餐厅位置合理，采光通风良好，灯光照明充足，有窗帘、台布。

5.4.3.3 桌椅、用具、餐具、油具、茶具、酒水台、备餐柜等配套齐全。

5.4.3.4 餐厅地面已做硬化处理，防滑、易于清洗，装饰具有乡土特色。

5.4.3.5 能提供本地乡村特色风味的菜肴，且品种丰富。

5.4.3.6 有印制精美、明码标价的菜谱。

5.4.4 厨房

5.4.4.1 厨房地面硬化处理，防滑、有地沟，易于冲洗。墙面瓷砖墙裙不得低于 1.8 m。

5.4.4.2 粗加工间、烹饪间、凉菜间、洗碗间应独立分开设置。

5.4.4.3 餐(饮)具洗涤池、清洗池、消毒池设置合理，蔬菜清洗池、肉类清洗池独立分设，符合 GB 14934 的规定。

5.4.4.4 有食品库房和非食品库房。

5.4.4.5 有充足的冷藏、冷冻设备。生熟食品分柜储藏。

5.4.4.6 有专用的清洗消毒设施。完善的防蝇、防鼠、防虫、防尘及污水达标排放设施。有符合卫生要求的密闭废弃物存放容器，并保持外部整洁。

5.4.5　厕所

5.4.5.1　设计合理,与接待能力及服务功能相适应,与周边环境和建筑相协调。

5.4.5.2　男女厕所分开设置,男厕位在 4 个以上,女厕位在 6 个以上,冲洗设备齐全完好。

5.4.5.3　有残疾人专用的厕位。

5.4.5.4　具备辅助设施:手纸、手纸筐、挂衣钩、洗手池(配备洗涤品)、镜台。

5.4.5.5　有污水管道,符合当地改厕要求,防渗、防腐、密封,能有效处理粪便,污水达标排放。

5.4.5.6　通风、采光、照明条件良好,除臭措施有效,无异味。

5.4.5.7　厕所内设备、环境整洁,无蚊蝇。

5.4.6　购物

5.4.6.1　有土特产品、农副产品经营商店或场所。

5.4.6.2　经营户依法经营,旅游商品应质量合格,明码标价,无欺诈行为。

5.4.6.3　对购物场所进行集中管理,环境整洁,秩序良好,无围追兜售、强买强卖现象。

5.4.6.4　旅游商品种类丰富,有体现当地物产和文化的农副土特产品、民间工艺品和旅游纪念品等。

5.4.7　设置足够的垃圾桶(箱),布局合理,标识明显。垃圾桶(箱)体完好、有盖,表面干净无污渍,能及时处理桶内垃圾。

5.4.8　主要道路及路口有指示牌(图),休闲农业与乡村旅游村内有明确的引导和介绍标识(包括导游全景图、导览图、标识牌、景物介绍牌等),美观醒目,字准确规范,位置合理,数量充足。公共信息图形符合

GB/T 1000 1.1 和 GB/T 1000 1.2 的规定。

5.4.9　设有残疾人安全通道和残疾人使用的设施。

5.4.10　有稳定的供水供电系统。

5.4.11　通邮、通电话、通网络，并提供邮政、邮政纪念服务以及公用电话服务。

5.4.12　通讯设施布局合理。通讯方便，线路畅通，收费合理。

5.4.13　消防、报警、医疗救护等公共服务设施齐全，符合相应标准，并有专人负责、定期检修。

5.4.14　设立有专门网站，内容和功能能满足游客的基本需求。

5.5　规划建设与经营管理

5.5.1　各类旅游项目规划建设不占用基本农田，不破坏乡村整体环境，并节约用地。

5.5.2　农民参与该地区建设项目和休闲农业与乡村旅游村经营管理的民主决策。

5.5.3　有独立核算的乡村旅游经营实体。

5.5.4　设立有专门的乡村旅游管理机构，健全岗位责任制，对旅游经营实施有效管理。

5.5.5　建立服务、安全、卫生、环保、统计等各项乡村旅游管理规章制度，实行定期监督检查，有完整的书面记录和总结。

5.5.6　有完善的培训制度，人员、经费落实，坚持开展经常性的业务培训。对经营管理者、乡村干部培训每年不少于 1 次，对一般从业人员培训每年不少于 2 次。

5.5.7　关键和重点岗位人员持证上岗。

5.5.8　有专职或兼职的旅游市场管理队伍，市场秩序良好。

5.5.9　设有面向公众的旅游咨询、投诉电话，对于旅游者投诉的质量纠纷能得到及时解决，投诉处理档案记录完整。

5.5.10 定期收集分析游客意见和建议，提高接待质量，改进旅游服务。

5.5.11 做好宣传推广，有一定的宣传途径，配备必要的宣传资料。

5.6 整体环境与卫生条件

5.6.1 村容村貌整洁，旅游环境优美，乡村特色突出。无污水、污物，无乱建、乱堆、乱放现象，建筑物及各种设施设备无剥落、无污垢，空气清新、无异味。

5.6.2 主体建筑和配套设施建设具有地方性特点，建筑材料、风格、内部装饰具有乡土特色。

5.6.3 建筑、街道、设施、景观、绿化、水体与乡村自然环境和谐。

5.6.4 当地居民讲文明、有礼貌，不欺生、不敲诈，热情诚实，乐于帮助旅游者。

5.6.5 文化娱乐场所达到 GB 9664 规定的要求，游泳场所达到 GB 9667规定的要求。

5.6.6 食品卫生符合国家规定，餐饮场所达到 GB 16153 规定的要求，餐饮服务配备消毒设施，不使用对环境造成污染的一次性餐具。

5.6.7 建立有环境保洁制度，有专人负责执行。垃圾清扫及时，日产日洁。建立有严格的定期检查和抽查制度，并有严格的管理制度和奖惩机制。

5.7 旅游安全

5.7.1 认真执行公安、交通、劳动、质量监督、旅游等有关部门制定和颁布的安全法规，建立完善的安全保卫制度，工作全面落实。

5.7.2 山地、水域等危险地段和道路事故多发地段有明显的警示标志，防护设施齐备、有效，特殊地段有专人看守。

5.7.3 建立紧急救援机制，设立医务室，并配备专职医务人员和游客常备药品。设有突发事件处理预案，应急处理能力强，事故处理及时、妥当,档案记录准确、齐全。

5.7.4　游客较为集中的区域配有足够的保安人员,以保证秩序和游客安全。

5.7.5　现场检查无安全隐患。

5.8　资源与环境的保护

5.8.1　空气质量达到 GB 3095—1996 一级标准。

5.8.2　噪声质量达到 GB 3096—1993 一类标准。

5.8.3　饮用水达到 GB 5749 的相关规定。

5.8.4　污水排放达到 GB 8978 的相关规定。

5.8.5　油烟排放达到 GB 18483 的相关规定。

5.8.6　周边环境协调,无污染性工业企业。

5.8.7　全村绿化覆盖率 60%以上。

5.8.8　各项设施设备符合国家关于环境保护的要求,不造成环境污染和其他公害,不破坏旅游资源和游览气氛。

5.8.9　当地的特色自然资源、植被、土壤和环境得到有效保护。

5.8.10　当地的历史古迹、文物和特色建筑物得到科学、妥善的保护,有保护记录和档案。

5.8.11　本地的乡村文化、民族文化得到弘扬与保护。

6　分类要求

6.1　历史文化旅游村

6.1.1　历史悠久,文化价值突出。

6.1.2　建筑特色突出,代表性强,观赏价值高。

6.1.3　乡村聚落保护程度良好。

6.1.4　新建筑与村落原有风貌协调统一。

6.1.5　被列为市级以上文物保护单位。

6.1.6　制定有专门的古村落保护规划,划分出核心保护街区、控制区。对重点保护建筑、街区已经采取科学、有效的保护措施。

6.2 民族文化旅游村

6.2.1 乡村聚落民族特色突出，保护良好。

6.2.2 居民保持传统的风俗，文化原真性强。

6.2.3 建筑造型、外观装饰、色调等具有民族特色。

6.2.4 住宿、餐饮、购物场所等接待设施内部装饰具有民族特色。

6.2.5 客房用具、餐具、酒具、茶具等具有民族特色。

6.2.6 提供3种以上民族特色餐饮。

6.2.7 提供3种以上民族文化体验活动。

6.2.8 提供3种以上民族特色旅游商品。

6.2.9 旅游服务人员应着本民族传统服饰。

6.2.10 服务人员应熟悉该民族的历史文化及风土人情。

6.2.11 服务人员能运用简单的民族语言。

6.2.12 有尊重民族习俗与宗教信仰的提示与规定。

6.2.13 民族非物质文化遗产得到很好的传承和保护。

6.3 特色景观旅游村

6.3.1 乡村自然景观的观赏价值高。

6.3.2 乡村自然景观的独特性强。

6.3.3 乡村自然景观的资源完整性好。

6.3.4 建筑造型、外观装饰、色调等整体风貌与自然环境相协调。

6.3.5 住宿、餐饮、购物场所等接待设施绿色生态，具有乡土特色。

6.4 特色产业旅游村

6.4.1 休闲农业占全村总收入不低于50%。

6.4.2 从事休闲农业的村民占全村劳动力不低于50%。

6.4.3 依托于休闲农业，开展相关的特色旅游活动。

6.4.4 休闲农业生产过程符合低碳经济要求，推广使用节水、节能环保技术。

6.4.5　农耕文化展示和农业科技普及、教育等设施完善。

6.4.6　本村特色产业在区域内具有很强的代表性和竞争力。

6.5　休闲度假村

6.5.1　具有乡村酒店、农村客栈、康体娱乐、运动健身、特色服务等休闲设施，能够满足多方面的度假需求。

6.5.2　开展丰富的农事生产生活体验活动。

6.5.3　开展具有乡村特色的夜间娱乐活动。

6.5.4　有可供出租的客房200间(套)及以上。

6.5.5　提供多种类型的餐饮服务，基本满足旅游者的需求。

6.5.6　过夜游客比例不低于35%。

7　加分项目

7.1　有A级旅游景区。

7.2　获得旅游发展相关荣誉称号。

7.3　获得其他相关荣誉称号。

7.4　普遍使用太阳能、沼气、生物制气等天然能源和再生能源。

7.5　普遍使用可降解的一次性餐具或包装材料，符合环保要求。

7.6　采用当地种植的无公害原材料制作食品。

7.7　培育或引进知名品牌经营乡村旅游度假项目，或乡村旅游(度假)项目建设风格和经营模式独创，具有较好的示范和引领作用。

按照市委市政府“发展现代农业，建设美丽乡村”的总体要求，现结合我区实际，提出休闲农业工作意见如下。

一、工作思路

以农民收入提高、农业生态良好、农村经济繁荣为目标，以竹镇、金牛湖周边片区“美丽休闲乡村”建设为重点，以“休闲农业提升年”活动为抓手，以提升接待能力和服务水平为突破口，依托于我区特有的生态资源、田园风光、乡土文化、民俗风情，完善基础设施，丰富休闲农业创意，加强精品线路推介，形成多功能融合的休闲农业产业体系。

二、主要目标

新增农家乐专业村 4 个，农业旅游企业 12 个，大户 80 户，市区级农家乐文明经营示范户 10 户。重点建设 10 个“茉莉花”品牌农庄。创建全省休闲农业示范点取得突破。全年实现休闲农业景点接待游客 210 万人次，接待量增幅 12%，实现综合收入 7.8 亿元，休闲农业总收入增幅 20%。

三、重点工作

（一）推进农家乐村建设

以大泉、长江两个市级农家乐村为重点，继续推进金磁村、河王村、翻身村、张窑村、钟林村、石柱林村、茉莉花村 7 个农家乐村建设，4 家农业主导型街镇分别新增 1 个农家乐村。按照农家乐村有管理服务中心、有优美环境、有休闲体验项目、有规范有序的服务、有带动农业产业的“五有”标准实施建设。丰富农家乐村的文化内涵，积极引导这些村利用自然优势、田园风光、村居民舍、饮食文化和民俗特色等资源,创建休闲农业特色项目。

（二）拓展客源市场

一是开展休闲农业“双十佳”评选活动。通过区级农家乐“十佳”文明经营示范户、十佳休闲农庄评比活动,扩大影响,凝聚人气。二是多形式开展主题促销活动。通过报纸、电视、农业网等媒体多方式、高频率宣传推介我区休闲农业景点,提升对外的影响力和吸引力。三是加大休闲农业精品线路的包装推介。通过与区内外旅行社合作等形式,推介龙袍美食和滨江风光游、金牛湖风光游、竹镇鲜果采摘游、平山森林公园养生游、冶山山水地质体验和民间绘画鉴赏游、东部干线现代农业与田园风光游等六条休闲农业精品线。

（三）加强景点建设

一是重点建设十佳“茉莉花”品牌农庄。选择10个基础较好、环境优美、带动能力强的农庄进行重点建设,形成品牌效应。二是休闲农业进园区。在省市区农业园区建设中,融入科普教育、农事体验、餐饮度假等休闲功能,重点打造竹镇桃文化园、龙池农业博览园、龙袍水产文化园、平山茶文化园等。三是提升服务水平。加强培训力度,举办培训班2—3次,从接待、服务规范、餐饮特色等方面着手,努力提升休闲农业景点服务水平和质量。四是积极申报省级休闲观光农业示范点。

（四）创建节庆品牌

按照政府引导、市场运作的原则,不断挖掘农耕文化,开发乡村民俗,丰富农业节庆内容,进一步提升我区休闲农业产业影响力、产品知名度和社会认知度。办好龙袍蟹黄汤包乳鸽节、竹镇鲜果采摘节、冶山农民画节等农业节庆活动。承办好南京市“秋之实”休闲农业游节庆活动。积极参与南京“农业嘉年华”、休闲农业创意大赛等省市级节庆活动和休闲农业专题活动。

（五）规范经营行为

一是编制六合区休闲农业经营主体规范经营标准。在服务礼仪、餐饮服务、住宿等方面提出规范化要求,并经常开展检查,使我区农家乐始终朝着游客满意的目的不断发展，保量又保质。二是筹备成立休闲农业发展协会和合作组织。引导休闲农业经营主体联合起来，加强服务和行业自律，参与市场竞争，实现自我管理、自我约束、自我发展。

四、保障措施

（一）提高思想认识，推动提档升级

发展休闲农业是农民增收致富、新农村建设的重要途径，是城乡统筹发展的重要举措。各街镇要把休闲农业作为建设高效农业领先区的切入点，通过休闲农业景点的示范带动作用，推进现代农业发展，带动农民增收，推动美丽乡村建设。

（二）加强规划引领，提升建设水平

各街镇要依托于本地现有的资源禀赋，做好街镇休闲农业发展规划。要因地制宜、突出特色。以亮点突出的农家乐村、农庄带动周边，辐射全镇，形成休闲农业品牌特色。各休闲农业经营主体要以创新的理念，做好休闲农业项目规划布局，尽快形成自身的经营特色。

（三）增加支持投入，加快产业发展

制定出台支持政策，加大对休闲农业的扶持力度。各街镇要安排支持休闲农业发展的资金。对符合产业规划、相关手续完备、彰显特色亮点、带动能力强的休闲农业经营主体，优先推荐申报省市级农业旅游示范点、市星级景点，优先申报休闲农业项目。各种支农资金优先与休闲农业项目挂钩，支持休闲农业项目基础设施建设，推动休闲农业快速发展。

（四）加强规范管理，提升服务水平

一是建立和完善休闲农业工作领导小组，充分发挥各相关部门的相互配合、协调管理作用。二是强化休闲农业示范基地建设，以示范基地带动辐射区域休闲的发展。三是加强人员培训，提高管理人员的服务意识、业务能力及服务水平。四是成立休闲农业协会，充分发挥协会在信息交流、规范服务、资源共享等方面的重要作用，不断提高休闲农业发展水平。

第三部分　实践篇

农家乐专业村是指充分挖掘农村的自然、人文资源，立足农家庭院，具有20户以上农户从事农家餐饮、民宿、手工艺制作、农产品销售等经营活动的农家乐自然村。发展农家乐专业村有助于村庄生态环境改造，建设美丽乡村；有助于发展具有区域特色的主导产业，并通过农业旅游提高园区综合效益；有助于促进农民创业，带动就业；有助于拓展农产品销售渠道，提高农产品附加值；有助于拓宽农民的增收渠道，实现农民收入倍增计划。2013年按照“有管理和接待服务中心、有优美的环境、有农产品销售中心、有休闲体验项目、有带动农业产业”的“五有”村建设要求，在全市范围内重点建设了高淳大山农家乐村等12个农家乐示范村。经过一年的打造，12个农家乐示范村新增农家乐经营户328户，全年接待游客超过250万人次，户均实现收入5.6万元，为农民提供了1 300多个就业机会。

一、农家乐示范村实现了优美的生态环境，特色明显

各农家乐示范村充分利用当地的自然资源、历史文化、人文景观等先天优势，通过村庄绿化、环境整治、屋舍出新、挖掘文化等措施，努力打造属于自己的特色，优势明显，也成为吸引游客的一大亮点。大山农家乐村发挥国际慢城优势，是一个体味农村慢生活的特色乡村；吕家农家乐村是以民宿为特色的农家乐村；四园农家乐村以独特的圩区风景打造成“水乡慢城”；山凹农家乐村依托于傅家边现代农业园，成为四季有花、月月有果的金陵桃花源；石塘人家农家乐村以江南宋代建筑为特色，是一个以“山居静心享乐游”为特色的山水乡村；朱门农家乐村注重发挥直山和平

图 3-1-1　石塘人家

湖的生态景观，打造成“淳朴田园风情游”的养生福地；七坊农家乐村深度挖掘“七坊”传统民间工艺和历史传说遗迹，独树以“农耕文化体验游”为特色的农俗体验示范村；世凹桃源农家乐村以徽派建筑为主题，主打牛首文化和佛文化，打造以“宗教文化品质游”为特色的农家乐村；外沙农家乐村是一个以鲜花和沙文化为主题的农家乐村；落桥农家乐村是一个以葡萄为主题的农家乐村；大泉人家农家乐村是大泉湖畔温馨恬静的田园生活的写照；长江农家乐村依托于长江的优势，打造成品尝江鲜、欣赏江景的渔文化村。

图 3-1-2　七坊村

二、农家乐示范村带动了农民创业，增加收入

农家乐示范村的建设将农民就业变为创业，农民由打工者变成了创业者，且对从业人员的年龄、技能等限制较低。农村劳动力得以就地就业，既获得了经济效益，也照顾了家庭。同时农家乐示范村的建设带动了农业产业的改造升级，它将农业生产的运行和农业生产成果变成了旅游资源，将一产与三产有机结合，有效地提升了农业的附加值，提升了农户的收入。经过一年的打造，12 个农家乐示范村新增农家乐经营户 328 户，其中从事餐饮的有 222 户、住宿的有 85 户，一次性餐饮可接待 16 750 人、住宿 678 人。自各农家乐示范村开业以来，就成为南京市最热门的休闲农业景点，全年接待游客超过 250 万人次，实现收入超过 1.8 亿元，户均实现收入 5.6 万元，为农民提供了 1 300 多个就业机会。

三、农家乐示范村推进了美丽乡村建设，促进了生态文明

农家乐示范村的建设首先从农村基础设施建设着手，道路、绿化、格局等都经过了规划设计，村容村貌得到了极大的改善。此外农户开办农家乐也使得家庭内部环境得到相应的改善。随着农家乐村的建设和发展，当地交通、通讯、餐饮、农产品加工等方面也随之不断发展，使得农民的生活、居住、生产环境得到有效的改善。大泉人家农家乐村就是一个典型的例子，农家乐示范村的建设给村民的生活带来了翻天覆地的变化，很多外出务工的农户回到家中开始自己创业，与贫困、偏僻彻底划清界限，村民的生活环境、生活条件都得到极大的改善。大泉人家农家乐村还与四园农家乐村、世凹桃源农家乐村一起获得全省最具魅力休闲乡村称号。江宁区的周村也因世凹桃源农家乐村被评为江苏最美乡村。

四、农家乐示范村建设转变了农村的生活经济观念，提高了农民的文明素养

农家乐示范村的建设让农民当上了老板，住上了小别墅，农民的生活经济观念也随之发生了很大的变化。农家乐村的开放性和动态性给农村带来了全新的观念，不断变换的人群带来了大量的产品信息和市场信息，活跃了当地的经济。同时城乡的互动潜移默化地带动农村观念的转变，有效地提升了农民的文明素养。文明用语、热情服务、厨卫整洁、庭院干净、垃圾集中处理等转变在示范村随处可见，年轻的新生代农民工开始不再贪恋城市的繁华回到家中自己创业，世凹桃源农家乐经营户，放弃了在广东打工，毅然回家自己创业，还带动了亲戚、邻居共同创业。此外，高淳大山的建峰农家乐、山水人家农家乐，溧水山凹的金花农家乐等都是放弃了在外打工，选择回家创业的典型例子。

五、农家乐示范村建设改变了农产品的传统营销模式，带动了当地农业产业发展

不断涌入的游客给农家乐示范村带来了生机也带来了商机，农产品销售打破传统的销售模式，农户自家种植的蔬菜、养殖的水产品和家禽成为一道道特色美食的同时，也成为游客下乡的战利品。山凹农家乐村自开业以来，与傅家边周围的草莓产业相互促进，采摘完草莓的游客大多会选择到山凹来品尝一下农家菜，到山凹来休闲的游客也会顺便带走一盒草莓作为馈赠亲友的礼物，因此带动了周边 5 000 亩草莓基地的发展。不仅如此，附近的青梅、梨、草鸡蛋等农产品也是供不应求。七坊农家乐村则依托于农家作坊的特色，注册了“七坊”牌商标，销售粉丝、酱、炒米、香油等特色产品，受到游客的欢迎。

附:南京市十大农家乐村

1. 前石塘村农家乐

石塘春色映朝晖,竹海叠翠一屏开;

青瓦白墙呈簇簇,碧水微波漾依依。

车行在蜿蜒的山林幽静中,峰回路转,眼前映入一幅世外桃源的风景画,小桥流水,庭院巷陌,青山绿水,白墙灰瓦,刹那间仿佛进入了另一个世界。青青的茶园,翠绿的竹海,一弯小溪从村头流过,村姑正在浣洗衣裳,这就是位于横溪街道西部的前石塘村农家乐。

前石塘村农家乐以优美的田园风光而出名,茶山、竹海、松涛……,总让人忘记自己身在何处。尤其是石塘竹海,终年云雾萦绕,风吹竹涌,风止竹静,鸟雀啼鸣,淙淙泉水回旋如天籁之音,其景其境,让人流连忘返,当闲情逸致漫步于青青翠竹之下,一种无限的舒适和遐意必能油然而生,这就是远近闻名的南京"小九寨沟"。

前石塘村有46个农家乐专业户,其中30家可提供农家餐服务,可接待游客800人,4家可提供民宿服务,可接待游客40余人。

自驾线路:机场高速翠屏山出口—转将军大道—宁丹路—横溪卫生服务中心对面谷村—前石塘村。

2. 世凹桃源农家乐

春来牛首绿争荣,幽谷初莺时掩声;

粉墙瓦黛田园色,璞玉世凹眼前清。

世凹桃源农家乐位于江宁区谷里街道周村社区,它以独特的亲山近水的优势,打造融自然山、水、林、居于一体的江南田园风光。世凹桃源农家乐村以徽派建筑为主格调,翠绿的山林下一片白墙灰瓦,成为牛首山下一道靓丽的风景;村内青砖巷道,木栅院门,大红灯笼,恍如隔世;石刻、牌楼、亭台、景观长廊配以春桃、夏荷、秋桂、冬梅,成就了"四季有花开、步步有风景"的"牛首第一村"。

图 3-1-3 世凹桃源

世凹桃源农家乐村分为“桃源”“烟岚”“故垒”三大片区，融美丽乡村、农家乐餐饮、牛首古历史人文、农耕文化及休闲于一体。世凹桃源农家乐有 4 家可提供原味农家住宿，共 16 个床位，27 家可提供农家餐，共 60 余桌。到世凹桃源，赏牛首山风景，谈牛首历史人文，住农家屋舍，在农家寻找一种别样的快乐。

公交线路：雨谷线、安丹线、155 路、154 路、江宁游 1 线、东谷线、金路线。

自驾线路：机场高速、将军路、宁丹路等主要道路上均有标识，或牛首大道可直达；或沿将军大道—佛城西路直达。

3. 七坊农家乐

一寺一桥汉帝藏，一家一坊农作忙；
凭栏远眺田园色，沿途尽嗅七坊香。

生态环境优越、历史文化久远、农村民风淳朴，七坊农家乐以其独特的农家作坊带您到最为淳朴的农村体验一回农家的乐趣。七坊农家乐位于孟墓社区郄坊村，文化底蕴深厚，是江南名刹——藏龙寺及青龙桥历史典故的发源地。七坊实际代表 8 个作坊——豆腐坊、粉丝坊、酱坊、茶坊、糕坊、面坊、油坊、炒米坊，传统的制作工具，现场为您展示传统的农副食品工艺流程，带您一同怀念过去农村的点点滴滴。

到七坊农家乐来，就一定要尝尝颇具盛名的七坊羊肉、七坊豆腐。羊肉取材于青龙山上散养的山羊，肉质鲜美，卤汁入味；豆腐以纯手工打造工艺，嫩滑爽口，原汁原味。村口的“悦峰小筑”生态餐厅，以原生态让您体验大自然的清新。

自驾线路：

(1) 沪宁高速汤山出口下—汤铜路向南行驶约 10 公里，到达郄坊村。

(2) 122 省道—337 省道向南行驶约 8 公里，到达郄坊村。

(3) 在南京绕城高速—104 国道—337 省道向北行驶约 8 公里，到达郄坊村。

4. 大山村农家乐

黄花映日吐芬芳，生态椏溪锦绣装；
方塘落云如诗画，慢城明珠秀色餐。

背靠绵延青山，面临清澈河水，一个山清水秀的地方，如今青山绿水依旧在，村庄容貌大不同。古老的天地戏场、宗教浓郁的庙宇、特色鲜明的古民宅、古井、金灿灿的油菜田、浓郁的红枫林，构成了一幅和谐甜美的农家风景画，大山村农家乐村就像一颗璀璨的明珠，镶嵌在国际慢城生态之旅中。

图 3-1-4　大山村

到大山村来，感受一份宁静，呼吸山林的清新之气，怡养身心，品尝农家饭菜的甘美，体验农家生活的和谐与平静，找到返璞归真的感觉。挖竹笋、采草莓、采茶、摘果、采蘑菇、挖野菜、捕鱼摸虾、赏油菜花，一年四季都有不一样的体会、不一样的心情。

村内有6家农家乐餐馆，主供乡土农家菜、乡间野菜，一次可接待20桌、200多人；两家农家乐宾馆，60多个房间，100多个床位，给您全新的农家体验。

公交线路：高淳区有直达的公交车。

自驾线路：宁高高速或246省道—桠阳线即可到达。

5. "水乡慢城"四园村农家乐

荷裙莲袖水上漂，绿树红花岸边摇；

烟雨农家多别致，水乡慢城乐逍遥。

"水乡慢城"四园村农家乐村风光旖旎，景色迷人，文化厚实，韵味无穷，江南秀美的景色在这里集锦，苏皖灿烂的文化在这里交汇，清澈的固城湖畔，畅游其中令人心旷神怡，意高境雅。

"水乡慢城"四园村位于高淳区砖墙镇，三十里荷花香风光带、螃蟹文化产业园，独特的水乡风情，捕鱼摸虾、采莲、划龙舟、扎螃蟹、赶鸭子，享受水中乐趣；古水车、古磨石、茅草屋、垂钓台，与水乡风情融为一体，别有一番滋味。流连于水乡，忘返于农家，到四园村来，体会水乡慢生活的恬静。

"水乡慢城"四园村农家乐有16家农家乐餐馆，主供乡土农家菜、乡间野菜，一次可接待106桌、1 000多人；两家农家乐宾馆，60多个房间，100多个床位，满足了游客休闲度假、体验自然的需求。

自驾线路：南京市区—宁高高速高淳出口—双高路—湖滨路—永砖路—迎湖桃源——四园村。

6. "大泉人家"农家乐

春来桃源欺晚霞，山水斗艳绿无涯；

儿童戏闹花间路，大泉深处有人家。

面朝大泉湖，烟波浩渺，湖水澄碧；远眺止马岭，绵延不绝，层林尽染，这就是位于六合区竹镇大泉村梅云组的“大泉人家”农家乐。“大泉人家”农家乐有八景：大泉迎宾、花海梯田、驻亭观澜、饮水思源、浣花溪涧、廊桥春晓、山林野趣、农家屋舍，处处散发出浓厚的乡村风情。在这里可以采摘桃子、葡萄、板栗等鲜果，体会一下“春看桃花秋摘桃，撵着土鸡满山跑”的竹镇乡村生活；还可以一览竹镇的山乡美景，徘徊在大泉湖畔，看层峦叠嶂山清水秀，停步在止马岭下，赏白鹭翱翔诗情画意。

尝一回农家菜，宿一回农家屋，看一回农家景，远离城市，体会农家生活的精彩。到大泉人家来，就一定要尝尝狗肉火锅、羊肉火锅、吊炉饼、梅云老母鸡等特色美食。“大泉人家”农家乐有 3 户可提供原味农家住宿，共 20 个床位；15 户可提供农家餐，可接待游客 600 人。

自驾线路：

(1) 长江大桥—六合西部干线—竹镇—大泉街道—大泉村。

(2) 长江二桥—宁淮高速—竹镇出口—大泉街道—大泉村。

7. 钟林村农家乐

春风花雨日初长，绿满钟林草润芳；

美景江南怎不忆？踏花归去马蹄香。

农家乐专业村钟林村位于六合区新篁镇东部，是一个古称“钟家集”的繁华小村镇，自然风光独特，山上有万亩山林，有天然氧吧的美称；东方红水库烟波浩渺，盛产各类江鲜；白龙山弥陀寺的千年银杏树粗壮挺拔，增添神秘灵气。主产鸡蛋的秦邦吉品有限公司和种植猕猴桃、水蜜桃等水果的绿航生态农业有限公司就坐落在钟林村，向游客提供生态观光、休闲度假、生态餐饮、科普教育、水上运动等娱乐项目。

钟林村农家乐有专业户 10 户，其中食宿型接待户 8 户，共有 40 张床位。来到钟林村，不仅可以欣赏钟林毓秀的美景，亦可品尝钟林佳肴豆腐圆。钟林人十分注重菜品的开发，以豆腐为主料，自创钟林特有的豆腐宴，该宴深受广大游客朋友的喜爱。

自驾线路：长江二桥—往扬州方向在瓜埠出口下，右拐往新篁方向即可到达钟林村。

8. 落桥社区农家乐

熏风吹绿果蔬香，架上葡萄琥珀光；

野趣未尝心已醉，游人喜卧落桥乡。

烧农家柴，煮大锅饭，炒大锅菜……，这些只停留在记忆中的农事我们已经渐渐地忘却；看那绵延的葡萄藤架，亲手采摘下那一串串晶莹剔透的葡萄，享受它的香甜可口……这样的片段似乎在梦中常常浮现。落桥社区农家乐，与你一同唤起心灵深处的记忆，让梦成真。

落桥社区农家乐位于浦口区盘城街道，是一个以葡萄为主题的农家乐村。一望无际的葡萄园，醉金香、美人指、夏黑、维多利亚……，数也数不过来，红的、黑的、绿的……，应接不暇。到落桥来参加葡萄节、摄影大赛、自行车慢骑大赛、评比各色葡萄将会有不同的收获，另外还有农产品展销、书法绘画、文艺表演等着您的参与。落桥社区农家乐有 20 家农家乐特色餐厅、1 家农家乐土菜馆和 3 家茶社，让久居城里的您感受到正宗的农家风味。

自驾线路：长江大桥—泰山新村—丁解车站—南京信息工程大学——老永丰街—永渡路即可到达。

9. 外沙村农家乐

渚上桥边芦蒿香，碧洲深处响鸣榔；

柳拂长堤沙洲碧，长江无语绕洲环。

“沙漠文化、八卦文化、和悦文化”，这是位于八卦洲的外沙村农家乐将给您带来的独特感受。外沙村农家乐依托于沙漠风情园、红杜鹃花卉基地、虹彩花卉基地、沐野庄园等，除了提供休闲度假服务之外，还会开展一系列的特色主题活动。沙雕创意大赛就是其中最为精彩的片段，全世界的青年创意团队齐聚外沙村，在沙漠中一起寻找灵感。另外还有丝绸之路、骆驼的生命轨迹、飞天之舞、沙盘推演、YOHO 沙滩时尚之夜、探险家俱乐部餐会、真人 CS 等时尚活动。

八卦洲素有芦蒿之乡的美称，到外沙村来就少不了品尝一下芦蒿系列美食，清炒芦蒿、芦蒿汁、养生芦蒿饼、芦蒿沙拉都是不错的选择。外沙村农家乐有 7 个农家乐民宿，能提供床位近 50 个，农家乐餐厅 11 个，能同时接待游客600人次。

自驾线路:二桥高速八卦洲匝道口—集镇北路—中心路即可到达。

10. 山凹村农家乐

寺抱山中满庭芳,竹海十里望不穿;

雪落梅林娇羞色,日照山凹四季香。

无想之境,万梅之约。傅家边山凹村休闲景区位于"全国休闲农业与乡村旅游示范点""国家AAA级景区"傅家边现代农业园的核心区内。这里山林优美,梅林万顷,竹海十里。这里月月有花,季季有果。青梅、李子、油桃、板栗、水晶梨、葡萄等果树漫山遍野,号称"金陵桃花源"。

春天您可以在暗香浮动的梅花中,体验制茶的乐趣;夏天,万亩竹海,避暑纳凉;秋天,五彩葡萄、水晶梨,硕果累累,等您认养、采摘;冬天,芦荟老母鸡汤、清汤狗肉,美食保健;红艳的草莓,等您采摘。

山凹村农家乐综合了农家餐饮、农家住宿、农耕体验、瓜果采摘、休闲度假等多种功能,可同时容纳400人就餐,80人住宿,构成"全方位、一站式"的休闲服务体系,能满足不同层次游客的需求。

图3-1-5　山凹村

自驾线路:宁高高速—洪蓝镇—傅家边现代农业园—傅家边山凹村休闲景区。

休闲农庄是由民间投资建设的，指利用农村自然和人文资源，以农业文化为主题，以休闲、观光、体验为目的的具有一定规模的综合性的农业庄园。休闲农庄不仅包括农业生产经营活动，而且包括农村观光游览以及与之有关的旅游经营、旅游服务等内容，如为游人提供具有农村特色的吃、住、行、玩、购等方面的服务和供应，满足人们对自然景观和乡土气息的向往等。作为一种新型的休闲农业业态，近年来在南京市得到了快速的发展。目前南京休闲农庄的发展，具有如下特征：

1. 数量较多、分布较广

南京现有农庄超过 170 个，分布在全市七个区县、四十多个乡镇，尤其在浦口、江宁两个区县，农庄数量均在 30 个以上；各农庄的投入呈逐年增大趋势，农庄档次也在逐步提升，据统计，全市休闲农庄投资总额在 15 亿元，单体投资在千万元以上的农庄达到 87 个，以浦口区石桥镇为例，全镇大小不一的农庄达到 14 个，新建的万成农庄、赭落山农庄投资金额均在千万元以上。

2. 已有一定的基础，具有较高的知名度

休闲农庄现已成为南京休闲农业的主要形态，在全市的休闲农业景区（点）中占到 90%以上，有 4 个农庄被评为国家级农业旅游示范景点（区）。在行业部门的大力组织、策划下，南京休闲农庄的知名度不断提升，一些农庄通过开展一些主题性活动，在全市、全省乃至全国产生了一定的影响，如万成农庄，通过举办“婚庆喜事进农庄”特色活动，受到了中央电视台《朝日新闻》和四套节目的关注；银林农庄策划组织的钓螃蟹活动，在中央七套作为专题播出。

3. 一些后起的农庄开始注重特色的塑造

与前期农庄相比，新建的农庄普遍具有投入大、规模大、档次高的特点，它们也越来越重视特色，寻求差异化发展，在主管部门的引导下，各农庄立足于资源优势，积极投入到创意项目的开发与建设之中，取得了一定的成效，如万成农庄建成了“市民农园”、推出了“婚庆喜事进农庄”特色活动，银林山庄策划了“双推磨”项目、开发了“豆腐宴”，松林山庄开发出“百鸟园”，鑫农庄建设了“百果园”等，在丰富了参与、体验性项目的同时，也树立了农庄对外的品牌。

附1:南京市二十大农庄

浦口区

1. 万成生态农庄——传统节庆　农庄演义

粉墙瓦黛，花红柳绿，树青水秀，万成生态园以仿明清徽派建筑尽显田园风情。园区占地600多亩，水面70多亩，设有弓箭场、垂钓池、摸鱼池、豆腐坊、采摘园、市民农园、亲子游乐场、荷塘、烧烤亭、特色家畜养殖区等20个参与项目，让您放松心灵，忘却城市的烦恼。园内有住宿标准间38间，会议室7个，用餐包间28间，大厅2个，可同时容纳800人就餐。值得一提的是园区除提供果蔬采摘、休闲垂钓、民俗体验、节庆表演、篝火晚会、会议商务、拓展培训、绿色购物、菜园畜禽认养、农业体验等服务之外，还提供传统婚庆进农庄服务，如明清婚礼服务，让您穿越到古代，感受一下传统婚礼的喜庆。

地址：南京市浦口区石桥镇高庙村。

公交线路：雨花台南门乘坐雨石线即可到或汉江线到江浦客运站换乘江石线即可到达。

自驾线路：

(1) 长江大桥—浦珠路—S124—江星桥线即有指示牌。

(2) 长江隧道—宁合高速连接线从乌江、江浦下—S124—江星桥线即有指示牌。

2. 天籁农庄——重温乡情　返璞归真

天籁农庄占地500亩，果满、鱼鲜、花香、空气好，构成农庄幽雅的意境，怡适优雅的田园风光，轻松愉快的农家生活，在天籁农庄吃住玩乐，尽享一回“绿色仙境”、“返璞归真”的田园生活乐趣。

吃在天籁：自产的野生活鱼、食用菌菇，蔬菜，独特的农家制作工艺。农庄可接纳40桌400人就餐。

住在天籁：干净舒适的农家住房，享受绿色清静、鸟语花香，远离喧闹的都市，呼吸新鲜的空气，别有一番世外桃源的感觉。农庄可提供50个床位，以及容纳50人的会议室服务。

玩在天籁：葡萄园、桃林、冬枣园里采摘鲜美可口的水果，天然鱼塘内垂钓野生鱼类，带着自己的成果与亲友一同分享。

乐在天籁：种菜、养花、喂鱼、收割，在天籁做一回农民，享受农村的自然风光，体会与城市不同的生活感受。

地址：南京市浦口区盘城街道永丰社区彭家楼组。

自驾线路：长江大桥—泰山新村—宁六路—学府路—永锦路—天籁。

3. 丽铭农庄——温馨夜钓　别样快感

丽铭农庄是标准水乡风格与古典建筑相结合的大型垂钓主题休闲农庄，整个农庄养殖水面1 500亩，其中垂钓面积200亩。农庄内花草环绕，院内小桥流水，风景优美，建筑风格独特。垂钓于水塘边，清新的农村空气，清风吹拂，水乡的小桥凉亭映入眼帘，这里是体验自然生活给你带来的舒适、惬意的绝佳之地。农庄还专为垂钓爱好者提供夜钓沙龙。夜幕降临，星光闪烁，月牙西斜，凉风阵阵，守候在水岸边，静静地欣赏着农家夜景，体味着夜的宁静，静听虫鸣蛙唱，又是何等的惬意舒适。农庄可容纳200多人就餐，50人住宿，40人会务。

地址：南京市浦口区永宁镇联合村。

自驾线路：

(1) 长江隧道—江浦—永宁镇—余家湾。

(2) 长江大桥—高新开发区—花旗—余家湾。

4. 正国农庄——秘制菜肴　特色民居

正国农庄占地700亩,是以赏花、尝果、品茶、垂钓、户外拓展训练为主题的特色休闲农庄。到正国农庄来吃特色菜、住特色房,将是您自驾游的首选。正国农庄拥有普通包间、豪华间、多功能厅等,可同时容纳600人就餐和300人会议。农庄秘制的"正国全鱼"和"毛氏开运牛头"是农庄的最大特色,口味独特,令人回味无穷。农庄独具匠心,打造不同的特色住房:和谐号动车组套房、休闲竹楼商务房、粮仓式情侣专用房、岸边休闲木屋套房区、延安窑洞套间、水雅居标间区、贵宾楼豪华商务房和徽派建筑群落区,供游客选择。此外山庄还有丰富的农产品,让您满心欢喜而来,满载农家味道而归。

地址:南京市浦口区江浦街道高旺居委会花园组。

自驾线路:长江隧道—宁合高速乌江、江浦出口下—浦乌公路,往乌江方向,至三桥立交桥即到。

5. 龙泉山庄——琴棋书画　孔孟文化

龙泉山庄由孔子第七十五世孙创建,庄园内环境古朴典雅,文化气息浓厚,是假日休闲、会务、笔会的好去处。"园内,有水榭回廊,棋牌书房、茶社餐馆,筑水中央,亦有容百人会场,更喜孔府学堂。园后,见狮岭雄峙,佛光普照;巍峨观山(山名),雨濑翠貌;百亩茶园,山鸡鸣叫;畜禽圈养,呈五业兴旺之兆。此乃龙泉山庄也。"孔府学堂、百步长廊弘扬孔孟文化,祥云文房展示佳联和书画,在龙泉茶社品茶,在农家小院小住,返璞归真,温馨自在。山庄可提供54个床位,可接纳30桌就餐,同时山庄还有会议室4个,可提供会议服务。

地址:南京市浦口区江浦街道差田村。

自驾线路:长江一桥、二桥、三桥—浦乌路,在三桥出口处有指示牌。

6. 养生园——世外桃源　修身养性

养生园占地760亩,位于赭洛山下驷马河畔,碧水常清,风景秀丽。

园内以“百果园”和“百草园”为特色，提供餐饮、住宿、垂钓、会议等服务。入住山庄游览或羡鱼垂钓或观赏休憩，既可大饱口福，又可锤炼身心。在这里空气清新，景色宜人，宛如世外桃源。当您品尝了甜美的果实，呼吸了清新的空气后，若还意犹未尽的话，还可挑选几样碧翠鲜嫩的无公害蔬菜带回家，与家人或亲朋好友共享这大自然的惠赠。养生园可提供100个床位，容纳15桌就餐，同时园内有会议室2个。

地址：浦口区石桥镇九华村。

自驾线路：

(1) 经三桥—浦乌路—江星桥线—石桥镇—镇林场。

(2) 经长江大桥或长江隧道—浦珠路—浦乌路—江星桥线—石桥镇—镇林场。

六合区

7. 九九艳阳度假村——开心农场　都市农夫

九九艳阳度假村占地980亩，住木屋，吃生态餐厅，玩开心农场，是度假村的最大特色。度假村建有独特的农家别墅9栋，水景木屋8套，全部采用原木构建，返璞归真、回归自然。度假村内有超大型阳光生态餐厅，步入餐厅别有洞天、碧水风荷、原木餐椅、奇域水帘、独木成林，可同时容纳1 000多人就餐。度假村开辟了100亩租用菜地，打造现实版开心农场，将网络游戏中的各种规则灵活运用起来，让市民在劳作的同时感受到游戏的快乐，当起了名符其实的“农夫”，享受到绿色田园那种“渡头余落日，墟里上孤烟”的宁静生活。此外度假村还提供会议和观光服务，度假村与周边景区达成联动合作协议，可以为您量身定制观光线路、安排专车接送。

地址：南京市六合区八佰镇茉莉花村。

自驾线路：南京—南京长江二桥(大桥)—六合方舟广场—金牛湖风景区方向—到后王红绿灯直行80米右拐即到。

8. 千禧万福生态园——南京白局　传承历史

千禧万福生态园占地260余亩，集旅游、度假、娱乐、休闲于一体。生态园十分重视民歌民乐，不定期地邀请地方名歌手到园区进行演奏。到生态园来听南京传统地方戏曲——白局，感受地方戏曲的魅力，传承古老文化。听戏曲、品农家生活、享受悠然时光，生态园还为您准备了自产自销的纯天然生态大米、稻田鸭、土鸡、老鹅、黑猪肉等系列产品。生态园可提供44个床位，招待餐饮15桌，还能提供会议服务。清晨的第一缕阳光吻醒双眸，恍如于家的感受，悠然舒适的睡眠，属于这里温馨惬意的一切。

地址：南京市六合区葛塘街道前程村。

自驾线路：宁六公路葛塘转盘下，往中山科技园方向，过新桥直行6—8分钟即到。

9. 福朝生态园——赏葡萄景 酿葡萄酒

福朝生态园占地500亩，是一个以葡萄为主题的休闲度假园。500米的葡萄观光长廊贯穿园区，漫步葡萄园，葡萄散发的芬芳让您忘却一切烦恼，享受宁静淡然的心情。在这里您不仅可以亲手采摘到优质的葡萄，可以认养葡萄藤，还可以参与葡萄酒的酿制过程，亲手酿制自己的葡萄酒。此外生态园还提供垂钓服务。生态园餐厅可同时容纳200人就餐。体验农游乐趣，尝农家菜，品自己的葡萄酒，别有一番滋味在心头。

地址：南京市六合区竹镇丰乐村。

自驾线路：(1) 大桥—葛塘—镇(西部干线)。

(2) 宁淮高速从竹镇道口下。

溧水区

10. 龙吟湾山庄——乡情乡味 闲适怡然

龙吟湾山庄占地1 388亩，其中生态果蔬山地880亩，生态有机茶园508亩，山庄内黄色的小木屋环抱在绿树丛中，春采茶、夏采果、秋来养生、冬赏雪，这就是龙吟湾给您的全新体验。在这里您可以亲手采摘鲜嫩的茶叶，亲手制茶；您可以体验采摘的乐趣，品尝最新鲜的水果；您可以闻着果香与好友一起在小木屋内享受农家生活的乐趣；您可以漫步在乡村的小路上，欣赏着漫山的雪景。生态园可提供餐位15桌，住宿8个床位，同时还能提供一个容纳50人的会议室。

地址:南京市溧水区晶桥乡笪村。

公交线路:南京南站—溧水长途车站乘 1 路、2 路、3 路、8 路公交车至溧水城南站转乘溧水—晶桥巴士车至经家山左转至龙吟湾。

自驾线路:宁高高速溧水西下、沿江高速或宁杭高速溧水东下抵达溧水县城—洪蓝—蒲塘—傅家边观光园—经家山左转至龙吟湾。

11. 绿岛生态园——农家美食 在水中央

葱郁草木四季青,水面荷花别样红,小岛四面环水,故得名为绿岛。绿岛生态园集种养、餐饮、旅游、观光休闲于一体,为广大游客提供垂钓、娱乐、会议、商务洽谈等服务。园内 400 米长的荷花观赏景观带与岛上错落有致的小木屋相互映衬,融为一体,独具风味。园内新品种蔬菜示范园、农耕领养园、自摘乐趣园、农耕体验园、野菜园、拣鸡蛋乐园等为游客提供丰富的体验项目。生态园拥有自主品牌 3 个,特色菜肴 10 个,可为游客提供十几种农产品,生态园自创的农家红烧肉在 2007 年被评为南京市农家乐十大特色菜之一。生态园可同时容纳 160 人就餐,并且可提供标准客房 12 间,以及会议室服务。

地址:南京市溧水区洪蓝镇蒲塘村。

自驾线路:南京市区—宁高高速—溧水区—洪蓝镇绿岛。

12. 大金山农庄——重温历史 军旅情结

大金山农庄占地 66 公顷,集生态景观、旅游休闲、会议商住、人文景观和国防教育于一体,是国家 AAA 级旅游景区、国家爱国主义教育基地、全国青少年户外活动基地。一山——大金山,一水——东屏湖,一史——大金山抗日史,得天独厚的条件,让大金山农庄成为最具特色的农庄之一。大金山上革命战争史展览馆、炮台、封闭靶场、武器展示等是军事体验和国防教育的好去处。山坡上竹林、红枫林、柑橘园、樱桃园、石榴园、冬枣园……漫山遍野,采果子,挖花生,撬竹笋……在这里可以体验一下耕作劳动之乐,彻底置身于自然环境中。山下的森林农庄小木屋是园区的一大亮点,在此可品茶谈天、品尝到农家菜肴,体验自然的生活。农庄可提供 124 个床位,餐位 40 桌,此外农庄有 6 个会议室,可容纳

400人。

地址：南京市溧水区东屏镇。

自驾线路：宁杭高速溧水东出口下右转5公里即到。

13. 一剪梅生态园——城市农场　都市农夫

一剪梅生态园利用原始的农村景观，打造出林中娱乐、水上游玩、水中鱼鸭、山上果蔬、树下鸡禽的新农庄格局，园内开辟了100亩地建设城市农场，都市农夫们只要租下土地就可以种植自己喜欢的蔬菜瓜果。生态养殖区内游客可以认养属于自己的跑山鸡、屏湖飞鸭、生态鱼鳖，游客还可以赏驴，并参与到驴肉的现场加工中，体验阿胶是怎样炼成的。舒适的农村自然风景，可口的农家大锅饭菜，生态园可提供30桌约400人同时就餐，会议室可容纳100人，同时生态园还有土鸡蛋、野生甲鱼、山野菜、跑山鸡、手撕风鱼等产品供游客选购。

地址：南京市溧水区东屏镇企湖村。

自驾线路：

(1) 沿江高速—东屏出口——剪梅。

(2) 宁杭高速—溧水北出口—东屏——剪梅。

(3) 机场高速—溧水西—东屏——剪梅。

雨花台区

14. 福音山庄——宁静雅致　会议之庄

风景秀丽的牛首山边，青山翠竹的将军山畔，有“天然氧吧”之称的福音山庄充分利用自然资源打造了一处最具乡土特色的幽静之地。山庄在提供客房、餐饮、娱乐、保健、会议等服务的同时，还为游客提供农家乐自助游服务，市民可以在踏青郊游的同时自己煮饭烧菜，体验农家生活；可以参与到豆制品和手工挂面等农产品的制作中，体验农事的快乐；山庄还根据季节举办“特色乌叶美食节”“龙虾啤酒美食节”等特色活动，此外山庄司机开展“野菜采摘”活动，带您认识野生蕨菜、野生栗子、野荠菜等各种野菜。山庄可提供200个床位的住宿，80桌餐位，会议室10个。

地址:南京市雨花台区(县)铁心桥街道乡(镇)高架库村。

自驾线路:雨花台—宁丹路—铁心桥—高家库。

高淳区

15. 银林山庄——印象银林 回味无穷

银林山庄占地1 000多亩,是高淳区规模最大的农业旅游景点,山庄集餐饮、客房、会务、桑拿、拓展、培训于一体,园内特设垂钓中心、跑马场、农趣园、珍禽园、农产品深加工基地等各类特色生态农业旅游项目,每个项目都具有很高的参与性和游览性。竹林深处,小木屋房和餐厅错落有致,成为山庄一景。坐在小木屋内,欣赏这窗外青翠的竹林,婀娜的芭蕉,呼吸着新鲜自然的空气和青草的香味,体会着"窗下蛙声、檐下鸟鸣"的自然和谐,身心得到彻底的放松。山庄特地为游客编排了一场高淳民间文艺表演——《印象银林》,乡土风情浓郁。山庄可提供150张床位,60桌餐位,会议室5个。

图3-2-1 银林山庄

地址:南京市高淳区东坝镇。

自驾线路:南京市区—宁高高速—123省道—东坝镇—银林山庄。

16. 迎湖桃源——水乡江南　经典之作

迎湖桃源是一个水乡特色的休闲农业景点，占地 4 800 亩。农庄内空间开合有序，亭榭楼阁错落有致，小桥流水，花影鱼跃，垂柳荷莲交相辉映，参天大树挺拔傲立，构成一幅典型的江南水乡田园风光图，使人有一种回归大自然的感觉。500 亩生态荷花园，盛夏荷花点点，绿波摇曳，清香浓郁，是赏荷纳凉的好去处。农庄提供游乐、垂钓、休闲、会议、农事体验、住宿等服务。农庄可提供 400 张床位，餐位 200 桌，会议室 6 个，共可容纳 1 000 人。

地址：南京市高淳区江镇永胜圩内。

自驾线路：南京市区—宁高高速高淳出口—双高路—镇兴路—永砖路—迎湖桃源。

江宁区

17. 佳泽农业生态园——农家生活　心的体会

佳泽农业生态园占地 180 亩，毗邻湖熟文化遗址、杨柳湖古建筑群、史量才故居、湖熟生态旅游观光示范园，园内蔬菜、水果、花卉、家禽养殖等一应俱全，是体验田园生活的好去处。到生态园来体验农家垂钓，采摘水果、蔬菜，品尝农家特色菜肴，享受一次全新的农家生活。生态园能同时容纳 500 人吃饭，可提供住宿床位 10 个，同时生态园有会议室 2 个，能容纳 30—50 人。

地址：江宁区湖熟街道金桥社区。

公交线路：从南京乘 101 到东山总站—金周线—湖熟站。

自驾线路：宁杭高速—湖熟出口—S337—湖熟大桥—湖龙路。

18. 敏涵生态园——缠绵自然　度假胜地

敏涵生态园凭借其得天独厚的自然条件，以自然生态、山水相融的环境，建设一流的农业科技观光园，让您真正亲近自然，融于自然，享受自然，保护自然。生态园以现代的简洁建筑风格，沿水而居，清静幽雅，五星级客房 60 间为您提供一个休闲、度假的第二居所；1 000 多平方米的西餐厅、特色中餐包厢 20 间、2 000 平方米的精品农产品餐厅、垂钓区、天然浴场、温泉公园，都是您餐饮、会议、理疗、休闲的度假胜地。

地址：江宁区谷里街道柏树社区。

自驾线路：

(1) 宁丹公路—牛首大道可直达。

(2) 宁丹公路—正方大道—谷江路可直达。

19. 佑侨农业生态园——生态有机　成就健康

佑侨农业生态园占地300亩，借赤山之灵气，秦淮之美景。生态园以“佑侨式”的健康生活理念，为所有游客提供有机生活的享受。园内所有蔬菜、畜禽、水产品都以有机种养方式生产，您可以到园区来认养自己的有机猪、有机蔬菜、有机果树，体验农家生活，与大自然零距离接触。我们还可以为您提供有机农产品的配送。到佑侨来，回归有机生态农业，成就健康成功的人生。生态园可提供标间房15个，套房5个，农家餐厅可容纳100人就餐，同时园区还有100人大会议室1个，多功能厅2个，是您会议、休闲、观光、垂钓的好去处。

地址：南京市江宁区湖熟街道新跃社区孟岗湖。

自驾线路：宁杭高速湖熟出口下—汤铜公路(S337)往汤山方向—青赤路右转往赤山风景区方向—沿秦淮河河堤右转1公里。

20. 鹿苑山庄——鹿身百宝　邀您共鉴

鹿苑山庄占地1 000余亩，是以梅花鹿养殖和鹿产品开发为主题的特色农庄。到鹿苑山庄来，看不同的农家风景，吃不同的农家菜，将会有不一般的收获。山庄内葡萄长廊、有机蔬果园、有机茶园、苗圃、马术俱乐部、百鸟园、盆景园、垂钓池等与亭台楼阁相互衬托，美不胜收。到山庄来就一定要去一睹梅花鹿的风采，给梅花鹿喂食，来一个零距离的接触；到山庄来就一定要去吃特色鹿宴，营养滋补，味道鲜美；到山庄来就一定要带走梅花鹿产品，山庄自主开发的鹿产品，见证“鹿身百宝”之说。山庄可提供客房40间，以及20个餐饮包间和30桌餐位。

地址：江宁区谷里街道双塘社区新塘。

自驾线路：宁丹公路—银杏湖大道可直达。

附2:金陵农庄联盟方案

金陵农庄联盟章程

总　则

1. 名称:金陵农庄联盟。

2. 联盟性质:“金陵农庄联盟”是在南京市农林局的指导下,由丽铭农庄、松林山庄、银林山庄等三个农庄发起成立,以南京市各区县较有规模的经营性农庄为成员的非赢利性民间组织。联盟组建期由南京市旅游协会牵头负责各项筹备事宜,并组织当年的日常工作,次年,联盟正式运转。

3. 联盟宗旨:联盟旨在打造金陵农庄,提升联盟企业的运行品质,致力于为南京休闲农业较有规模的经营性农庄服务,塑造并推广联盟企业的品牌,促进联盟企业间的交流合作,推进金陵农庄良性健康发展。做到“四统一”,即“统一包装标识、统一宣传、统一活动、统一管理”。

4. 联盟承诺:全心全意对消费者负责,以质量为保证,以服务为保障,以价格为手段,强强联合、资源共享,把金陵农庄做成南京休闲农业的品牌。

第一章　加入联盟的要求

加入联盟的农庄,必须是南京市较有规模的经营性农庄,并且满足以下要求:

1. 加入联盟的农庄必须证照齐全、具备合法的经营资格;具有良好的经营信誉,诚信经营;

2. 加入联盟的农庄具有成熟的销售网络和经营能力,且具有一定的资金实力;

3. 加入联盟的农庄所经营的品牌具有一定的经营特色;

4. 加入联盟的农庄服从统一的组织管理,严格执行联盟通过的各项决议或制度;

5. 积极参加联盟组织的各项活动，每年按时缴纳联盟年费；

6. 不做有损其他联盟品牌的行为；对有损联盟品牌的行为应及时制止并举报；

7. 遵守以本条为依据制定的《联盟申请须知》；

8. 真正做到品牌合作、强强合作，突出服务，并有很好的品牌形象展示；

9. 真正做到心贴心、背靠背、真枪实刀、敢想敢做；并切实为合作伙伴的品牌形象和利益着想；

10. 在质量、价格、服务、信誉等方面，达不到要求的会员，联盟将予以淘汰。

第二章　加盟程序

1. 填写"南京农庄联盟理事会登记表"，连同营业执照、机构组织代码证和法人身份证明的复印件传真至联盟秘书处；

2. 联盟秘书处会员部初审后报请联盟秘书长审批，有特别争议的报请联盟委员会审批；

3. 联盟秘书长或主席团审批通过后，联盟秘书处会员部向申请单位发放正式通知函件；

4. 申请单位交纳会费(2009 年入盟免除会费)；

5. 办理信息更新备案及手续；

6. 每次活动现场颁发新增会员单位的证书(以通知为准)。

第三章　联盟组织框架

1. 联盟的成员排名不分先后；

2. 联盟发起单位：丽铭农庄、松林山庄、银林山庄；

3. 联盟委员会推举名誉主席 1 名、副主席 2 名、秘书长 1 名；联盟委员会负责品牌联盟的发展方向、发展策略、增减联盟成员、重大合作方案及其他重要事项；

4. 联盟委员会下设联盟智库机构、秘书处、信息处、联盟督察处，成员由联盟委员会指定或者联盟会员推举产生；

5. 联盟智库机构：由政府、银行、业内专家、法律行业、品牌营销等有影响的人士担任，为联盟的政策、法律、金融、营销、品牌、咨询等层面提供专业意见和建议，并为联盟的发展营造良好的外部环境；

6. 联盟秘书处：品牌联盟设秘书处。秘书处为联盟企业日常沟通的常设机构，负责与东道主单位磋商该季度活动主题、接受新会员参加(退出)品牌联盟的申请，并在“季度联盟会议”中通报、筹办内部培训沟通活动。2009年，暂由南京市旅游协会代理秘书处各项职能，次年移交；

7. 联盟信息处：信息处为负责联盟企业日常信息服务的常设机构，负责建立与维护联盟网络传播平台，收集整理相关市场信息，筹办内部刊物“月度品牌观察”，收集整理优秀项目资料，深入市场细致调研，为智库机构提供可靠的数据和信息保证；

8. 联盟督察处：从联盟理事、市场管理人员中推荐担任，由联盟委员会中1名副会长领导，督察员若干(其中市场管理人员兼职)，负责联盟内部在信誉建设方面的监督以及举报和奖惩制度的落实。

第四章　经费来源

1. 会员会费；

2. 缴纳活动费用；

3. 提供相关服务的收入；

4. 其他合法收入；

5. 联盟经费必须用于本章程规定的业务范围，不得在会员中分配；

6. 联盟建立严格的财务管理制度，接受联盟监督委员会和广大联盟会员的监督，确保经费使用的真实合理；

7. 联盟所使用经费必须进行会计核算、联盟监督和定期公示；

8. 联盟的任何成员不得侵占、私分和挪用联盟经费；

9. 品牌联盟理事会会费标准另订。

第五章　违规处理

联盟成员有下列情形之一的，联盟有权终止或取消联盟资格等：

1. 在接到顾客投诉十五日内不予受理的；

2. 借助联盟从事违反国家法律法规的活动；损害联盟其他成员利益行为的；

3. 出现诈骗、制造混乱等违法行为的；

4. 与非联盟会员合伙，损害联盟利益的；

5. 违反联盟其他相关规定的；

6. 在质量、服务、环保、价格方面，违反联盟宗旨的；

7. 其他违反法律、法规行为的。

第六章　成员权利

1. 提出本联盟章程修改草案；

2. 出席联盟代表大会，讨论决定本联盟的重大事项；

3. 听取和审查执行委员会报告、联盟工作报告和财务报告；

4. 享有知情权和选举权；

5. 对联盟秘书处工作提出建议、意见并进行监督；

6. 享有“品牌联盟”徽标使用权；

7. 可按照统一格式对外使用“品牌联盟企业”名义；

8. 免费在官方网站发布会员最新动态更新；

9. 免费定期获得最新资讯；

10. 免费受邀参加联盟沙龙、联盟代表大会等联盟内部活动；

11. 单位主要领导有机会受邀在联盟大型活动中担任评审委员；

12. 同等条件下优先作为联盟大型活动的合作单位；

13. 参与联盟的各项大型活动，可享受最低折扣优惠；

14. 优先共享联盟的品牌资源、媒体资源、专家资源和客户资源等。

第七章　成员应该履行的各项义务

1. 遵守《联盟章程》，执行联盟决议，遵守行规行约；

2. 重视企业品牌建设、培育，为南京休闲农业品牌走向全国、走向世界作出贡献；

3. 联盟成员须按统一规范要求在其宣传资料的显著位置标注联盟徽标和名称；

4. 承担联盟委托的工作，支持和积极参加联盟举办的各项活动；

5. 推荐联盟新成员。

第八章 退出和除名

1. 品牌联盟理事会会员享有加入联盟和退会的自由；

2. 联盟成员因自身原因可以退出本联盟，需提交书面申请，退出本联盟的成员不得再以本联盟成员的身份开展活动。扣除相关费用后会费余额退还；

3. 凡依法破产、关闭、解散、注销的联盟成员，即自动失去成员资格；

4. 自加入联盟理事会之日起，两年内未参与联盟任何活动者，即自动失去成员资格；

5. 逾期 2 个月不续交会费者，即自动失去成员资格；

6. 有违背联盟指导原则和损害联盟品牌形象的行为时，经协商无效者即可作除名处理；

7. 勒令退出：有违反品牌联盟章程或联盟盟约和规定的，联盟多次警告后不加改正的，联盟将有权取消其联盟资格。联盟将在十五个工作日内给予正式的书面通知。被勒令退出的，联盟将不予退还任何费用。

第九章 附则

1. 本章程的解释权属于联盟协会所有；

2. 本章程未尽事项可由联盟与成员协商决定；

3. 本章程生效后，联盟成员必须认真自觉遵守执行；

4. 凡联盟其他规定与本章程相抵触时，应以本章程规定为准；

5. 联盟的成员必须承诺遵守本章程，维护和保持本联盟正常运作。

一、休闲农业园区发展驱动因素

近年来，城市周边休闲农业产业发展十分迅速、技术密集型农业进程加快以及现代企业经营理念向农业领域不断渗透，带动了休闲农业园区的建设。

第一，休闲农业产业化发展迅速。随着人们生活方式的改变、生活水平的提高，农业已不再是以生产农作物满足人们饮食需求为主要目的的初级产业，逐渐转为将整个农业生产环境、过程与产物调整为以满足人们休闲需求为主的三级服务产业。人们对现代生活方式的追求、现代农业技术的发展等都促使了农业根据市场的需求向休闲农业产业化方向发展。

第二，技术密集型农业进程加快。随着科技的发展，农业逐渐改变其"面朝黄土背朝天"的方式，大量劳动和土地密集型的粗犷生产经营方式，向精致化方向发展。休闲农业园区的提出亦是精致农业概念的延伸，它同样强调以更专精、更有系统的营运方式来为传统农业开创不同的附加价值。生产力与竞争力的评量，也不在于量多而在于质精，在于其能否引发人们前往休闲的意愿，并满足人们对某种休闲内涵的需求。

第三，农业企业化的经营理念。企业化经营理念包括市场化、组织化和专业化，休闲农业园区的提出，也是以企业化经营理念来经营休闲农业的构想之一。农业休闲园区的运作就是希望用企业化的经营手段来将农地转变成为具有商业价值的休闲乐园。传统的休闲农业园如果要成功转型成休闲农业园区，就必须引进市场化、组织化与专业化的企业化经营理念和做法，将休闲农业的经营与市场呼应连接起来，用专业化的管理方式，将休闲农业资源进行优化配置。

已有观点普遍认为，休闲农业园区强调地域性整体资源的组织营运，其转型自传统农业，区别于工业化休闲产业，从某种意义上看休闲农业园区是乡村性与都市性、体验性与消费性、特性与共性、生态性和人为性的结合。

从上述休闲农业园区的发展驱动因素来看，休闲农业园区本质上兼具商业性和社会性。我们认为休闲农业园区就是在整合某区域农业资源的基础上，采用企业化运作方式，将传统农业打造成为集科普教育、观光体验、休闲度假于一体，经济效益、生态效益和社会效益相结合的综合园区。

二、南京发展休闲农业园区的基础

南京市休闲农业经过近几年的发展，已经呈现出多元化的发展趋势，经营形式和经营项目逐渐地丰富起来。立足于南京市休闲农业的发展现状，南京市发展和建设休闲农业园区已经具备一定的基础和优越的发展环境。

一是有农业产业基础。休闲农业资源条件优越。从南京市现代农业园区的资源条件来看，园区发展休闲农业具有得天独厚的优势，园区内农业资源丰富，地方农林特产及制品数量多，品种丰富，区域内水域覆盖面积较广，还有丰富的林业资源和山体资源，这些即为打造休闲农业景区，建设休闲农业园区先天性的优越条件。

二是有消费市场。南京市休闲农业已形成一定的气候。根据国际经验，人均 GDP 达到 1 000 美元时，旅游需求急剧膨胀，但主要是观光性旅游的需求。人均 GDP 达到 2 000 美元时，将基本形成对休闲的多样化需求和多样化选择。人均收入达到 3 000 美元时，度假需求就产生了。以北京市为例，2004 年北京市人均 GDP 已达 3 470 美元，城镇居民可支配性收入已达 12 638 元，人均消费支出12 200 元，恩格尔系数降至 32.2%。这些城市人在满足吃、穿、住的基本需求以后，其消费倾向将逐步转向物质消费和精神消费的多样化、高级化和个性化，而且这一消费群体会越来越大，成为发展乡村休闲农业旅游的主要游客。

三、休闲农业园区发展类型

根据园区产业的特点，我们可以将休闲农业园区的发展分为休闲农场、休闲渔场、休闲林场、市民农园、市民家园、教育农园、农村和农村文化活动等类型。

（一）休闲农场

休闲农场是指以传统的农业生产为基础，包括粮食作物、蔬果、经济作物等其他农作物生产，利用农场的多种自然资源，如农田、水塘等农业生产中常见的自然景观和农业生产中特有的动植物、生产工具等，打造农业休闲项目，为市民提供休闲服务。休闲农场资源丰富，能采用和开发的休闲项目比较广，包括农田景色观光、农家民宿、农事体验、乡土民风活动、感悟自然等。以高淳区桠溪镇为例，桠溪镇农业生产汇集了个中农业资源，先天性的良好的自然环境为发展休闲农业提供了得天独厚的条件，粮油生产基地、蔬菜基地、吊瓜子基地、瑶宕的茶园、果园、民宿村等结合在一起，就能形成一个涵盖休闲、观光、体验、民宿的休闲农业园区。

（二）休闲渔场

休闲渔场是利用天然的水域从事水产养殖等经营活动的同时利用水域资源和渔业资源打造相关的休闲活动，主要包括渔家美食、捕捞、垂钓、渔家美景等休闲活动。以固城湖为例，近年来螃蟹节已经成为南京市重要的农业节庆之一，然而固城湖水域的开发还处于养殖为主的初级发展阶段。随着固城湖螃蟹的闻名,固城湖水域的休闲功能应当逐渐地利用起来,利用固城湖独特的水域风景,固城湖螃蟹的盛名,开发集美食、观光、休闲等于一体的休闲渔业园区,对于带动当地经济发展,发挥固城湖的综合效益将具有重要的作用。

(三)休闲林场

休闲林场是指利用多变的地形、丰富的林地资源和优美的林区风光,开发贴近自然的休闲项目供市民休闲娱乐。休闲林场可利用其优厚的资源开发森林氧吧、森林漫步、林间木屋、体能训练营、森林美食等休闲项目。南京市林业资源丰富,可利用的价值也很丰厚。江宁横溪的石塘竹海就是一个典型的例子,石塘竹海利用其优美的竹海,打造成一个优美的风景区,结合前石塘村的农家民宿,这里已经成为一个涵括观光休闲、美食、民宿的现代休闲农业园区。

(四)市民农园

市民农园其主要就是给市民提供土地、耕种技术、耕种工具等,让市民也来享受耕作之乐,体会农事生产。市民农园根据种植品种的不同大体包括果蔬认养、稻田认养、菜地认养和牲畜认养等。目前南京市已有一些农业休闲园发展了市民农园的休闲项目,从南京市现代农业园区的条件来看,大多数的园区都具备开发这项功能的条件和潜力。

(五)市民家园

市民家园是指利用农家自有的宅院,结合当地人文、自然景观、生态环境资源及农业生产活动,以家庭副产业方式经营,提供游客乡野生活的住所。农家通过与游客交流、提供有当地风味的休闲方式,让游客具有“在家”的感觉。市民家园相对而言对农户的素质、农村社区资源条件、经营管理等提出了更高的要求,市民农园要利用优美的环境、脱俗的乡间文化、温馨的乡土人情来吸引游客。近年来我市新涌现的前石塘村、瑶宕村就是典型的市民家园模式。

（六）教育农园

教育农园是以农业生产、自然生态、农村文化生活等资源为内涵，对中小学生或一般游客设计体验活动，通过详细的解说，让游客了解自然，完成自然生态教育，同时促进城乡交流的一种休闲农业经营模式。一般的休闲农园都可以通过改造和设计扮演教育农园的角色。南京蔬菜科技园就是典型的教育农园模式，在这里游客可以在休闲中得到学习和娱乐的体验。

（七）农业和农村文化活动

农业和农村文化活动即指利用农村和农业特有的生活、风俗习惯、农村人文、农业文化吸引游客前来休闲。近年来南京市休闲农业对农业文化的重视越来越多，比如赭洛山农业休闲园区就是打造农业文化园区的典型。赭洛山茶文化园通过打造茶文化园，建立6 000平方米集茶园自采、自制体验、水景、手工制茶、品茗、茶艺表演、休憩于一体的茶文化广场（包括400平方米的茶文化长廊），将茶文化融入休闲中，让人们在体验休闲中感悟茶文化。赭洛山养生院推出的百草园将中国悠久的中草药文化展现在人们面前。

四、休闲农业园区建设趋势

（一）以休闲农业理念引领园区建设

休闲农业跳出传统农业生产模式，由初级产业转型为三级服务产业，它突破了农业发展的瓶颈，促进了农业经营的精细化，提高了农业附加值。以休闲农业理念引领园区建设，从而带动整个乡村经济的发展，一方面要注重整合区域资源发挥整体的力量；另一方面要营造园区特色，维持园区的永续经营与发展，使得休闲农业在引领园区发展、拓展园区功能、增加农民收入、推进城乡和谐发展、促进新农村建设方面发挥重要的作用。

（二）坚持创新创意，打造休闲农业园区持续的生命力

随着休闲农业的发展，越来越多的人不再满足于吃农家饭、住农家屋、体验农事等一系列单调的活动。虽然郊野乡村的生态环境依然是吸引游客的一个重要条件，但游客更渴望在农业旅游中体验新奇、刺激、时尚等现代休闲娱乐元素。创新是休闲农业园区可持续发展的动力源泉，坚持创新创意，将游客的需求巧妙地渗透和融入休闲农业园区中去，形成创意休闲农业，从而进一步引领农业休闲发展的潮流，带动第三产业蒸蒸日上。

（三）要突出特色

要想休闲农业园区对游客具有持久的吸引力，就必须要重视园区中资源的开发与利用，用一定的特色和差异来吸引游客，满足游客的娱乐需求。每个园区要深入挖掘乡土原生文化，深层次、多方位地设计开发具有乡村特色的娱乐产品，做到“人无我有，人有我优”或者“人有我特”。农业中很多农事活动或农产品经过创意开发，其品位和价格都能得到很大的提升，并能成为休闲农业园区的一大卖点。

（四）融合三大产业，发挥休闲农业园区的综合效益

休闲农业让城市与乡村建立起了互动关系，将农业的食品生产功能拓展成集生产、教育、娱乐、度假等于一体的综合功能，将农业由第一产业拓展为三大产业融合的产业。充分发挥休闲农业园区的综合效益就应当将三大产业融合起来，以三大产业的发展充分带动农业农村的发展。

（五）休闲农业园区要管理上水平、服务上层次

休闲农业作为第三产业，其管理和服务直接关系到园区的档次。在

管理上，应当引进现代企业的管理理念，采用市场化、专业化和组织化的运作方式，引进高素质高水平的管理人才进行管理，让管理上水平；在服务上，让服务上层次。按照城市服务业的服务要求和方式加强休闲农业园区服务水平建设，要让人们在园区享受城市没有的娱乐休闲的同时能享受到城市中的消费服务，这样才能吸引更多的城市人到休闲农业园区消费休闲。

附 1：南京休闲农业园建设标准

现代农业示范区（休闲农业园）建设标准

一是规划科学合理。园区有专门的休闲农业规划，定位明确，空间布局科学，功能设置合理，产品配套完善。园林设计，环境优美，生态环保，适宜游客停留、驻足。

二是基础设施齐全。园区外交通便捷，可进入性较强。园区内道路、水电齐全，有旅游专用的停车场、厕所、咨询服务等。园区指示标记完善、清晰、生态、富于教育内涵。

三是服务设施完善。食、住、行、游、购、娱等要素配套齐备。有专用的旅游餐厅，能够提供较具特色的旅游餐饮；有固定的农产品销售点，能够开发园区特色的旅游农产品供游客选购；有体验性农事活动项目，注重对农耕文化的挖掘、包装，拓展园区在科普、教育方面的功能；有专门的园区游览通道，面积超过 1 000 亩的配备园区游览观光车辆；根据园区实际需要，有条件的可以提供温馨、舒适的住宿服务。

四是工作人员专业。有专门的休闲旅游管理机构，有一支工作队伍，能够提供热情、周到的旅游服务，包括园区的导游讲解服务等。

五是宣传促销到位。根据自身的市场定位，能够找准客户群，定向开发旅游产品，有完整的年度宣传、促销工作计划，建立园区休闲网站（页），多途径做好对外宣传工作，在旅游市场形成一定的知名度。

六是带动效益明显。年度接待游客在 5 万人次以上，休闲项目能够带动当地农业产业发展、带动农民就业增收。

附2:南京十八大休闲农业园区

南京江宁台湾农民创业园

园区位于江宁区横溪街道,2008年12月,国家农业部、国务院台办批准设立,总面积86.31平方公里。

图3-3-1　南京江宁台湾农民创业园

产业特色

“一心四区”五大板块——“一心”即中心服务区,“四区”即展示体验区、试验推广区、生产示范区、加工物流区。

休闲项目

高科技农展馆——科普西(甜)瓜等新奇特品种、多方式植物栽培技术、了解横溪西瓜文化等。

宝岛风情馆——台湾旅游前期准备,参观台湾101大楼、阿里山等微缩景观展示,了解台湾民风民情。

台湾花卉馆——鉴赏台湾精品花卉，装扮美丽家园。

城市农场——领略台湾休闲农场的精髓，了解餐桌到餐桌的循环农业、农事体验、山地跑马等。

购物天地——台湾伴手礼超市。

此外，还可参观日本锦鲤园、新西兰农业园、海棠花鸟园、植物工厂、石塘竹海景区、石塘村农家乐、南京蔬菜(花卉)科学研究所基地、生态餐厅等。

自驾线路：机场高速，从将军山出口转将军大道即可到达。

南京汤山翠谷现代农业科技园

园区位于江宁区汤山街道，2010 年 8 月南京市国资集团批准成立，2011 年被南京市农业委员会授予"南京市现代农业示范园区"称号(2012 年宁政发〔2012〕199 号文公布，下同，省)，总面积 50 平方公里。

图 3-3-2 汤山翠谷(一)

产业特色

农业现代种植业、养殖业、加工业、物流业、服务业均衡发展，突出精品花卉、精细加工、培训人才等产业。

休闲项目

瓜果田园——春游赏花，秋摘瓜果。了解有机、绿色、无公害蔬菜知识，认养、参与田间劳作，定期收获农事体验成果。

花卉公园——了解花卉最新品种和生产技术，鉴赏园艺组盆艺术。

市民广场——蓝天白云，玉石碧水，儿童乐园，小憩佳处。

生态餐厅——小桥流水，群花锦簇，静心品茗，画中用膳。

此外，还可以漫步园区，观佳景、闻花香、听鸟语、品农味，是居家郊游、商务聚会的理想之地。您还可以从园区的健康商店带回蔬菜、跑山鸡、水蜜桃等农家特产。

自驾线路：沪宁高速从汤山出口下。

图 3-3-3　汤山翠谷(二)

南京谷里现代农业示范区

园区位于江宁区谷里街道，2008 年 4 月设立，2011 年被南京市农业委员会授予“南京市现代农业示范园区”称号，总面积 8.16 平方公里。

产业特色

打造蔬菜科技示范、设施农业旅游、农家乐三大产业，汇集旅游娱乐、休闲观光、体验参与、科技示范等功能于一体。

休闲项目

设施菜园——千亩设施，蔚为壮观，标准种植，放心蔬菜。

水禽家园——特色水禽，应有尽有，举手之劳，钓您所需。

世凹桃源——牛首山下，明清建筑，山景之间，特色民居。

此外，还可以参观奶牛基地、菌菇生产、甜瓜种植、牛首美景、南唐二陵、千盛农庄，亲自体验农事，品味农趣，留宿木屋；还可以到银杏湖挥杆击球，享受高尚娱乐。

自驾线路：绕城公路—从铁心桥出口转宁丹公路—牛首大道。

南京林大现代农业生态园

园区位于浦口区江浦街道大林村，成立于2007年，2011年被南京市农业委员会授予“南京市现代农业示范园区”称号，总面积2 000亩。

产业特色

集科研、科普教育、生产、试验示范、观光休闲等多功能于一体，主营高档特色花卉和蔬菜瓜果两大产业。

休闲项目

现代农艺展馆——打破您记忆中面朝黄土背朝天的农民形象，看现代农业是怎样炼成的。

生态餐厅——抬头是蓝天白云，低头是小桥流水，呼吸着清新的空气，与大自然一起享受美食。

湿地公园——看白鹭展翅，野鸭成群，在这里可享受“曲水芦苇荡，鸟息红树林，万顷荷色美，人鸟乐游悠”的意境。

蔬菜工厂——无污染、安全、优质，看放心菜是怎样长成的。

在园区内，您还可以品茗、垂钓，采摘新鲜的蔬菜，园区还为您精心准备了各种蔬菜礼盒，是您走亲访友的馈赠佳品。此外您还可以到龙泉山庄去感受一下传统孔孟文化的魅力，可以到老山森林公园去享受天然氧吧的舒畅，到艺莲苑看那荷色幽香。

自驾线路：长江三桥—收费站第一出口（乌江）下—浦乌公路左转—乌江方向前行 50 米—右手岔道前行 150 米—过观音桥右转差田路前行 200 米即到。

南京雨发生态农业园

园区位于浦口区星甸镇，成立于 2007 年 5 月，2011 年被南京市农业委员会授予“南京市现代农业示范园区”称号，总面积 6.7 平方公里。

产业特色

主要从事农产品生产和研发，农业科技推广应用，设施蔬菜和高档花卉生产与销售，苗木和经济林果的种植，畜禽和水产的高效养殖，农业观光等。

休闲项目

特色园艺——2 万平方米智能化玻璃温室有果蔬、花卉、盆景栽培与展示；300 亩果园有樱桃园、梨园、桃园、板栗园、葡萄园、柿子园、草莓园，供您在天然绿色的氧吧里去赏花、采摘。

民俗体验——南京市乡村民俗文化体验第一村。

野外拓展——到马术俱乐部体验策马奔驰的感觉，还可以在园区参加野外生存体验、野餐乐趣、素质拓展活动。

休闲度假——1 万平方米生态景观酒店为您提供“食、住、行、游、娱、购”综合服务项目，品尝小厨娘特色农家菜；600 亩休闲垂钓中心让您放松心情，体验乐趣。

此外您还可以到雨竹农庄、金鸡文化园去感受不同的农庄魅力；您还可以到垄上仙居农庄去寻找绿野仙踪。

自驾线路：长江大桥、长江隧道、长江三桥—宁合高速—板桥汽渡出口下即到。

南京中德生态农业科技园

园区位于浦口区永宁镇侯冲村，成立于 2010 年 3 月，2011 年被南京市农业委员会授予“南京市现代农业示范园区”称号，总面积 2 平方公里。

产业特色

以“绿色、自然、和谐、健康”为主题，打造高效农业和特种种植养殖园区、农业旅游观光园区、现代农业科技研发园区、生态养生养老园区。

休闲项目

农业教育——长江流域农耕文化博览园、现代农业科技知识演示大厅、农耕文化体验园，感受传统与现代的强烈冲击。

农事体验——蔬菜、水果对您敞开，自行采摘，田头购买。

田园度假——垂钓、会议、培训，应有尽有，如果您愿意还可以到这里来安享晚年。

如果您时间充裕，可以到丽铭农庄去感受野钓沙龙的魅力；还可以到宝龙林农科技园去看看“金陵第一坊”船坊。

自驾线路：南京长江隧道—浦口大道—永宁镇侯冲村南京中德生态农业科技园。

南京八卦洲现代农业产业园

园区位于栖霞区八卦洲街道，成立于 2009 年 12 月，2011 年被南京市农业委员会授予“南京市现代农业示范园区”称号，总面积 30 平方公里，其中生态休闲产业区规划面积 6 平方公里。

产业特色

以推广农业现代化为目标，以现代经营形式组织建设，是产业特色鲜明、科技含量较高、物质装备先进、运行机制灵活、综合效益显著的现代化农业发展示范园区。

休闲项目

七里沿江休闲带——假日、春雷、易宏、杰康、雨飞、浩驰等农庄提供休闲垂钓、度假和品尝野菜、江鲜特色美味佳肴。

舍得庄园——葡萄采摘、休闲垂钓、品尝农家菜，体验农家乐趣。

沙漠风情园——体验异域风情，参加沙雕创意大赛、露营篝火节等活动。

八卦洲江滩湿地公园——洲头观景台，览大江风貌。

此外，您还可以到派缘农庄体验蔬菜采摘，认种认养；到沐野庄园捡拾野生蘑菇；到虹彩花卉基地和红杜鹃花卉基地鉴赏花卉，亲手采插一束鲜花，给亲朋好友捎去一份温馨和浪漫。

自驾线路：二桥高速八卦洲出口下。

六合竹镇现代农业示范园（江苏省六合现代农业产业园区）

园区位于六合区竹镇，成立于2008年4月，2011年被南京市农业委员会授予"南京市现代农业示范园区"称号，总面积184平方公里。

产业特色

畜禽养殖、园艺、休闲观光三大产业。重点打造67平方公里的大泉湖—止马岭休闲农业观光区，10平方公里的畜禽规模化集中养殖区，100平方公里的特粮特经园艺区。

休闲项目

桃花岛——桃花灿烂，漫山遍野，一树多种，科技创新。

大泉湖——岸线翠绿，烟波浩渺，天然氧吧，半岛赏色。

广佛寺——建于南朝，祥云缭绕，香火鼎盛，人天普济。

此外，还可以游览驼子山、龟头岛、止马岭森林、凉帽山草地、龙望山红叶、龙泉古井等景点，在大泉村农家乐村可以喝羊肉汤，吃吊炉饼，品狗肉火锅、梅云老母鸡汤、清真美食等，返程时还能带回红心山芋、板栗、麻油等特色农产品。在每年的桃花节、竹镇采摘节、南京市"冬之味"休闲农业游等节庆期间，还有意外惊喜。

自驾线路：长江二桥—宁连高速竹镇出口下。

南京龙池现代农业示范园

园区位于六合区龙池街道，始建于2008年3月，2011年被南京市农业委员会授予"南京市现代农业示范园区"称号，总面积34平方公里。

产业特色

园区集蔬菜、瓜果、花卉、苗木、休闲、旅游、餐饮于一体，包括生态休闲观赏、设施蔬菜、设施瓜果、设施花卉、经济林果等五大功能区。

休闲项目

龙池湖风光带——江北大地上一枝独秀的湖，因盛产鲫鱼而闻名，湖岸草坪如茵，垂柳婆娑，其风光不亚于玄武湖。

生态庄园——丰盈生态园、瑞润农业园内自栽自种，共享丰收的喜悦。

品牌特产——“三汊湾”和“龙池”“苏康”系列品牌农副产品，是您全家营养健康的最佳选择。

此外，还可参观滁河风光带、万寿宫等六合自然人文景观；还可以到亚龙山庄、西湖农场等农庄休闲垂钓、娱乐休憩；还可参与农事体验活动，丰富游玩行程。

自驾线路：长江大桥（二桥）开往六合主城区，至龙池街道即到。

东沟现代农业示范园

园区位于六合区东沟镇，2008 年 3 月成立，2011 年被南京市农业委员会授予“南京市现代农业示范园区”称号，总面积 33.3 平方公里。

产业特色

“四产、四区、一核心”——“四产”即为蔬菜产业、经济林果、生态竹业和肉鸽养殖；“四区”即生产、加工区、物流区和科技与管理区；“一核心”指万亩现代循环农业示范区。

休闲项目

有机蔬菜——到园区来了解有机蔬菜的种植技术和常识，采摘有机蔬菜带回家。

果蔬采摘——有机水果，任君采摘，桃李行橘，应有尽有。

山嘴农家乐——特色江鲜、乳鸽美食，农家土菜让您尽享农家美味。

竹海风情——游千亩竹海，品白马名茶，享受自然风光。

生态鸽业——参观鸽子养殖区，与鸽子零距离接触。

自驾路线：长江大桥、二桥走连通高速，东沟出口下。

南京板桥生态园

园区位于雨花台区板桥街道，2010 年 5 月开始动工建设，总面积 2 平方公里。

产业特色

有机农产品生产和观光农业，重点打造都市休闲旅游生态景观林区，有机农产品现代设施示范区。

休闲项目

垂钓比赛——国际标准垂钓池，可容纳 300 人以上规模的专业垂钓比赛，垂钓区兼具台钓、混钓、抛钓区域和多个单一品种垂钓池。

有机蔬菜——采取团购配送或 DIY 的方式，实现从菜地到厨房的消费理念。

特色家禽——将最新鲜的禽、蛋、肉产品带回家。

有机水产——有机淡水鱼应有尽有。

特色餐饮——就地取材，自产、自制、自销，全猪宴、全鱼宴、有机蔬菜宴等原产、原创、原质、原味的农家餐饮任君选择。

此外您还可以到周边的牛首山风景区踏青，到福音农庄去品尝农家菜，住农家屋。

自驾路线：凤台南路转宁芜高速即可到达。

傅家边生态农业园

园区位于溧水区洪蓝镇，创建于 1994 年，是江苏省十个省级重点农业科技园区之一，国家 AAA 级风景区，首批全国休闲农业与乡村旅游示范点，核心区面积 12.8 平方公里。

图 3-3-4 傅家边生态农业园(一)

产业特色

以经济林果为主导产业,是江苏省最大的有机果园,引进培育优良品种达到500多个,获得有机认证土地5 200亩。

休闲项目

图 3-3-5 傅家边生态农业园(二)

梅品园——绿色的茶海，耸立着果梅，口嚼青梅果，品味梅香茶。

草莓园——红艳、丰香，竞相绽放，娇艳欲滴，等您采摘。

农家乐园——大山之中，山里民居，推杯换盏，共享山珍。

百果园——汇集海外，百种奇果，形态迥异，果果爽口。

牡丹园——百花齐放，争奇斗艳，国色天香，只属牡丹。

珍禽园——鸵鸟孔雀，儿童乐园，人与动物，和谐共处。

市民菜园——城外乡间，播种劳作，新鲜时令，想吃就采。

阳光嘉园——生态餐厅，赏花花草草，尝农家土菜，喝鲜榨果汁，饮青梅美酒。

垂钓中心——山凹之中，碧波荡漾，一根钓竿，鱼儿涌出。

此外，还可参观日本梨园、千亩五彩葡萄采摘园、植物组培中心、茶叶加工展示中心、果品加工展示中心等，感受十里竹林、万亩梅海、百万花果、万亩生态园的壮观景象。园区每年定期举办“梅花节”“草莓节”“采果节”和“农家美食节”，届时光临，将有意外收获。

自驾线路：宁高高速从溧水西出口下右转，至溧水区洪蓝镇即到。

江苏白马现代农业高新技术产业园

园区位于溧水区白马镇，2009 年 7 月被江苏省政府批准为省级农业高新技术产业园区，2010 年 12 月被科技部批准为国家级农业科技园区，总面积 40 平方公里。

图 3-3-6　江苏南京白马国家农业科技园区揭牌暨项目集中开工奠基仪式

产业特色

以建设面向国际、国内领先的现代农业高新技术产业园区为发展目标，建设一流的农业“硅谷”。重点打造农业科技创新核心区、高效生态农业示范区、农业高新技术企业集聚区和综合配套服务区。

休闲项目

现代农场——车游绿茶、黑莓、蓝莓、有机农业“四个万亩”特色农业基地。

植物基地——省农科院植物科学基地，形象展示科研单位科技创新、产业带动、示范培训、观光休闲等功能。

私家馆藏——“周园”景区，由御膳房、尚书房、养心殿、太和斋、保和斋、狮龙堂和文化艺术中心等展馆组成，是我国目前最大的私人收藏馆。

此外，还可以参观出口农产品加工厂、果莓生产线等。

自驾线路：宁杭高速白马出口下。

和凤现代农业示范园

园区位于溧水区和凤镇，2009 年 12 月设立，2011 年被南京市农业委员会授予“南京市现代农业示范园区”称号，总面积 33.4 平方公里。

产业特色

园区集大棚设施蔬菜、有机茶叶、高档苗木等现代农业规模生产、科技示范、生态观光于一体，主要分为高效设施蔬菜产业园、高效苗木产业园区、高效茶叶产业区、高效特种养殖区、高效农业示范园区五大板块。

休闲项目

菜园——万亩高效设施蔬菜采摘园，做一天农夫，体验农耕、采摘的乐趣。

花园——万亩高效苗木，四季有花，广玉兰、樱花、女贞、合欢、枫香、四季桂等应有尽有。

茶园——万亩高效茶叶，游客可参与采茶、制茶、品茶等活动。

梅园——千亩观赏梅园，赏梅花，插花，制作梅花盆景，亲近自然，体验梅文化。

粮食加工园——万亩粮食高效园,现场观看粮食生产加工过程,品尝新鲜的大米,满载而归。

此外还可以参观石臼湖环湖生态农业风情带,观湖景、看天鹅、尝湖鲜,参加水上娱乐等。

自驾线路:宁高高速沙塘出口下,至和凤镇。

固城台湾农民创业园

园区位于高淳区固城镇,2008 年 12 月由国家农业部、国务院台办批准设立,总面积 33.6 平方公里。

产业特色

园区以台湾现代种植农业作为主导产业,重点发展推广台湾品种的西(甜)瓜、花卉、经济林果和茶叶,打造集固城历史、人文、旅游观光于一体的现代农业示范区,旅游观光休闲体验区。

休闲项目

百香果园——水果之王,宝岛引种,扎根南京,与您牵手。

香草花园——各色香草,赏色品味,百炼精油,值得拥有。

千亩茶园——台湾技术,高新设施,精准加工,品质优良。

草莓超市——优良品种,科技栽培,无须折腰,伸手可触。

此外,还可以参观澳龙养殖、螃蟹养殖、草莓种植基地等,游览游子山、国际慢城、水乡慢城等,在原生态的山水之间放飞心情,品鉴土菜,从亲身体验中感悟吴文化的精髓。

自驾线路:宁高公路在双牌石出口转 S123。

武家嘴农业科技园

园区位于高淳区东坝镇,2008 年开始建设,2011 年被南京市农业委员会授予“南京市现代农业园区”称号,总面积 33.3 平方公里。

产业特色

结合丘陵山区实际，大力发展有机茶叶、高效林果、设施栽培、休闲娱乐、有机大米、绿色旱园竹、特种水产、生态畜禽、农业展览等九大产业。

休闲项目

中心展馆——漫步热带雨林，看现代农业科技成果，体味东方园林文化，认知观光农业的生态低碳、节能环保、科技创新、科普教育、娱乐休闲等功能。

草莓果园——红绿搭配，赏心悦目，先品后采，满意而归。

有机茶园——生态有机，品质共鉴，参与制作，同享欢乐。

主题餐厅——时令新鲜，原汁原味，美食美景，双重享受。

此外，在园区内可参与耕作、插秧、除草、收割、施肥、垂钓、挖笋等十几项农事体验，以及精彩纷呈的金陵首富村特有农俗休闲娱乐活动，感受别样的农家魅力。

自驾线路：宁高高速从双牌石出口转双望路。

“国际慢城”——桠溪生态之旅

园区位于高淳区桠溪镇，2010 年 11 月在苏格兰国际慢城会议上被世界慢城组织正式授予“国际慢城现代农业产业园”称号，总面积 50 平方公里。

产业特色

是以丘陵山区生态资源为依托，配合民间传说、文化古迹与自然风光发展生态高效农业，打造集休闲、度假、娱乐、观光于一体的综合性农业旅游风景区。

休闲项目

荆山竹海——黄山余脉，天造景观，人景合一，质朴秀美。

葡萄庄园——黑桃皇后，极品葡萄，粒粒珍贵，有缘拥有。

红枫基地——名贵树种，海外舶来，拾片枫叶，天赐书签。

此外，还有瑶池、桥李两大观光园区和旱园竹基地，桃花村、杏花村、石榴村,天地戏场、七彩桥、游客中心、大山村农家乐等众多景点串珠成链,充分彰显了国际慢城得天独厚的生态特色。

自驾线路:宁高高速从双牌石出口转双桠路。

南京市蔬菜花卉科技园

园区位于江宁区横溪街道,1997年9月经南京市计划委员会批准成立,总面积1 020亩。

产业特色

集中开展蔬菜、花卉新品种、新技术、新设施研究,展示现代都市农业的新品种、新技术、新模式,重点发展工厂化育苗、新品种选育、低碳循环农业、休闲农业、花卉等产业。

休闲项目

工厂化育苗中心——看全省一流的工厂化育苗中心,感受现代农业技术的魅力。

技术天地——看蔬菜的不同生长形态,座式栽培、旋转式栽培、立架栽培、立柱栽培、水平管式栽培、营养液栽培、墙式栽培,打破对传统农业的幻想。

瓜果世界——瓜果艺术得到淋漓尽致的体现,奇瓜异果,数不尽数,镇室之宝巨型大南瓜让您瞠目结舌。

花卉超市——蕙兰、蝴蝶兰等20余种中高档花卉任您挑选。

此外您还可以参观蔬菜育种引种区、竹类品种园、植物克隆园、苗木生产栽培区、科普长廊、生态餐厅、国际垂钓中心、生态车间、功能蔬菜园。园区每年还会结合季节举办植树节、亲子游体验活动、中小学生社会实践活动、西瓜采摘节、金秋采摘节,都会给您不同的惊喜。

自驾路线:机场高速从将军山出口转将军大道,至江宁横溪街道。

农业节庆是个宽泛的概念，是指在农业生产活动中形成和开发出的节庆，这里的农业生产是大农业的范畴。我们对凡具有一定规模的农产品或主导产业，举办相关节庆。如螃蟹节、草莓节、西瓜节、葡萄节、芦蒿节、雨花茶节、蟹黄包子节等各类农业节庆 16 个，每个区县重点办 1—2 个节。旅游搭台，经济唱戏，每个节都能带来大量的人流、物流、信息流和资金流等，成为拉动地方经济发展的重要手段之一。各区通过农业节庆的运作，将休闲农业快速地推向了市场。据不完全统计，每年全市各类节庆活动的参与人数可达 200 万人次，经济总收入近 6 亿元，占休闲农业总收入的 30%。

举办节庆活动具有以下功能：

(1) 聚集功能。一方面，举办节庆，是对本区域范围内资源的一次全面整合，是对本地区商务资源的一次集体亮相，是对本地区潜能和优势的集中释放。另一方面，节庆作为一种集商品展示、交易和经济技术合作等多功能于一体的重要的经济文化活动，它具有信息咨询、投资融资和商务服务等配套功能。通过节庆，能够将大量的人流、物流、资金流、信息流聚集起来，并在有限的区域内创造无限的商机和财富。

(2) 传播功能。节庆作为一种传播媒介，其传播功能深远而持久。举办节庆，通过邀请各级领导、专家、学者、名人、国内外客商参加，通过广播、电视、网络、报刊等各类新闻媒体进行广泛的宣传报道，举办地的品牌形象得以广泛传播。而且这种传播会形成几何效应，进一步放大和提升举办地的品牌形象。

(3) 带动功能。首先表现在它能带来直接的投资效益和巨量的商业消费。节庆是“眼球经济”或“注意力经济”的最佳呈现载体，特色各异的节庆活动吸引了大量的人流物流资金流，形成以“节庆”为核心的经济圈，辐射带动旅游、餐饮、购物、住宿、交通、广告、通讯、娱乐等各行业，极大地促进一个地方的经济循环。据专家测算，节庆经济的产业带动系数为1∶9，其长远效益更是不可估量。

附1：主要休闲农业节庆活动一览表

表3-4-1　南京市休闲农业主要节庆活动一览表

序号	活动主题	活动地点	活动内容
1	农业嘉年华	南京市	农民的节日，市民的盛会，展示农业成果、农村面貌、农民风采，吃、购、娱、乐、赏等
2	中国·南京固城湖螃蟹节	高淳区*	赏菊品蟹大赛，高淳特色旅游资源和民俗文化展示
3	南京高淳油菜花节		赏油菜花、旅乡村
4	江南·高淳荷花节		荷文化系列活动、瓜果采摘节、垂钓比赛、啤酒节等
5	江宁横溪西瓜节	江宁区	吃西瓜大赛、农家乐旅游推广
6	南京江上人家新春乐	建邺区	农家美食、民俗表演
7	江心洲江鲜美食节		农家美食厨艺大PK、农家美食宴
8	江心洲葡萄节		采摘葡萄、观看演出
9	溧水梅花节	溧水区*	赏梅、采摘草莓、民俗表演、品尝农家美味
10	南京溧水草莓节		草莓采摘、民俗演出、亲子活动等
11	溧水采摘节		采摘野草莓、水果采摘、农家游
12	中国南京六合《茉莉花》·雨花石国际文化旅游节	六合区	文艺表演、美食节庆、主题会展、问题赛事、商贸活动等
13	南京龙袍蟹黄汤包节		品蟹黄汤包、看文艺演出、焰火晚会等

* 2013年2月，经国务院、省政府批复同意：撤销高淳县、溧水县，设立南京市高淳区、溧水区。下文涉及此时间前的两区称谓，保留“县”的说法，以示尊重事实。

（续表）

序号	活动主题	活动地点	活动内容
14	南京雨花“春牛首”踏青节	雨花台区	踏青、赏春
15	南京“秋栖霞”红枫艺术节	栖霞区	观红枫、品秋
16	南京八卦洲芦蒿节	栖霞区	芦蒿大丰收、美食、休闲
17	浦口苗木节	浦口区	苗木展示、赏盆景
18	盘城葡萄文化节	浦口区	采摘葡萄、体验农趣、摄影、美食

附2：第十一届中国·高淳固城湖螃蟹节暨首届国际慢城大地艺术节策划案

一、基本情况

1. 名称：第十一届中国·高淳固城湖螃蟹节暨首届国际慢城大地艺术节

2. 时间：2011年9月22日—10月22日

3. 地点：北京、上海、南京、高淳

4. 主题词：领略大地艺术风采　畅享国际慢城生活

5. 宗旨：节庆为媒　发展为先　富民为本　生态为基

6. 主办单位：高淳县人民政府

二、活动安排

（一）主体活动

（1）“幸福高淳”——开幕式暨广场文艺演出

时间：9月22日上午9:58

地点：县体育场

责任单位：县委办、县政府办、县组委办、县委组织部、县委宣传部、县人武部、县委农工委、县文广局、县发改局、县投促局、县住建局、县城管局、县公安局、县工信局、县农业局、县商务局、县教育局、县体育局、县旅

游局

协助单位：县级机关工委、县交通运输局、县供电公司、县卫生局、县安监局、县药监局、县气象局、县信访局、团县委、县电信公司、县移动公司、县联通公司、县开发区、各镇

活动内容：盛情邀请省市领导、省市部门领导、重要客商、科研院所专家学者等特别嘉宾、媒体记者等，举行盛大开幕仪式。开幕式后，由县文广局具体策划并承办一场广场文艺演出。

(2)“牵手高淳”——首届高等院校和科研机构融入高淳活动

时间：9月22日上午签约，下午专家与企业对接

地点：县体育场

责任单位：县科技局、县工信局、各镇

协助单位：县委办、县政府办、县发改局、县投促局、县开发区、县教育局、县委宣传部

活动内容：邀请高等院校、科研机构来高淳对接，县内骨干重点企业参与。突出招商引资，着力宣传高淳县委、县政府以创新驱动、转型发展来实现幸福高淳的目标和计划。

(3)“筑巢引凤”——高淳县工业重点项目开工仪式

时间：9月22日上午

地点：县开发区

责任单位：县发改局、县投促局、县开发区

协助单位：各镇、各有关部门

活动内容：邀请出席螃蟹节开幕式的省市领导、省市有关部门领导及重要嘉宾，参加工业重点项目开工仪式。各镇、各有关部门借助于螃蟹节这一平台，自行邀请客商，并加强和大专院校、科研院所、能人志士的联系，建立感情，招商引资，招大引强，促进招商引资出成效。

(4)“聚焦三农”——第四届长江(中国)三农论坛

时间：11月18—20日

地点：武家嘴国际大酒店

责任单位:古柏镇武家嘴村

协助单位:县委办、县政府办、县委宣传部、县委农工委

活动内容:本届论坛突出"十二五"规划中"三农"的重要作用及城乡一体化的发展之路这一主题,邀请来自全国部分省市分管农业的领导、三农企业家、镇村主要领导及相关的专家、学者参加。通过论坛大会,构筑政府与企业间的合作平台和网络;为建设社会主义新农村研究构筑多层次、多方向的对话平台。

(二)系列活动

1. 文化体育活动:

(1)"笔墨情韵"——北京书画家、江苏省摄影家金秋蟹乡行

时间:9月下旬

地点:高淳

责任单位:县文联

活动内容:邀请北京书画家和江苏省摄影家等来高淳采风,围绕高淳特色创作作品,全面宣传幸福高淳。

(2)"清风微拂"——"永成杯"高淳县中小学生廉政书画展

时间:9月28日—10月10日

地点:县青少年活动中心

责任单位:县教育局

协助单位:县永成水产品专业合作社

活动内容:在全县中小学生中征集书画作品,用书画作品的表现形式,直观、生动地体现反腐倡廉的主题,推动校园廉政文化建设。

(3)"红色经典"——戏曲演出专场活动

时间:待定

地点:红宝丽广场

责任单位:县文广局

活动内容:螃蟹节期间,邀请南京市京剧团来高淳演出红色经典专场,丰富市民文化生活。

(4)“激情广场”——综艺演出专场活动

时间:待定

地点:红宝丽广场

责任单位:县文广局

活动内容:螃蟹节期间,邀请南京市歌舞团来高淳演出综合类文艺节目,丰富市民文化生活。

(5)“移情乡恋”——“中国移动杯”电影放映月活动

时间:9月中旬—10月中旬

地点:高淳

责任单位:县文广局

活动内容:组织8个数字放映队,共放映电影200场,将电影送到全县各村,丰富农村文化生活。

(6)“极速穿越”——2011年“测绘杯”江苏省定向锦标赛暨第二届“测绘杯”全国定向邀请赛

时间:10月中旬

地点:县城宝塔公园、湿地公园,椏溪镇望玉岛、大山村

责任单位:县体育局

协助单位:县城管局、县公安局、淳溪镇、椏溪镇

活动内容:螃蟹节期间,结合喜迎青奥会,分别在县城和国际慢城两个赛场举办长距离赛、短距离赛、接力赛、团队赛、100米赛等项目。

(7)“慢城漫步”——“9.29”世界步行日高淳县第九届沿固城湖万人健身徒步行

时间:9月29日

地点:县城湖滨大道

责任单位:县体育局

协助单位:县教育局、县总工会、县文广局、县公安局、县妇联、县卫生局、县城管局、团县委

活动内容:以“徒步健身迎青奥,万人同庆螃蟹节”为主题,组织22个

方队，沿固城湖湖滨大道开展万人健身徒步行活动。

2. 推介促销活动

(1)"养蟹经"——固城湖螃蟹"微博"热议

时间：9月—10月

责任单位：县农业局

活动内容：在有关网站开通微博，从固城湖螃蟹生态养殖的地理特征、苗种培育、养殖环境、放养模式、营养供给、日常管理、营养价值、优良品质等角度发表微博，吸引广大市民对固城湖螃蟹进行热议。

(2)"卖蟹道"——固城湖螃蟹电子商务平台启动仪式

时间：9月中旬

责任单位：县商务局

活动内容：打造固城湖螃蟹无形市场，创新销售模式，依托于县水产批发市场，开通电子商务网上销售平台，扩大固城湖螃蟹的品牌知名度。

(3)"斗蟹戏"——固城湖螃蟹年度蟹王、蟹后评比活动

时间：10月22日

地点：县水产品批发市场

责任单位：县农业局

协助单位：县商务局

活动内容：组织广大养殖户选送高品质、大规格螃蟹参评，评出年度蟹王、蟹后，倡导养大蟹、养优质蟹，走生态养殖之路。

(4)"来自于固城湖的美味"——固城湖螃蟹专卖店推介活动

时间：9月—10月

地点：北京、上海、南京及其他城市

责任单位：县商务局

活动内容：由螃蟹经销大户结合固城湖螃蟹专卖店的开张、开业，以举办小型发布会等形式，在各大城市组织承办固城湖螃蟹专场推介会，扩大专卖店覆盖面，提升固城湖螃蟹的知名度。

3. 景区景点活动

(1)“品蟹香”——“高淳老街杯”固城湖螃蟹品蟹大赛

时间:10月中旬

地点:高淳老街

责任单位:高淳老街管委会、县旅游局

协助单位:县文广局

活动内容:与上海“驴妈妈”、江苏苏友汽车俱乐部自驾游机构、南京电视台“跟着大脚走”旅游俱乐部等合作,重点吸引长三角游客市场市民参与品蟹比赛,扩大固城湖螃蟹在长三角地区的影响力和美誉度。推出“一台好戏、两只螃蟹、三色小吃”旅游产品,丰富品蟹活动,促使推介固城湖螃蟹美食与宣传高淳老街旅游景点的有机结合。

(2)“捕蟹趣”——固城湖螃蟹体验之旅

时间:10月9日—10月22日

地点:阳江永胜圩生态养殖区、有关景点

责任单位:阳江镇

协助单位:县旅游局

活动内容:选择自然环境好、卫生条件好的景点或养殖点作为体验活动点,开通旅游专线,设置捕蟹流程,为游客提供必要的装备,配套技术指导,丰富夜间趣味旅游项目。

(3)“民俗文化绚烂舞台”——高淳老街民俗节目金秋大联欢

时间:10月1—6日

地点:高淳老街

责任单位:高淳老街管委会

协助单位:县文广局

活动内容:在螃蟹节期间的国庆节时段,组织我县有特色的各类民俗文化节目,在高淳老街进行表演,展示我县丰富的民俗文化,吸引市民、游客的观光游览。

（三）节中之节

首届国际慢城大地艺术节

时间:9月22日—10月22日

地点:桠溪生态之旅

挂钩县领导:宗仁

主要活动:

(1)“体验慢城”——国际慢城帐篷大会

时间:9月22日—10月22日

地点:桠溪生态之旅

责任单位:县旅游局

协助单位:桠溪镇

活动内容:组织南京及周边自行车爱好者、市民,目标人数100～300人,在南京市区集结,从南京骑行至高淳,沿途对国际慢城帐篷大会进行宣传造势。在慢城举行帐篷舞会、畅游慢城签名活动、篝火晚会(焰火晚会)、慢城艺术秀、创意帐篷秀等活动。

(2)“穿越慢城”——省定向越野锦标赛国际慢城分赛场比赛

时间:10月中旬

地点:桠溪生态之旅

责任单位:县体育局

协助单位:桠溪镇

活动内容:作为分赛场,举行“极速穿越”省定向越野比赛。

(3)“靓丽慢城”——国际慢城摄影比赛

时间:9月上旬—10月下旬

地点:桠溪生态之旅

责任单位:县新闻中心、今日高淳报社

协助单位:桠溪镇

活动内容:通过网络、报纸等媒体发布摄影比赛信息,吸引广大摄影爱好者到慢城边体验、边拍摄,广泛收集参赛摄影作品,并择优在报纸、中国慢城网等网络刊登。每年评比一次。

(4)“童真慢城”——国际慢城少儿绘画比赛

时间:10 月 8 日

地点:桠溪生态之旅桃花扇广场

责任单位:县教育局

协助单位:团县委、县妇联

活动内容:由少年宫组织南京地区百名少年儿童在慢城现场开展绘画比赛,采用现场绘画的形式表现慢城大地的艺术美。

(5)“感受慢城”——国际慢城主题征文活动

时间:9 月 22 日—10 月 22 日

地点:高淳

责任单位:县新闻中心

协助单位:县教育局

活动内容:开展国际慢城主题征文活动,用文学作品的表现形式,多角度描述慢城,扩大慢城的知名度。

(6)“灵秀慢城”——国际慢城书法笔会

时间:9 月 28 日

地点:桠溪镇大山村

责任单位:桠溪镇兰溪村

协助单位:县文联

活动内容:组织县内书协会员赴大山村农家乐举行书法笔会,颂扬慢城大地的艺术之美。

(7)“荧屏慢城”——电影《危险关系》国际慢城封镜仪式等活动

时间:待定

地点:桠溪生态之旅桃花扇广场

责任单位:县文广局

协助单位:桠溪镇

活动内容:组织参与《危险关系》北京新闻发布会和《危险关系》上海

开机仪式，同时，由中博传媒拍摄的电影《危险关系》在国际慢城举行封镜仪式，通过活动的参与和电影的传播影响，提高国际慢城和高淳固城湖螃蟹的品牌知名度。

附3:2011年中国南京江心洲葡萄节策划案

2011年中国南京江心洲葡萄节定于2011年7月29日—8月31日在南京市建邺区江心洲生态科技岛旅游景区举办。

主办单位:建邺区人民政府、南京市旅游园林局

承办单位:建邺区旅游局、江心洲街道、新加坡·南京生态科技岛开发建设办公室

一、指导思想

江心洲葡萄节是南京市惠及于民的节庆品牌。这一节庆活动的举办为生态科技岛现代生态农业的传承和发展奠定基础，有效地促进农旅结合、农业增效、农民增收。2011年中国南京江心洲葡萄节以“葡萄熟了——品果纳凉、亲近自然”为主题，充分发挥旅游节庆活动作为经济发展、旅游宣传的平台作用，积极为江心洲生态科技岛的开发建设做好服务，开展丰富多彩的旅游、文化、民俗等活动，为游客提供良好的旅游环境和服务，为葡萄销售拓宽渠道，为农民增收提供平台。

二、主要活动内容

主要活动分为两部分:一是新闻发布会活动;二是系列主题活动。主要有网上葡萄节、新加坡·南京生态科技岛规划赏析、“葡萄熟了，游人醉了”送戏下乡文艺演出暨开幕演出、严宁现代水墨画展览、美汁源葡萄趣味赛、“清凉一夏”江岛美食尝鲜、困难民工子女夏令营等七项活动。

(一) 2011年中国南京江心洲葡萄节新闻发布会

时间:7月21日(周四)上午9:00

地点:建邺区江岛会所

主要内容:

1. 播放生态科技岛宣传片；

2. 区领导发布葡萄节活动、生态科技岛生态旅游发展规划；

3. 领导宣布“江心雨露葡萄”荣获省著名商标、省名牌农产品称号并为其授牌；

4. 答记者问；

5. 市旅游园林局领导讲话。

承办单位：南京市旅游园林局市场促进处、建邺区委宣传部、建邺区旅游局、江心洲街道、科技岛办

（二）系列主题活动

1. 网上葡萄节

时间：葡萄节期间

内容：

(1) 通过腾讯网、南京旅游网、南京市旅游园林局新浪微博等网络平台，向网民实时发布葡萄节系列活动信息以及相关服务信息，同时介绍新加坡·南京生态科技岛生态旅游规划远景，为广大网民提供一场网络视觉盛宴；

(2) 微博互动，网民乐享葡萄节；

(3) 葡萄团购！与知名团购网站合作，开通网上团购平台，让网友足不出户品尝江心洲葡萄的甜美。

承办单位：南京市旅游园林局市场促进处、建邺区委宣传部、建邺区旅游局、江心洲街道、科技岛办

2. 新加坡·南京生态科技岛规划赏析

时间：葡萄节期间

地点：江心洲各民俗景点、农家餐饮点

内容：通过图片、展板等形式展现江心洲生态科技岛规划蓝图，让游客感受未来的生态之岛、活力之岛、科技之岛、智慧之岛、宜居之岛。

承办单位：科技岛办、江心洲街道

3. “葡萄熟了，游人醉了”送戏下乡文艺演出暨开幕演出

时间：7月29日(周五)

地点：江心洲汽渡广场

内容：

(1) 热场表演（阳光活力模特队表演、白鹭合唱团红歌演唱）；

(2) 文艺演出及其他娱乐活动（演出过程中，主持人串词，介绍葡萄节的情况及开幕）。

承办单位：建邺区文化局、建邺区旅游局、江心洲街道、沙洲街道

4. 严宁现代水墨画展览

时间：7月21日—8月2日

地点：江心洲民俗街南京圣化艺术馆

内容：当代艺术画家严宁的现代水墨画展，涵盖印象、抽象及多种绘画流派，倡导文化与艺术的完美融合。

承办单位：江心洲街道、南京圣化艺术馆

5. 美汁源葡萄趣味赛

时间：葡萄节期间每周六

地点：圣划艺术馆

内容：

(1) 提高葡萄节的社会参与度，由企业组织宣传和娱乐专场活动。开展葡萄摇摇爽、葡萄爽爽粒、开心葡萄园、葡萄快快跑、葡萄粒粒收等主题活动，举行美汁源品牌宣传及新疆歌舞表演；

(2) 游客、市民事先或现场报名，参与吃葡萄擂台赛，在规定的时间内吃葡萄最多者取胜，奖励纪念品一份。

承办单位：中萃公司、建邺区旅游局、江心洲街道

6. “清凉一夏”江岛美食尝鲜

时间：葡萄节期间

地点：江心洲农家饭店、各农家景点

内容：

(1) 品尝江心洲农家大锅饭、特色土菜、各式江鲜等，就餐可获赠免费啤酒；

(2) 旅游工艺品、江岛土特产品、时令水果等展示展销。

承办单位:江心洲街道

7. 困难民工子女夏令营

时间:8月5日

地点:江心洲景区

内容:为丰富区内困难民工子女的暑期生活,发扬"人道、博爱、奉献"的红十字精神,由区红十字会组织困难民工子女进行红十字运动知识讲座、葡萄采摘、联谊、参观等夏令营活动。

承办单位:建邺区红十字会

三、工作要求

今年重点是做好葡萄节期间岛内食品卫生安全、游客消费安全、环境卫生和交通秩序整治、宣传报道以及困难户葡萄销售等服务工作。

(1) 做好岛内食品卫生安全以及配套服务,确保游客在江心洲吃得放心、玩得舒心、游得安全。

(2) 加强检查,强化管理。针对去年葡萄节期间曾出现少数农户在经营当中"宰客""拦客""缺斤少两"的现象,今年应延续去年好的做法,加大管理力度,预防此类现象的发生,确保游客消费安全。

(3) 做好葡萄销售、岛内交通管理以及环境的营造。在实现方便游客、果农增收的基础上,确保通行顺畅,提升江心洲旅游的品质。

(4) 做好葡萄节的宣传报道工作。抓住江心洲建设生态科技岛的契机,宣传科技农业,将生态科技岛未来的发展影响力与葡萄节有机结合,扩大江心洲葡萄在周边城市和省内外的影响力。

(5) 发扬"爱心""公益"的精神,大力开展"爱心葡萄献爱心"活动,帮助困难户销售葡萄;组织爱心葡萄义卖;葡萄捐送给劳模、贫困家庭和残疾人士。

建邺区旅游局

江心洲街道

二〇一一年六月二十一日

“嘉年华”一词是嘉年华会的简称，在英文里叫作carnival，是一个祈福安康、辟邪驱魔和防止农作物、牲畜受害的农业狂欢节。

农业嘉年华是南京农业节庆的品牌，是“农民的节日、市民的盛会”，是展示我市农业新成果、农村新面貌，为农民、市民搭建交流互动、共同娱乐的平台。其活动宗旨在于：展示现代农业新科技、展示都市农业新亮点、展示郊县农民新风采和展示城乡和谐新生活，具有“喜庆、和谐、发展”的内涵。从2005年开始，每年在金秋举办，至今已成功举办八届。参加对象包括市民、农民以及农业企业、科研院所等，每届有25—38万参观人数。南京“农业嘉年华”与成都“农家乐”、北京“民俗京郊游”成为中国休闲农业开发的三大品牌，先后被全国会展协会评为“中国会展经济突出贡献奖”和“中国十佳品牌专业展会”、被农业部评为“全国休闲农业创意奖”、被国际都市农业基金会评为“国际都市农业创意与推广杰出城市奖”。

首届农业嘉年华于2005年9月25、26日在白马公园举办，第一次以情景乐园的形式，全面展示南京市的休闲农业，给了人们耳目一新的感觉，在社会上引起轰动，超过8万人次的市民涌向白马公园，参与农业嘉年华的各项活动。第一次确定了农业嘉年华的永恒主题“农民的节日、市民的盛会”。本届农业嘉年华共计推出12个休闲农业名景、91个系列的特色农副产品、25个系列的农家美食，实现收入共计104.5万元。

第二届农业嘉年华于2006年9月17、18日同样在白马公园举办，本届农业嘉年华提出了“举办农业嘉年华、建设新农村”的年度主题，并对活动进行了初步定位，即“四个展示”(展示社会主义新农村、展示农业新成果、展示休闲农业新亮点、展示郊县农民新风采)，架构了农业嘉年华的大体框架。当年新打造了主题形象展、农村致富路、产品全家福、市民乐翻天和农林文化带，活动同样受到了市民的热烈欢迎，现场两天人流量突破了 15 万，各类产品销售收入超过了 300 万元。农业嘉年华首次引起了高层领导的关注，黄莉新副省长、时任市长蒋宏坤均亲临现场，给予了农业嘉年华高度评价，提出了“农业嘉年华要走出南京、走向全国”的目标。

第三届农业嘉年华于 2007 年 9 月 16、17 日两天举办，地点仍旧选在白马公园。本届农业嘉年华第一次上升为由江苏省农林厅(现为江苏省农业委员会)和南京市人民政府主办，活动无论是规模还是档次均有了明显的提升。本届活动的主题定为“现代农业、小康社会”，农业嘉年华不单是以休闲农业为主，农、林、牧、副、渔等多个产业参与进来，农业嘉年华成为展示南京都市农业的平台，现场推出“大舞台”“丰收乐”“创业园”“乐翻天”“全家福”“文化带”等六个板块，活动效果同样喜人，两天人流量超过 20 万人次，各类产品销售收入达到 260 万元。“农业嘉年华”品牌的概念开始被提出，并在国内崭露头角，引起了相关专家、学者的关注。

第四届农业嘉年华于 2008 年 10 月 11、12 日在白马公园举办，本届活动年度主题为“科技引领、快乐农业”，创新创意的农业嘉年华精神得到了延续和发扬，除传统板块做了展示手段的创新外，首度打造的“奇品园”吸引了众多市民的眼球，同样也得到了各级媒体的关注，甚至上了《新闻联播》，农业嘉年华逐步在国内知名，有专家将“南京农业嘉年华”与“成都农家乐”“北京京郊游”并称为国内休闲农业三大品牌。本届农业嘉年华人流量达到了 24 万人次，各类农产品销售收入超过 400 万元。

第五届农业嘉年华于 2009 年 9 月 20、21 日依然在白马公园举办，活动年度主题为“都市农业、时尚生活”，农业嘉年华开始真正地走向全国，首次吸引了国内甘肃、四川等地的企业参展，在内容设置上更加贴近百姓生活，现场展出了多种与市民家居生活息息相关的农产品，如阳台蔬菜、植物窗帘等。农业嘉年华对外影响进一步提升，香港凤凰卫视的《名片》栏目分三个专题全面报道了农业嘉年华，国际都市农业基金会委派专人亲赴农业嘉年华开幕式，并向组委会颁发“都市农业推广与创意杰出城市奖”，当年申请注册的“农业嘉年华”商标成功获得通过。农业嘉年华成为南京都市农业的金字招牌。

第六届农业嘉年华于 2010 年 10 月 16、17 日举办，本次活动有了诸多方面的创新，效果卓越。首先，举办场地由白马公园转移到更为开阔的绿博园，停车、交通等往届的难题迎刃而解，活动的规模也较为往届有了较大的突破；其次，在文化内涵上有了进一步的探索，首次引入“农耕天下、欢乐大家”的文化理念，并围绕此理念，创作并推出了“二十四节气歌”“插秧舞”等节目，受到了市民朋友的欢迎；第三，加强了与市民的互动，在本届活动上，新建了“对接区”板块，将一些市民朋友们关心的小型农业投资项目包装出来，直接面向他们，吸引了众多百姓的关注；第四，重点打造了“农博馆”，以声、光、电的形式展示农业的“过去、现在、未来”，给人耳目一新的感觉，多样的新、奇、特产品，活泼有趣的农事参与体验活动，让此馆精彩异常，为农业嘉年华增光添彩，获得了领导、嘉宾、市民朋友们的一致好评。本届农业嘉年华盛况空前，效果卓越，两天活动现场人流量超过了 38 万人次，各类农副产品、农家美食等销售收入达到了 1 200 万元，两项指标均创历史新高。

第七届农业嘉年华于 2012 年 10 月 15、16 日在绿博园举办，本届农业嘉年华充分展示农耕文化内涵、展示现代农业成果、展示农业系统良好形象。当年突出：七彩农业，美好家园。此次活动包括大舞台、七彩农业馆、直通车、购物街、美食坊、欢乐谷六大板块。40 万市民在嘉年华上看农业新科技展示、吃农家特色小吃、买绿色放心农产品，现场农副产品、美食销售及农业订单合同总计达 2 200 万元，比上届增加 200 多万元。

第八届农业嘉年华于 2014 年 10 月 13、14 日在南京国际展览中心成功举办。这届活动首次嫁接全国休闲农业创意精品推介活动，活动以“创意提升农业、休闲改变生活”为主题，主打创意牌，为市民展现了一场农业文化的盛宴。本届的特点:一是层次高。活动由中华人民共和国农业部主办,农业部乡镇企业局、江苏省农业委员会和南京市人民政府承办,具体由南京市农业委员会策划和运作。二是内容丰富。该年的活动共有八项内容,包括开幕式、全国休闲农业创意精品文化演出、全国休闲农业创意精品展示、全国休闲农业创意理论研讨会、全国休闲农业创意精品市场推广签约仪式、南京市农家乐示范村展示、参观考察南京休闲农业、名特优农产品和特色美食展销,并现场设置大舞台、美丽休闲乡村、创意农业馆、购物街、美食坊五大板块。三是亮点纷呈。本届南京农业嘉年华首次融入了全国休闲农业创意精品展,共有来自 29 个省、自治区、直辖市的 5 000 多项创意精品集体亮相,包括产品、包装、园区、设计和文化五大类,创意为农业插上了想象的翅膀。四是成果丰硕。活动两天共接待游客接近 30 万人次,各类农产品、农家美食销售收入达 2 200 万元以上。全国休闲农业创意推广获得 3.2 亿元以上的投资签约额,南京市在首届全国休闲农业创意精品推介活动中获得 3 个金奖、5 个银奖和 8 个优秀奖的好成绩,农业部还专门为南京市颁发了特别贡献奖,活动"平安、有序、精彩",基本实现了领导满意、市民满意、媒体满意和参展者满意的既定目标。

附:第八届中国·南京农业嘉年华策划方案

一、农业嘉年华的发展

农业嘉年华的活动宗旨是向社会展示城乡统筹新措施、展示都市农业新成果、展示休闲农业新品牌、展示郊县农民新风采,为农民、市民搭建出了一个交流、互动、发展,共同娱乐、庆祝的平台。

表现形式以吃、喝、玩、乐、娱、购、体验等内容为要素,以创意的手段包装,以人们喜闻乐见的方式呈现,以充满"农"味的素材为特色,打造一个融新、融美、融经济和社会效益于一体的富有内涵的农业盛会,达到"农耕天下,欢乐大家"的目的。

从 2005 年首届农业嘉年华至今,南京市已成功举办了七届农业嘉年华，以动静结合的形式，向市民全面展示、推介南京市都市农业的各个方面，在社会上引起强烈反响。

南京农业嘉年华，已成为南京都市农业的一块金字招牌。

二、本届活动背景

本届活动策划需考虑以下几个大背景：

1. 全国休闲农业创意大赛决赛承办

2012年全国休闲农业创意大赛决赛将在农业嘉年华上展开，高端活动的嫁接让农业嘉年华走向更高的平台。

2. 美丽乡村建设计划

根据南京市“发展现代农业，建设美丽乡村”的政策，现场展示美丽乡村建设成果。

3. 推进农业科技创新，增强农产品供给能力

根据国务院《关于加快推进农业科技创新持续增强农产品供给保障能力的若干意见》，本次嘉年华将大幅度增加农业科技成分，推动农业科技跨越发展，为农业增产、农民增收、农村繁荣注入强劲动力。

4. 农超对接，展示高效农业的效益转化成果

近年来，农超对接趋势逐渐显著，在“农超对接”模式的推进下，农村经济效益的转型和提升日益鲜明。

5. 新地点体现新创意

本届嘉年华活动地点是国际展览中心，国展中心作为南京创意展览的集聚地，借用国展中心交通、人气、名气等优势，把本届嘉年华推向新的高潮。

三、策划思路

坚持五个原则：

1. 扩大创意农业在节庆上的份额

在保留传统板块的前提下，根据2014年创意农业大赛的嫁接，强化创意农业在各个板块所占的份额，在展馆室内特设创意农业馆集中展示，把农业嘉年华办成集热烈与新奇于一体的大节庆。

2. 继续突出农业科技成果转化

本届要继续挖掘农业科技成果的展览展示，以及通过农业科技成果的实际运用取得成功的典型案例。

3. 结合农业政策，重点展示农家乐村风采

2014 年作为“农家乐推进年”，南京市将诞生 10 个最美乡村，并结合每个村的特色，进城展示。

4. 整合弱势板块，突出优势板块

根据本届场地的变化以及以往几届的举办经验，保留大舞台、购物街、美食坊、农博馆几个版板，将欢乐谷、民间艺术、直通车等整合到最美乡村展示区。

目标是平安有序、打破常规、创新思维，提升节庆层次、扩大节事影响，达到“市民高兴、领导满意、媒体热炒”的效果。

四、设计亮点

以龙年为契机，展示农业欢腾气象。

本届活动恰逢龙年，龙文化作为中华民族的传统吉祥元素，常用来庆贺农业丰登，体现吉祥喜庆的氛围。本届将充分利用龙年的优势，在策划设计、现场布置上着重表现。

现场物料：舞台两侧设立九龙龙队造型展，并结合领导点睛、舞龙大会，让舞龙更加艺术、活跃。

主题展览：前期对外征集以“龙”字结合农耕文化和龙形态为创意的字形，在现场设立龙文化展示区，展示征集成果。

文化注入：本届活动将在各个板块注入龙文化，如舞台设计、展位设计、龙主题美食、龙主题民俗艺术、舞龙体验等。

五、活动主题

农业嘉年华品牌建设宗旨：农民的节日、市民的盛会

农业嘉年华品牌文化理念：农耕天下，欢乐大家

今年突出：创意提升农业，休闲改变生活

六、时间地点

时间：每年10月的第二个周末

2012年10月13、14日

地点：南京市国际展览中心

七、组织单位

主办单位：国家农业部乡镇企业局

江苏省农业委员会

南京市人民政府

承办单位：南京市农业委员会

协办单位：南京市国际展览中心

各区县农业局

八、功能分区及内容

根据前七届农业嘉年华的举办情况，以及本届活动地点的变更，本届对传统板块进行整合，增添符合新形势的活动内容，让整场节庆更加充实、丰满。

整个活动总面积约3万平方米，主要利用国际展览中心南广场、东广场、展览馆A、B厅。

现场将设置六大板块，分别为：

大舞台、购物街、龙俗园、美食坊、创意农业馆、最美乡村带。具体板块内容如下：

（一）大舞台

大舞台位于国展中心东广场。

主要承载开幕式、全国休闲农业创意大赛优秀节目展演、主题创意节目巡演。

1. 开幕式

本届开幕式与全国休闲农业创意大赛决赛相结合，在活动流程、文艺演出上，集中展示全国休闲农业创意大赛的成果，吸引中央、省市媒体争相报道。

亮点：① 邀请农业部领导莅临现场；

② 全国休闲农业创意大赛决赛现场颁奖；

③ 结合龙年，邀请领导为龙队“点睛”。

2. 全国休闲农业创意大赛优秀节目展演

本届文艺节目主要以全国休闲农业创意大赛优秀节目展演为主，着重展示全国特色民俗文艺。

3. 主题创意节目巡演

利用龙年的契机，举办“九龙一狮　龙腾狮舞”舞龙大会。以江苏省非物质文化遗产项目“栖霞龙舞”为龙头，每个区县、龙头农业企业各出一个龙队，参加舞龙大会。

每个龙队龙的造型各异，开幕式前作为现场布置进行展示，待开幕式上领导为龙队点睛，寓意巨龙苏醒，磅礴舞动。

舞龙大会在节庆的两天里，分时段在全场穿插舞动，龙队的巡演将掀起现场的高潮。

（二）购物街

购物街位于国展中心东广场。

展位数量（拟）：300 个。现场可分为四个区域：

（1）农品销售区：主要包括龙头农业、南京本地、国内知名企业区、国际农产品的展示展销。初步设定 150—200 家。

（2）平价超市区：选择农超对接优秀平价超市，现场展销。初步拟定 50 家。

（3）农品置换区：包括农具、粮食、书籍三个范畴，农民将家里不需要的东西带出来与其他家物物交换。初步设定 50 家。

（4）农家集市区：征选农家，在现场将自己家多余的粮食、农具等现场销售。此区域不设展位，以保留小量零售的集市特色。初步设定 50 家。

所有参与展示展销的农产品须报组委会进行质量认定，贴“农业嘉年华”标志。

（三）龙俗园

龙俗园位于国展中心东广场。

龙俗园主要以南京传统手工艺品艺术展示、展销为主，同时与龙文化相关。如带上龙元素的剪纸、灯彩、云锦、宝葫芦画、折扇、龙鞋、龙头帽、捏泥人等(此展示年初曾被中央电视台相关频道报道过)。

（四）美食坊

美食坊位于国展中心南广场。

展位数量(拟):200 个。现场可分为三个区域:

(1) 特色美食区:以小吃为主，主要包括金陵美食、各区县特色美食、台湾美食、国内其他地区的特色美食。初步拟定 180 家。

(2) 乡村美食区:每个最美乡村参展村承办一个展位，以农家小炒、乡村野味等主食为主，作为游客午饭销售点和休息点，为游客提供方便。初步拟定 10 家。

(3) 龙俗美食区:名称中带有“龙”字的美食，如龙眼、龙须菜、火龙果、龙须面、龙须糖、龙爪豆等龙俗美食。

（五）创意农业馆

创意农业馆位于展览馆 A、B 厅，占地面积约 1 万平方米。

本届室内展馆，以创意农业为核心，集中展示创意产品、农业技术及全国休闲农业创意大赛成果。主要分为三个部分:江苏创意产品区、南京创意产品区、全国休闲农业创意大赛获奖作品区。

1. 江苏创意产品区

展示江苏各个城市的农业创意以及新技术、新装备、新设施，集中体现江苏在农业发展上的时尚潮流。每个城市一个展馆。

2. 南京创意产品区

展示南京本地、各区县新奇特的农业产品、农业装备、农业技术、农业节庆，每个区县两个展馆:一个区县展馆，一个地方龙头农业企业展馆。同时，在其中设立南京农业嘉年华主题展区，展示往届嘉年华的盛世景象。

3. 全国休闲农业创意大赛获奖作品区

以全国休闲农业创意大赛获奖作品为展示内容，并根据参赛作品的分类进行全面展示。同时，在其中设立全国休闲农业创意大赛主题展区，将大赛分地区前几场的概况通过图文展示。

（六）最美乡村带

最美乡村带位于国展中心南广场。

最美乡村带主要展示南京区域评选出来的“十大最美乡村”，一村一品，通过实物、模型还原等形式，让游客能够现场体验到乡村农家乐的实地感受。

1. 全方位展示

最美乡村从餐饮、住宿、体验、娱乐等各个功能上全方位展示乡村特色，现场模拟农家环境，有厨房、有床铺、有菜园、有特色，让游客现场即可切身感受环境氛围。

2. 开通直通车

活动期间，乡村与旅行社结合，推出最美乡村体验游项目，现场开通直通车（或自驾游），让游客融入体验，让乡村与嘉年华互利共赢，放大嘉年华的效应，扩展活动后期影响。

3. 趣味互动体验

在现场画出小块区域开展“舞龙体验”，有老师现场教学，游客可切身体验，与大舞台“舞龙大会”相配合。

九、本届活动亮点

（1）嫁接全国休闲农业创意大赛，提升农业嘉年华档次。

（2）活动主题体现农业科技创新、最美乡村建设、农超对接等热点农业时政。

（3）抓住龙年机遇，开展龙俗活动，展现龙年盛世。

十、对外宣传

邀请专业传媒公司制订完备的对外宣传计划。

（1）上中央电视台《新闻联播》。

(2) 与中央台某栏目组合作,制作专栏节目。

(3) 与腾讯微博对接决赛事宜,现场网络直播。

(4)《南京都市农业》宣传片。

(5) 媒体对方主任的专访。

(6) 嘉年华新闻发布会及开幕式当天宣传。

(7) 南京电视台晚间黄金时间15天嘉年华宣传片预告及滚动字幕。

(8) 农业嘉年华前期宣传(社区、地铁等)。

(9) 国展中心各大门口树立广告宣传牌。

(10) 制作农业嘉年华前期、中期、后期杂志,大力发放。

十一、组织保障

1. 现场安全

编制活动方案报市公安局备案,并与玄武区公安局协调,落实警力负责活动现场秩序;另邀请武警协助配合。

2. 交通秩序

与玄武区交警大队协调,落实交警人员负责龙蟠路以及周边道路的交通疏导,加强车辆的出入和停放管理。

3. 清洁卫生

由国展中心负责安排专人,做好垃圾运输和污水处理等清洁工作。

4. 消防安全

在各展区配备消防器材若干,确保现场的消防安全。

5. 责任分工

活动涉及部门对口负责制。

一、江宁区——打造“五朵金花”，建设美丽乡村

为深入贯彻省、市打造“都市美丽乡村、农民幸福家园”的指示精神，自2011年9月以来，在区委、区政府的坚强领导和科学引导下，充分利用自然生态禀赋、历史人文资源，举全区之力，用半年时间，成功打造出谷里“世凹桃源”、横溪“石塘人家”、江宁“朱门农家”“汤山七坊”和“东山香樟园”江宁都市生态休闲农业的“五朵金花”。“五朵金花”整体开业至今，共吸引各类游客40多万人次，实现收入突破1亿元，深受各方好评，整体品牌已经打响已成为南京市民近郊一日游的首选景区，我区拓展农业功能和拉动内需的新引擎。“五朵金花”建设、运营的新颖模式和成功经验得到了省、市主要领导和相关部门的充分肯定。

（一）五点新经验

在“五朵金花”的建设过程中，全区上下注重将统筹城乡发展，加快美丽乡村建设，促进农业、农村现代化转型升级，推进富民工程，不断深化全国生态文明示范区、休闲农业和乡村旅游示范区建设等重点工作，科学有机地融入“五朵金花”示范村创建的全过程，探索出独具江宁特色，高效推进“农业增效、农民增收、农村美丽和谐发展”的五点新经验：

1. 注重把“五朵金花”的硬件建设与软件建设有机结合起来

在硬件建设上，科学融入财政资金、社会资本和

农户投入3.2亿元建设资金，有机结合城乡统筹、生态文明及现代农业开发建设，新建拓宽村级道路15公里，改造出新农户房屋288栋，兴办农家乐土菜馆、农家旅馆和民俗作坊100家，经营情况火爆。在软件建设上，区委、区政府出台了《关于促进都市休闲农业健康发展的意见》等一系列专项文件和财政奖励、政策扶持措施，给予每村500万元的项目建设扶持资金，争取到市级农家乐示范村4个，争取帮扶资金250万元。充分借鉴先进地区的经营管理经验，构建独具江宁特色的"1＋3"组织管理架构，即农家乐示范村党组织＋农家乐旅游服务中心(村农家乐旅游公司)＋农家乐合作社＋农家乐行业协会"三位一体"的经营管理模式，为"五朵金花"的持续健康发展提供了强有力的组织保障。

2. 注重把"五朵金花"的打造与"美丽乡村建设"有机结合起来

有机融合社会主义新农村建设、农村环境综合整治、统筹城乡发展等指标要求，在一村一品、凸显风貌的前提下，全力开展整村环境综合整治，突出抓好柴草堆、粪堆、垃圾堆"三清理"，全面实施改水、改灶、改厕、改圈"四改造"，重点开展生活垃圾、生活污水、农业废弃物、河道沟塘水体"四整治"，拆除村内杂屋、披棚、猪圈、厕所、草堆，实现自来水到户，雨污分流管道、电力杆线下地，拓宽、贯通村庄交通道路，对农家乐经营户房屋外部实施穿衣戴帽、统一风貌，内部特别注重厨房、卫生间的改造装修，着力改善提升卫生条件。"五朵金花"中改造规模最大的后石塘村有167户农户的房屋实施了外立面改造装饰，最少的村也有30余户，进一步改善了农民的生产、生活环境，充分体现了"都市美丽乡村、农民幸福家园"的建设主旨。

3. 注重把"五朵金花"的打造与"绿色生态文明建设"有机结合起来

切实将绿色生态指标作为休闲农业(农家乐)示范村、休闲农业与乡村旅游景点乃至"农家乐"建设、发展的一项硬性指标加以固化，提升为打造示范村的内在要求。具体体现在，明确要求休闲农业示范村、休闲农业与乡村旅游景点，其林木覆盖率必须达到占地面积的50%，一家一户的“农家乐”绿化覆盖率不得低于占地面积的40%，引导“五朵金花”成功创建省级村庄绿化标准化示范村和市级绿化新村。农村生态环境的绿化、美化、香化建设，既推动了我区生态文明示范区、森林城区的创建以及绿化新村建设，也进一步改善了广大农村生态自然环境，美化了村容村貌，推进了新农村建设，吸引了更多的游客，实现了生态环境和产业增收的双赢。

4. 注重把“五朵金花”的打造与带动当地农民增收致富有机结合起来

“五朵金花”建设的根本出发点和最终落脚点都是为了更好地带动当地农户增收致富。早在示范村的筛选评定过程中，区里就以文件形式明确了项目申报村必须具备一定规模的游客接待设施和接纳能力，农家乐经营户数不少于20户，且本地农民经营户占60%以上，确立了当地农民经营主体的地位。通过示范村的创建，切实让当地农户得到了三大实惠：住宅变别墅，通过政府出资，对旧有房屋进行外立面出新和庭院装修改造，使原有住房变为装修一新的小别墅，固定资产同步实现大幅度的增值。农民变老板，通过自主经营农家乐，开展餐饮、茶吧、乡村旅馆等多种经营，使祖祖辈辈世居的农民就地变成个体老板，收入也成倍增加；如将房屋出租或以股份形式与其他业主合伙经营农家乐，收取房租、参与分红，农民就又可变成房东、股东；若将房屋出租后自己就近在农家乐打工，又可得到工资性收入，“钱”景广阔。农副产品变旅游商品，通过经营农家乐，农户生产的粮、油、蔬菜走上了游客的餐桌，特别是肉、禽、蛋等农副产品通过合作社的统一品牌、统一包装，摇身一变成为附加值大幅增加的旅游土特产，给农民带来了更多的收入。

5. 注重把“五朵金花”的打造与领导干部下基层“三解三促”结对帮扶活动有机结合起来

2014年3月，区委、区政府出台了《关于深入开展领导干部下基层

“三解三促”结对帮扶都市生态休闲农业(农家乐)示范村的意见》,对“五朵金花”及当地农家乐经营户的帮扶作为基层党建创新工程的硬杆子抓好抓实。半年多来,区委办、区纪委、区委组织部、宣传部、统战部、政法委等 40 个部委办局,分 5 个组组团帮扶 5 个示范村;同时,第一阶段近百名区管干部进村入户,“一对一”帮扶当地农家乐经营户,切实察民情、解民忧、办实事、促发展。在对示范村的帮扶上,各部门根据各村的具体要求,立足于自身职能,充分发挥优势,以重点工程援建和项目申报、资金争取为抓手,推动“五朵金花”建设提档升级,各部门共拟定个性化帮扶项目超过 60 个,预计投入帮扶资金总额在 5 000 万元以上,目前已累计投入帮扶资金和物资近 4 000 万元。在对经营户的帮扶上,近百名区管干部与农家乐经营户建立了“一对一”帮扶联系卡、记录卡和民情日记,每人每月上门不少于 2 次,在积极广泛引导客源上门消费的基础上,共帮助结对帮扶户解决各类困难和问题 200 多条。领导干部下基层“三解三促”结对帮扶“五朵金花”,已成为我区打造农村率先基本实现现代化的新样板和大都市郊区农村绿色发展的新路径。

都市休闲农业源于农业、建在农村、惠及农民、融通城乡,是亿万农民创造的新型产业形态和消费形态。我区在发展中不断丰富休闲农业的内涵,创新休闲农业产品,形成了一批充满创造力、想象力和感染力,在群众中“叫得响、传得开、留得住”的创意精品,成为休闲农业持续发展的活力源泉和满足城乡居民精神、物质、文化享受的重要载体。

(二)五点思考

为推广区都市休闲农业“五朵金花”示范村建设的成功经验,推动全区休闲农业与乡村旅游科学发展,促进农业增效、农民增收、农村美丽和谐发展,区委十二届三次全会上明确提出“论证规划建设‘五朵银花’都市生态休闲农业旅游特色村”,切实将创建“五朵银花”作为全区深化国家级休闲农业与乡村旅游示范区建设,促进都市休闲农业科学、健康发展的重要举措。基于对下一步都市休闲农业的开发建设,有以下五点思考:

1. 学习先进经验，突出规划引领，促进都市休闲农业科学发展

学习借鉴浙江杭州、四川成都、上海崇明等先进地区的经验做法，在休闲农业的发展上，特别是“五朵银花”的创建中，更加注重从“新建”农村回归到“本味”农村，从“农家乐”升级到“乡村旅游”，从“村民自发”到“政府引导”，从“典型带动”到“区域联动”。突出规划引领，按照“打造与美丽家园相结合的农业开发园区”的建设理念，有机结合“因地制宜、突出特色、合理布局、和谐发展”和“合理开发、永续利用、保护耕地”的要求，通过科学化选址、功能化布局、差别化发展，更加科学、合理、高效地谋篇布局和开发建设。切实把农家乐示范村建设与土地利用总体规划、农业“1115”工程规划、旅游规划、新农村建设规划有机衔接，确保规划的整体性、前瞻性和延续性。围绕生态、休闲和农业做足文章，因地制宜地整合农耕文化、生态环境、农事体验、特色餐饮等资源，将农业生产、生活、生态协调融合，与推进现代农业项目建设同步，着力打造一批特色化、规模化、带动力强的农村产业园区。

2. 明确目标思路，突出彰显特色，促进都市休闲农业更具活力

进一步明确“服务城市需求、彰显区域特色”的发展思路，与第一、二、三产业结合，坚持以农业为基础、农民为主体、农村为特色，项目建设突出农味，在农字上做足文章，力求贴近农家生活，吃农家饭、住农家屋、干农家活、享农家乐，在设施栽培、生态养殖、绿色种植、种养加工一体化等方面拓展功能，不断延伸产业链，满足游客求变、求异、求新、求特、求美的消费心理。特别注意避免低档次农家餐馆雷同重复建设、低层次吃喝享乐主打消费市场的状况，在充分挖掘区域农耕文化、民俗文化和历史文化内涵的基础上，着力丰富“吃、住、行、游、购、娱”等多种旅游元素，努力实现一村一品的差异化、特色化发展，凸显都市休闲农业的整体发展活力。

3. 加强服务指导，突出规范管理，促进都市休闲农业健康发展

针对以“五朵银花”实施村为代表的重大项目，应强化资金投入效率

的评估及建设规模、模式、内容的可行性论证。在充分尊重民意、优先树立典型的前提下,因势利导、顺势而为,科学有序地推进示范村项目的开发建设。坚持建管并重,不断完善制度、规范管理、强化服务。制定行业管理标准和服务管理办法,做到有标可查、有章可循、有制度执行,着力培育完善的示范村经营体系和质量监管体系。结合"三下乡""科技入户"和"三新"培训等活动,逐步强化从业者的农艺知识、菜肴烹饪、食品卫生、安全生产、诚信服务等方面的专业技能,有效提高其综合素质和服务水准。积极培育、组建、壮大休闲农业旅游公司、行业协会、合作社等中介服务组织,大力开展宣传推介,帮助示范村招商引资,着力培育经营户的主体观念和自律意识,营造良好的发展氛围。

4. 创新投入机制,突出精品打造,促进都市休闲农业持续发展

总结、提炼并推广"五朵金花"的建设、运营经验,认真落实上级有关农家乐村的扶持、优惠政策,对"五朵银花"示范村的创建,建议区委、区政府延续与"五朵金花"同等的引导、扶持政策。同时,进一步创新、完善资本投入机制,丰富建设资本的多元化投入,鼓励和支持各类资本以协作、参股、合作、独资、土地入股等多种形式参与建设。实行以激励引导农民个体或联户创业为骨干,政策吸引、鼓励社会资本和民间资本参与为补充的多方投入机制。项目实施街道、社区要进一步抢抓机遇、高位谋划,加快新农村建设步伐,推动城乡统筹一体化发展,把示范村建设转化成市郊融合的一体化平台。抓住有利时机,千方百计增强村(社区)集体造血功能,增加集体经济收入。注重对现有休闲农业景点、园区的提档升级,着力打造精品。努力构建稳定的营销推介平台宣传助力,打造特色,形成品牌,使休闲农业真正成为农民的致富产业。及时总结经验、抓好样板典型,实现示范引领,以点带面,努力发展一批主题突出、诚信经营、优质服务、配套齐全的品牌农家乐示范村和配套产业,推动全区都市生态休闲农业科学、健康地持续发展。

5. 找准市场定位，突出宣传推介，促进都市休闲农业稳步发展

加强“五朵金花”、“五朵银花”与乡村旅游目标市场的定位分析，建立部门联合、上下联动的宣传推广机制。依托于南京农业嘉年华、横溪西瓜节、“冬之都”汤山温泉健康养生游等一批独具地方特色和人文底蕴的节庆活动，进一步打响江宁都市生态休闲农业的整体品牌，吸引广大游客。利用电台、电视台、报刊、网站、手机等多种载体，开设专版和专栏，加大对相关旅游产品的宣传力度，实现产品与市场的对接。林业和旅游部门指导好“五朵金花”、“五朵银花”系列旅游产品的策划、组织和包装，把休闲农业促销纳入农产品促销计划，把乡村旅游促销纳入旅游促销计划，齐抓共管、开拓市场、树立品牌。

二、高淳区——国际慢城，生态之旅

高淳是江苏的西南门户、江南水乡。全区总面积 802 平方公里，辖 1 个省级经济开发区、8 个镇、134 个行政村，总人口 42.5 万，其中农业人口 35.6 万。

近年来，高淳区(县)紧紧围绕“跻身全省一流、蝉联全国百强”的奋斗目标，全力主攻新型工业化、城市现代化、产业特色化“三大重点”，经济社会呈现增长提速、质态提升的良好发展态势。2011 年，全县实现地区生产总值 294 亿元，增长 20.4%；财政收入 28 亿元、地方一般预算收入 18 亿元，分别增长 35.5%、33.3%；城镇居民人均可支配收入 29 284 元、农民人均纯收入 13 142 元，分别增长 14%、15%，再度跨入了全国百强县行列，成为国家级生态县、国家级园林县城、国家卫生城市、中国最佳生态休闲旅游名县、江苏省发展高效设施农业先进县、省历史文化名城、省文明城市等。2010 年 11 月在苏格兰国际慢城会议上，桠溪的“生态之旅”被世界慢城组织正式授予“国际慢城现代农业产业园”称号，高淳成为中国第一个“国际慢城”。

"龟游莲叶上,鸟宿芦花里;少女棹轻舟,歌声逐流水。"诗仙李白所描绘的人间仙境正是历史悠久、文化灿烂的"江南圣地"——高淳。高淳名胜众多,古迹密布,风光旖旎,景色迷人,文化厚实,韵味无穷。江南秀美的景色在这里集锦,苏皖灿烂的文化在这里交汇。石臼湖的浩瀚、固城湖的清澈、游子山的苍翠、大荆山的秀丽、薛城遗址的悠久、一字老街的古朴,令身处其中的人们心旷神怡,意高境雅。因此,大力发展休闲农业与乡村旅游对我区来说有着得天独厚的优越条件。

近年来,高淳区(县)以特色农业园区为基地,以多样化的山水资源为载体,以优美的生态环境和古老的民俗文化、历史遗迹为依托,立足于田园风光、湖滨景观、农家美食、特色农产品等特色,以现代慢生活发展理念为引领,全力打造"长江之滨最美丽乡村""国际慢城—生态之旅"等品牌形象。

1. 编制科学发展规划,加快资源开发力度

高淳区(县)休闲农业与乡村旅游开发起步较早,早在 2005 年高淳县农业局就专门成立了高淳县旅游观光农业开发办公室,负责全县休闲农业与乡村旅游资源的开发、对外宣传、旅游线路设计及各景点园区的规范化建设。为科学合理地开发利用高淳的休闲农业与乡村旅游资源,2010 年委托南京师范大学编制了《高淳县休闲农业与乡村旅游发展规划》,时间跨度从 2010 年至 2020 年,规划全面分析了高淳县休闲农业与乡村旅游业的现状和发展条件,对休闲农业与乡村旅游发展战略、休闲农业与乡村旅游产品开发、休闲农业与乡村旅游市场营销等进行了系统的论证,并提出近期、中期、远期三个时期的实施战略,该规划成为指导全县休闲农业与乡村旅游业发展的纲领性文件。

为适应休闲农业与乡村旅游开发的需要,在充分调研休闲农业与乡村旅游资源现状的基础上,高淳区(县)还先后编制完成了武家嘴现代农业科技示范园、永胜圩现代渔业产业园、固城台湾农民创业园、龙墩湖现代农业科技园等省市级现代农业园区规划和桠溪国际慢城、水乡慢城、游子山森林公园、迎湖桃源、瑶池山庄以及环固城湖休闲度假区等乡村旅游休闲景区（点）的规划，为深入挖掘休闲农业与乡村旅游资源，加快景区建设，推动全区休闲农业与乡村旅游经济快速发展打下了良好的基础。

2. 产业体系完善，空间布局合理

近年来，高淳区（县）先后开发建设了四大省市级现代农业园区和一批特色农业规模基地，同时兴建了迎湖桃源、游子山休闲山庄、瑶池山庄、银林生态农业园、桠溪生态之旅风光带等休闲度假区，还发展了一批农家乐旅游专业村，如四园、高墩、瑶宕、桥李、大山等。大力发展休闲农业与乡村旅游，全力打造集“景区（点）、旅游休闲、农业观光、农事体验”于一体的发展模式，已形成了自己的区域特色。目前，全区已有 4 个 AA 级景区、1 个 AAA 级景区；2 家江苏省“最具魅力乡村”；2 家全国农业旅游示范点、1 家全国休闲农业与乡村旅游示范点、4 家江苏省省级农家乐专业村和一批乡村旅游观光体验项目，形成了相对完善的休闲农业与乡村旅游产业服务体系。通过加快资源的开发利用，优化整合产业布局，初步构建了“一环两片五区”的空间发展格局，为我区休闲农业与乡村旅游的未来发展奠定了基础。

3. 产品内涵丰富，品牌形象别具特色

近年来，高淳区（县）依托于特色农业、山水资源、生态、文化等特色旅游资源，以现代慢生活发展理念为引领，深入挖掘地方民俗文化内涵，积极开发特色休闲农业与乡村旅游产品，全力打造“中国长江之滨最美丽乡村”的特色品牌。2010 年 11 月，高淳成为中国首个“国际慢城”，极大地提升了高淳区（县）的知名度和美誉度。2011 年大山村入选了江苏省首批 13 个“最具魅力休闲乡村”，进一步提升了高淳区（县）休闲农业与乡村旅游的影响力。

4. 依托于“四大”农业节庆活动，有效拓展旅游市场

高淳围绕打造“中国长江之滨最美丽乡村”的目标，以金花节、荷花节、固城湖螃蟹节和年货文化节等四大农业节庆为载体，以游子山森林公园、国际慢城—桠溪生态之旅、武家嘴现代农业科技园、永胜圩现代渔业示范园等四大省市级现代农业园区为基地，吸引周边大中城市的居民前来高淳观景、品蟹、赏花、采菇，体验农家生活和农事活动。高淳的休闲农业与乡村旅游发展迅速，在全省乃至全国打响了休闲农业与乡村旅游的特色品牌，吸引了广大游客。据统计，2011 年接待来淳休闲观光的游客达 110 万人次，休闲农业和乡村旅游综合收入达 4.5 亿元。

5. 农业产业优势突出，农民增收效益显著

依托于高淳优越的山水资源和丰富的特色农副产品资源，我们整合出固城湖中华绒鳌蟹、淳青牌茶叶、苏峰牌有机旱园竹、胥池牌有机大米、瑶池牌有机葡萄等近 30 个不同品种的特色旅游农产品，成功申报市级农家乐文明示范户 23 家，经市农委评定的休闲农业与乡村旅游星级景点 22 个。据统计，“十一五”期间，全区共建成休闲农业与乡村旅游景点 112 个，其中农业旅游专业户及村 82 个，休闲农庄和农业园区 20 个，开通了两条乡村旅游客运专线，休闲农业与乡村旅游累计吸引游客 450 万人次，实现收入 16 亿元，就近吸纳、转移农村劳动力 1.2 万人。休闲农业与乡村旅游已逐渐成为推动高淳区城乡统筹发展，带动广大农民增收致富的高效产业。

三、溧水区——发展休闲农业，打造美丽乡村

溧水是百里秦淮的源头，河湖纵横、植被丰富。独有的生态资源和环境，为休闲农业的发展提供了得天独厚的有利条件。特别是 2013 年溧水撤县设区，融入南京主城，为休闲农业发展打开了更广阔的发展空间。溧水发展休闲农业具有较好的区位优势，紧邻南京主城和禄口国际机场，宁高、宁杭、沿江、常溧、老明、宁溧等六条高等级公路穿境而过，为市民休闲度假带来了极大方便。溧水的休闲农业资源丰富。溧水境内面积 70%

是丘陵山区，25 万亩水面，由石臼湖、东屏湖、卧龙湖等湖泊和 100 多个中小水库组成。区内分布着傅家边、天生桥、胭脂河、无想寺、大金山、周园等重点景区，山水组合优良，被评为国家级生态示范区。同时，溧水历史悠久，建县 1 400 多年，有众多的人文古迹和丰富的文化底蕴，旅游上已形成了“佛、湖、梅、桥、山”五大特色，具有丰富的生态旅游资源。

近年来，溧水休闲农业开发初见成效。已初步形成了农园、农庄、农家乐村、农业节庆、特色农业旅游产品五位一体的发展格局。

1. 农家乐方兴未艾

溧水 2004 年开始开发农家乐，目前已有周园、大金山、龙吟湾、绿岛、枫香岭、杨树湾、王家甸、白马湖等二十余家农庄和以傅家边山凹村农家乐专业村为代表的 100 多户“农家乐”示范户，初步形成了以餐饮为主的农家乐格局，并按照“一户一景一特色”的要求建设农家乐景点，开展花卉、瓜果“认养”等特色活动，吸纳农村转移劳动力6 000多人。目前已有 14 家农家乐被评为市级“农家乐”示范户。

2. 休闲农业亮点纷呈

经过多年的开发与集聚，打造了白马国家农业科技园区、首批全国休闲农业与乡村旅游示范点——傅家边现代农业园、首批市级农家乐示范村——山凹农家乐专业村、石湫环山河生态旅游片区、有“江南小三峡”之称的胭脂河・天生桥、“江南第一天池”的无想山、东庐山森林公园等二十多处休闲农业景点，形成了全国最大的白马黑莓旅游基地、全省最大的山栀基地等，构建了我区的休闲农业体系。尤其是成功举办了第五届中国(南京・溧水)草莓文化节及第七届世界草莓大会溧水分会场活动，提高了我区休闲农业在全国的知名度。2012 年全年共接待游客 160 万人次，直接收入突破 7 亿元。

3. 休闲农业产品自然质朴

根据城市居民农业旅游的需要，培育了一批有地方特色、自然质朴的农业旅游产品。目前已有茶叶、蜂制品、两梅(莓)制品、洪蓝御带糕、石湫狗肉、老一辈风鱼等一系列旅游土特产品。同时,结合区内景区特点,开展了青梅、梨、葡萄、草莓等鲜果采摘,洪蓝御带糕等农特产品现作现销活动,丰富了旅游产品的内涵。

4. 加强规划,培育发展休闲农业体系

在现有旅游发展总体规划的基础上,明确发展目标、产品构成、开发重点、政策措施等内容和要求,做到有的放矢,合理整合资源。达到"一、二、三"的要求,即"一个规模化":在农业产业化的基础上,规范开发休闲农业,将休闲农业点建立在种植、养殖相对集中的地区。"两种经营模式":一是政府主导,分户联片经营。在现有的农家乐基础上建立休闲农业专业合作社,提高休闲农业组织化程度,克服小规模、分散化的家庭经营弊端,带动广大农户调整产业结构,增加参与的积极性。二是政府引导,业主集中经营。制定优惠政策,开展休闲农业产业招商,吸引"三资"投入,对由外来资本开发建设规模较大的休闲农业项目,完善立项、审批、财税等相关政策,争取休闲农业效益最大化。"三大类型":一是农家乐。发展上采取"先起步、后规范,先发展、后提高"的办法,以农户家庭为基础,经过投入改造,达到一定的硬件标准,开办农家旅馆、农家菜馆和农事活动。二是休闲旅游。建设以南京为中心,辐射周边城市的休闲旅游圈,扩大溧水休闲农业的知名度。三是农业观光游。以农业生产经营为基础,以农吸引游客,推出采果、采茶等特色旅游项目,做好"农"字文章。

5. 加强宣传,打造休闲农业知名品牌

一是加强整体形象宣传。通过草莓节、梅花节、采果节等节庆的宣传,展示我区休闲农业的风采,扩大我区在长三角地区的影响,提高知名度。二是加强旅游推介。在《溧水投资指南》等对外宣传手册上增加休闲农业的宣传内容,并组织、协调和引导相关部门利用新闻媒体加大休闲农业的宣传推广,不断将特色农业旅游推向市场。三是强化辐射作用。发挥山凹村"农家乐"示范户、农庄和傅家边现代农业园"全国休闲农业与乡村旅游示范点"的示范作用，进一步在做实、做细上做文章，发挥好榜样示范作用，增强休闲农业的发展后劲。

6. 加大扶持，优化休闲农业的政策体系

一是投入政策。加强区级财政资金安排，用好省市补助资金，积极多方筹资。二是激励政策。对于发展休闲农业成效明显、成绩突出、对全区有一定示范作用的镇村和一些诚信经营、规范服务、增收明显的"农家乐"示范户、农庄给予引导奖励。

四、六合区——美丽乡村，美食六合

六合历史悠久，民风淳朴，是"中国观赏石之乡""中国民歌之乡""中国农民画之乡"和"美食之乡"。国家级水利风景区金牛湖、美丽神奇的龙池湖、幽静怡人的大泉湖、绿茶飘香的平山森林公园以及气势磅礴的世界地质奇观六合国家地质公园均坐落于这座具有 2 500 多年历史的小城。

全区风景秀丽，青山绿水，生态环境宜人，近年来，休闲农业发展迅猛，效益不断凸显，正迅速成为全区新兴产业、农业的重要产业。2012 年实现休闲农业接待人次 180 万人次，同比增长 33%，实现旅游综合收入 8 亿元，同比增长 36%。

（一）六合区休闲农业发展基础

1. 政府重视，政策支持

区委、区政府高度重视农家乐示范村的建设，成立由分管旅游工作的区领导任组长，区发改、农业、旅游、住建等有关部门为成员的休闲农业领导小组，负责全区农家乐村的建设和指导工作。各街镇也建成相应的协调工作机制，竹镇成立旅游办、冶山成立三产办、龙袍成立旅游发展公司专门负责农家乐村的建设和管理，目前全区已形成区、镇、村三级齐抓共管、上下联动的工作格局。2012年区委、区政府出台《六合区休闲农业与乡村旅游发展工程实施意见》、《关于开展大泉人家农家乐发展帮促工作的通知》，指出要大力推进农家乐示范村建设，区内各相关部门要加大支持力度，在农业旅游用地、环境改造、道路交通等专项资金投入、行政审批等方面提供便利和资金支持，对农家乐村、大户给予资金奖励，各部门分包到户，扶持帮扶，争取把六合区的农家乐村打造成全市的亮点。区农业局专门出台《2012休闲农业工作意见》，确定了休闲农业八大工程，重点打造九大农家乐专业村、六条休闲农业线路、五大节庆活动等。

2. 注重特色，错位发展

积极引导农家乐经营户突出特色，用各自的特色寻求错位发展、差异发展，体现"农家乐"的原汁原味，增加参与性、娱乐性等服务功能。多次组织召开全区农家乐专业村建设推进会，要求各农家乐专业村发挥自身优势和特色，错位发展，竹镇大泉村要以山湖风光和红色文化为特色，竹镇金磁村要以现代畜牧业和科普教育为特色，龙袍街道长江村要以滨江风光和美食文化为特色，龙袍街道张窑村要以高效设施农业和乳鸽文化为特色，横梁街道钟林村要以特色林果和紫竹文化为特色，冶山镇石柱林村要以地质景观和农民画文化为特色，马鞍街道河王村要以田园风光和茶文化为特色，马鞍街道翻身村要以山水风光和特色蔬菜为特色，金牛湖街道茉莉花村要以茉莉花文化和休闲体验游为特色。目前各村都坚持按照自身特色着手打造、完善相关配套服务设施，农家乐的发展已由单纯的餐饮服务拓展到集农副产品销售、种植、采摘于一体，部分农户也开设了乡村旅馆、农家客房。

3. 优化环境，提升品质

把农家乐专业村建设作为区"三清两整一提升"工程和村庄绿化的重点村，不断扩大绿化面积。组织技术专家到农家乐村指导栽植桂花、樱花、香樟、红叶石楠等花卉苗木，对农家乐村庄道路两边、农家乐经营户房屋周边进行细致的绿化，加大环境综合整治力度，提升形象，打造宜居的绿化环境。全面开展房屋外观改造、道路通达、雨污分流、河道清理、景点打造等综合提升工程，使凌乱的农家乐村发生了脱胎换骨的变化，民居特色彰显、错落有致，道路干净整洁、绿意盎然，环境贴近自然、饱含农趣。同时延伸产业链，先后设立开心农场、休闲垂钓、农副产品采购、生态茶场品茗等配套服务功能区。

4. 强化培训，提升服务

将农家乐从业人员培训纳入农业现代化持证农业劳动力占农业劳动力指标范畴，加大农家乐服务礼仪、餐饮卫生、经营管理等方面的培训力度。多次组织大泉村、长江村等农家乐专业村内农家乐经营户赴高淳大山、江宁石塘竹海等地参观学习，听取经验介绍，开阔视野，拓宽思路，借鉴先进地区发展农家乐的经验和做法。通过外出学习和培训，农家乐接待户在经营理念、服务意识方面有了明显转变，服务水平和技能也有了明显提高。

5. 强化宣传，着力推介

一是在报纸上开辟休闲农业宣传专栏，宣传、推介六合区农业旅游专业村、农业旅游大户、休闲农庄等，提升休闲农业对外的影响力和知名度，吸引更多的游客来六合区体验农村生活；二是通过农林网、乡村旅游网、微博等网络媒体平台宣传、发布农家乐村的相关信息；三是在六合区平山森林帐篷节、茉莉花文化旅游节、农业嘉年华上，重点宣传推介六合区农家乐村。

（二）六合区休闲农业发展特点

在全区休闲农业发展过程中，逐渐呈现四大特点：

一是打造了一批知名的农业节庆品牌。全区农业资源优势明显，特色鲜明，随着生活水平的提高，工作、生活压力的加大，很多南京市民倾向于到此体验农耕文明、乡村文化，休闲农业越来越受到他们的青睐。为吸引人气，推介六合优势资源，全区大力发展节庆品牌经济，目前较为著名的农业节庆活动五个，分别为竹镇鲜果采摘节、农民画节、平山茶叶节、龙袍蟹黄汤包节以及茉莉花文化节。平山茶叶节、龙袍蟹黄汤包节、茉莉花文化节已成为全区休闲农业发展的特色品牌，每年活动期间吸引数十万市民和游客来到六合观光旅游。

二是培育了一批初具规模的休闲农业景区。政府的高度重视，助推了休闲农业的欣欣向荣。截至目前，全区拥有较大规模的休闲农业景点80余个，其中生态休闲观光农庄近40个，拥有森林公园7个，平山、金牛湖、方山为省级森林公园，灵岩山、竹镇龙泉、东沟白马山、桃花岛为市级森林公园，拥有龙袍长江村、竹镇大泉人家、横梁钟林村3个农家乐专业村，冶山石柱林村、马鞍泥桥人家等一批农家乐专业村正在加速建设中。

三是建设了一批南京市休闲农业星级景点。被评为南京市休闲农业星级景点的达35个，四星级景点为大泉湖·止马岭风景旅游区(大泉人家农家乐)；三星级景点2个，为金牛湖森林公园、千禧万福生态园；二星级景点10个，为平山森林公园、龙袍长江村农业旅游接待专业村、三星湖桃花岛、南京九九艳阳度假农庄、金色瀛洲农庄、茉莉花园度假村等；一星级景点22个，为兴隆州香满楼、河王生态休闲农庄、六八农庄、天上人间生态农庄、斯普瑞休闲农庄、福朝农业园、丰盈农业园等景点。

四是涌现了一批品牌农副产品和特色美食。针对都市人渴望绿色、追求健康的现代生活的需求，全区大力发展绿色农业、生态农业和品牌农业，打造了富硒米、活珠子、大圣水芹等一批绿色食品和优质名牌农产品，建成了“超大”蔬菜、“大圣”水芹、苗木花卉、波杂羊、肉鹅、奶牛、特种水产养殖等一批农副产品基地。全区美食丰富多彩，“龙袍”牌蟹黄汤包、“新篁”牌豆腐圆、六合猪头肉、东沟盐水鹅等特色美食深受消费者喜爱。牛肉焖钵占、金牛湖鱼头、竹镇烩羊肉、新集盐水鸭、横梁油炸干、八百大糕、瓜埠赖月饼等无不具有独特风味，正在成为宾馆饭店和广大市民的首选菜肴，它们像一颗颗珍珠镶嵌在琳琅满目的六合特色美食的大家庭中，形成了极具地方特色的饮食文化。龙袍蟹黄汤包已有200多年的历史，以皮薄、卤多、馅嫩、形美、味鲜、不腻而著称，蟹黄汤包带动美食的开发和延伸，已形成了包括头道菜、蟹黄狮子头、蟹黄鱼圆、蟹黄雪花豆腐、蟹黄蒸蛋、清蒸长江刀鱼干、清炖长江白鱼等一系列地方特色美食。活珠子系六合民间传统大补品，富含人体所需的多种氨基酸和游离钙，味道极鲜美，具有美容养颜、保健补血、滋阴壮阳的功效，对体弱头晕、营养不良等有明显的恢复治疗作用。六合盆牛脯有百年历史，酥、香、鲜、透，入口咀嚼即化，鲜味可口，透而不烂，富于营养，易于消化。新篁豆腐圆以豆腐为主料精心制作，辅以虾仁、肉末、生姜、香葱、香菇等佐料，可调成多种口味，可煮可烧可熬汤，素而味美，营养丰富，行销周边市场。据统计，六合列入省、市名菜名点的菜肴就有60种之多，菜肴兼取徽菜与淮扬菜之长，朴实无华而又不乏精雕细琢之工，在近年来的农产品展示展销会上，六合特色农产品和美食佳肴成为一道亮丽的风景，吸引了无数市民的关注。

五、浦口区——发展农庄经济，推进现代农业

浦口区的休闲农业发展起步于蓬勃兴起的“农庄经济”。浦口新区成立以来，区委、区政府针对农业和农村工作的新形势，围绕“发展都市农业”的总体定位，把休闲农业开发作为跳出农业抓农业的新思路、现代农业发展的新动力和城乡统筹、农民增收的新举措，给予高度重视，并把休闲农业作为全区农业五大优势产业之一。各镇街加大对都市、休闲农业项目的开发和引导，休闲农业产业呈现出快速发展的良好态势。

全区现有的各类农庄、农园53家，总投资达11.81亿元，规模面积达40 898亩。其中，高效农业面积21 220亩。农庄从业人员3 358人，带动农户数7 746户。有接待能力的休闲观光农业经营主体单位45家，可供餐位人数10 156人，住宿床位1 508个，初步形成了以观光、体验、休闲、度假为主的产业格局。它已成为浦口区都市型现代农业发展的重要产业，是全区“大旅游”格局不可或缺的重要组成部分。2012年，全区休闲

农业接待人次150.74万人次，实现综合收入6.31亿元，为农民人均增收172元。

（一）浦口区休闲农业发展基础

1. 明确目标定位，政府引导促发展

定位于发展都市、休闲农业的目标，依托于南京大都市这个中心的辐射作用，立足于浦口区丰富的资源和区位优势，区委、区政府积极引导“三资”进入农业，用市场经济的理念审视浦口农业，探索一产与三产的嫁接模式，进一步放大休闲农业的优势。一是规范流转土地集约化经营。按照“自愿、有偿、依法、规范”的原则和农业规模化、农庄主题化、产业特色化的要求，各镇街引进和帮助开发经营者规范流转土地面积4万余亩，发展“农庄经济”，为“三资”进入农业创造了良好条件，为项目引进发挥了积极作用。二是积极引导“三资”投入都市与休闲农业。截至目前，全区53家都市、休闲农业累计投资总额达11.81亿元，其中今年新增投资6 700万元；建设各类高效农业设施6 029亩和休闲服务附属设施面积16.5万平方米。三是经营规模与品质不断提升。近年来，全区新增500亩以上经营面积的农庄22家，其中1 000亩以上12家。主题农园和特色农庄建设提升工程作为市、区重点工程项目加大力度组织实施与推进，项目建设进展顺利。雨发生态园已被认定为省级现代农业产业园区，林大生态园等3家园区认定为市级现代农业产业园区，丽铭农庄、万成生态园、龙泉山庄等6家被推荐为南京休闲农业精品线路游景点。

2. 出台相关文件，政策扶持促发展

为加快全区都市与休闲农业发展，区政府分别于2005年4月和2006年3月先后制定出台了《关于加快休闲农业经济发展的意见》（浦政发〔2005〕37号）、《关于加强休闲农业管理的实施细则》（浦政办发〔2006〕14号）指导性文件，按照“多予、少取、放活”的方针，加大对休闲农业的扶持力度，以吸引更多的有识之士投资兴业，发展休闲农业产业，有力地推动

浦口区休闲观光农业经济发展，进一步提升了浦口区休闲观光农业发展的规模和水平，使全区休闲农业步入了健康有序的发展轨道。随着浦口区农庄经济不断发展壮大和休闲观光农业产业兴起，为加强对全区休闲观光农业工作的指导与服务，区农业局于2007年8月在全市区县农林系统率先内设了农业服务业科，配备专人，履行职责，在农庄建设与发展、项目申报与实施、重点工程建设、举办重大农业节庆活动等方面强化服务。自2003年以来区级以上财政投入专项资金近9亿元，用于农林产业、设施、休闲观光农业等建设，促进都市型现代农业又好又快地发展。

3. 创新工作思路，寻求特色促发展

一是抓创意农产品建设。利用现代科技，改变传统农产品的外形、颜色、口味等，形成新奇特质。比如艺莲苑培育的"中国红"系列的二十几个品种的荷花，2010年绽放在上海世博会中国馆内的水景区，因其花期长、花朵大、色泽鲜艳，婀娜多姿，成为人们养眼的关注点，为现代人们的生活增添色彩；赭洛山茶文化园培育的"浦桥玉剑"精品有机茶包装创意(茶一张)获2012年全国休闲农业精品创意大赛"银奖"；雨发生态农业园培育的"七彩番茄"和绿色保健果品、盘城葡萄园设施栽培的优质葡萄等，成为城市居民追求健康生活的新宠。二是推介创意农业活动。在万成生态园先后开展了"蔬菜认种、明清婚礼进农庄、民俗节庆进农庄"等活动；林大生态园的市民网上农园和现代农艺馆展示与观光；丽铭农庄主推的"全家总动员，垂钓快乐行"活动(如老公钓鱼、小孩摸鱼、老婆烤鱼，大手牵小手，欢乐垂钓游)等。三是丰富农业文化内涵。每年参加南京农业嘉年华活动，把当地的民俗文化与民间艺人的现场表演、各具特色的农庄(农园)企业文化进行包装与展示。在参加首届全国休闲农业创意精品推介暨第八届中国·南京农业嘉年华活动中，浦口区选送的林大生态园——《梦回金陵》、雨发生态园——《生态奇园·欢乐世界》两家单位的现场参展作品，经全国休闲农业创意精品推介活动组委会评选，分别获全国休闲农业创意精品推介活动"文化创意金奖"和"产品创意银奖"的可喜佳绩。休闲农业创意活动，不仅为乡村游吸引了人气、带来了财气，更重要的是建立了人的联系，实现市民和农民的交流，为市民休闲度假、农民就业增收和带动农业农村经济发展发挥了重要作用。

4. 放大品牌效应，提档升级促发展

一方面加强景点建设。近年来，为加快我区休闲观光农业特色景区（点）开发，加大对外宣传、促销力度，促进休闲观光农业产业档次不断提升和南京农业嘉年华特色景点品牌的尽快形成，我们按照《南京市休闲农业星级景区（点）评定标准》的要求，认真做好有关休闲农庄的申报评选工作。目前全区已获得“全国农业旅游示范点”2 家、“江苏省观光农业园”2 家、“江苏省茶文化基地”1 家、江苏省四星级乡村旅游区（点）2 家、省级休闲渔业乐园 1 家、南京市休闲农业星级景点 31 家、金陵农庄联盟（十大农庄）成员单位 3 家、自驾游基地 3 家。休闲农业景点成为服务市民、农业增效、农民增收的强劲助推器。另一方面打造农业节庆活动。农业节庆活动既是休闲农业的组成部分，更是展示都市农业新成果、展示休闲观光农业新品牌、为农民和市民搭建一个交流、互动、发展及共同娱乐、庆祝的平台。我们围绕主导产业，精心组织实施，相继举办了老山森林生态旅游节、苗木节、莲花艺术节、青虾节、垂钓节、浦口优质农产品展示展销会、“夏之韵”休闲农业游和参加了南京农业嘉年华等节庆活动，每年组织参展农业企业和休闲农业景区（点），现场销售名特优农产品和推介休闲农业景区及旅游线路。举办主题鲜明、内容丰富、互动性强的特色农业节庆活动，进一步挖掘休闲农业的客源市场，既扩大了宣传、提高了知名度，又增强了吸引力、塑造了产业品牌，同时更达到了以节促经济、促发展的效果。

5. 加大宣传力度，服务管理促发展

一是在展会活动期间推介扩大影响力。利用农业嘉年华、浦口农产品展示展销会、区举办的节庆活动平台，为了让更多的市民了解浦口农庄，关注浦口区休闲农业的发展，提高知名度与影响力，浦口农业局率先在全省区县级编印了《休闲农业专刊》和《休闲农业旅游图》，较为详细地推介了浦口休闲农业的概况、浦口休闲农庄介绍、浦口休闲农庄旅游交通路线、浦口休闲农业品牌一览、浦口部分农产品和美食等，得到了省、市农委领导充分肯定，受到了市民及农庄的欢迎。如丽铭农庄、艺莲苑、赭洛山庄、万成生态园、雨发生态农业园、林大生态园等和参展企业利用农业嘉年华、浦口农产品展示展销会、区举办的节庆活动平台，编印休闲农庄宣传册和特色产品简介，现场向市民推介、发放和展示展销名特优农产品。二是与媒体合作宣传推介。在休闲农庄（农园）、节庆与主题活动等方面，多次在央视网、江苏电视台城市频道、南京电视台都市农业栏目和标点美食专栏、南京日报南报网、龙虎网、金陵晚报、现代快报、扬子晚报、区电视台以及报纸杂志、网站宣传推介浦口休闲农业的特色与品牌，让更多的市民了解农庄，关注我区休闲观光农业的发展。三是与旅行社建立良好的业务合作关系。与南京中国国际旅行社、江苏舜天海外旅游有限公司等合作，推出浦口现代农庄休闲游、浦口避暑纳凉怡情游等精品旅游线路，主推了"浦口一日游""生态农庄游""森林生态游"等山南山北旅游线路三条，以及人气渐旺的"自驾游"，进一步引导更多市民下乡游玩，观光休闲，体验快乐。四是做好对外接待工作，提高知名度。五是加强对休闲农业的服务与指导。通过举办培训班、召开座谈会、现场观摩、外出考察学习等活动形式，重点加强对浦口区获得市级休闲农业景区（点）的经营管理者、技术骨干、服务员队伍的建设，不断提升产业规模、经营管理和接待服务水平。

六、栖霞区——把八卦洲打造成南京市民的后花园

栖霞区八卦洲全洲 32.3 公里的环江岸线滩涂保持着原生态的湿地环境，洲内保持着独具特色的自然田园景观，与幕燕风光带遥相呼应，南京长江大桥、长江二桥、阅江楼一览无遗，是南京最能体现大江风貌及山

水城林特色的区域之一。加上八卦洲街道近年来大力开展江滩造林和沿江、沿河环境整治，植树造林 2.88 万亩，村庄绿化 59 个，疏浚及绿化河道 42.87公里，林木覆盖率达 35.86%，洲岛环境得到了明显改善，并于 2014 年 5 月，成功组织申报省级八卦洲江滩湿地公园，规划面积 1 万多亩，为乡村旅游的开发和利用创造了良好的生态环境。

(一)栖霞区休闲农业发展基础

1. 科学规划，强化领导

街道与“一苇渡江”签订了长期合作协议，着手制定全洲休闲旅游总体发展、滨河美食休闲街等规划。成立旅游产业发展领导小组，下设旅游发展办公室，并于 2014 年 2 月 24 日成立了南京江洲旅游发展有限公司，注册资金 500 万元，由办事处主任担任公司法人，主要负责八卦洲的旅游项目开发、设施建设、管理、咨询以及旅游产品开发、销售。

2. 强化宣传，扩大影响

八卦洲拥有发展休闲农业、乡村旅游得天独厚的自然资源和区位优势，为进一步提高八卦洲的对外影响，加大资源推介力度，编制了旅游资源招商手册，借助于各类招商平台开展招商引资活动。与相关部门联合举办八卦洲首届龙舟大会，开展了自驾车队游、徒步环洲行、野营看电影、沙滩排球赛、沙滩足球赛、“美在八卦洲”摄影赛、休闲游掼蛋赛、果蔬采摘节等一系列富有特色的主题活动，并支持相关企业举办草莓节、垂钓比赛等活动。

3. 完善设施，助推发展

加大对街道主干道和村水泥路的亮化、美化、绿化力度，配置了导示牌、垃圾箱、宣传板等设施。目前，结合“动迁、拆违、治乱、整破”专项行动，将对洲内旅游设施进一步优化。

（二）栖霞区休闲农业发展特点

1. 因地制宜，发展休闲农业园区

围绕“一园三区”的布局定位和“园中有园、产业集聚、机制灵活、整合发展”的工作思路，加快推进农业园区向休闲农业园区延伸，优化调整后八卦洲现代农业产业园规划总面积 41 760 亩，其中，以八卦洲省级湿地公园为核心，着力打造生态休闲旅游区，规划面积 9 150 亩，现有设施大棚 1 274 亩、设施渔业 2 240 亩。目前，在园区内注册成立的休闲农业企业、农业旅游大户有 23 家，其中已投入生产经营的有 18 家，其中，假日山庄、舍得农庄、南京美尊旅社、金土地旅馆、至尊旅社等景点，可提供床位 200 多张。

2. 突出特色，建设外沙农家乐村

外沙村位于洲北，紧邻长江，全村面积 5.6 平方公里，下辖 19 个村民小组、1 120 户，村民 3 386 人。全村现有耕地 4 286 亩，林地 3 500 余亩，林木覆盖率达到 42%，生态环境良好。2004 年被授予省级生态村；2005 年被评为南京市“十佳”农业村。2012 年被列为三星康居示范村和农家乐示范村建设项目。已落实农家乐经营户 20 户，全部由街道统一办理了工商营业执照、卫生许可证、健康证等手续。在街道财政极其困难的情况下，已先期安排 20 万元，作为农家乐项目启动资金，由政府出资为农户统一配置了消毒柜等设施。下一步将通过有利渠道，积极争取资金，加大项目投入，加紧基础设施和配套项目建设，力争 2014 年 11 月份对外营业。配套娱乐项目——八卦洲沙漠风情园已开始进场施工，原有设施可为市民免费提供游玩。红杜鹃农业生态园已开始生态餐厅建设，预计 10 月底可建成营业。舍得农庄已建成营业，可提供餐饮、垂钓、葡萄采摘项目。

3. 打造品牌，强化管理

一是加强与江苏金陵国际商务旅行社等旅游企业的合作，共同开辟和打造八卦洲乡村旅游线路。每年组织举办龙舟大赛等系列活动，提高八卦洲乡村旅游的知名度，加快旅游产品的开发，打造特色旅游礼品。二是加快旅游资源开发。加快推进湿地公园建设，启动湿地界桩和宣教走廊、林乡改造等建设项目。完善基础设施，加快推进跃进西路扩宽、集镇区域整体出新、道路绿化亮化、三星康居示范村等建设。同时，加快推进外沙农家乐示范村项目建设，推动乡村旅游向规范化、规模化、品牌化发展。三是加强经营管理。按照发展与规范同步进行的原则，加强规范管理，积极做好农家乐经营户的培训管理工作，建立保障和监督体系，规范发展，为乡村旅游发展创造良好的发展环境。通过举办培训班、专题讲座、外出考察学习等多种途径，对乡村旅游经营者进行文化知识、农业科技知识、旅游专业知识、经营管理培训，使其在创新理念，提高文化素质的同时，不断提高经营旅游的技能和水平，促进乡村旅游不断向科学化经营、规范化服务方面发展。